争点整理と
要件事実

法的三段論法の技術

永島 賢也 [著]

青林書院

はしがき

　本書のビジョンは民事裁判の活性化である。そのため，争点整理の道標となる要件事実や，争点整理手続中に示される暫定的な心証開示，訴訟代理人や担当裁判官との間でなされる口頭でのやり取りなどに触れながら述べている。
　法的（判決）三段論法に代表される法的思考は，今や争点整理手続を通じた要件事実論的な裁判実務によってミクロ正当化の領域に閉じ込められてしまいそうにも見える。本書は改めて法的思考の活動領域を回復し要件事実論の内側と外側とを行ったり来たり自由にできるようになることを目指している。私の筆力では甚だ力不足であるが，本書によって既に見慣れたはずのものが見知らぬもののように見えてきたとすればひとまずは成功といってもよいかもしれない。
　法的（判決）三段論法は論理ではない。あくまで論理「風」のものであって，演繹ではない。アリストテレス流の論理ではもとより，現代の述語論理をもってしても法的（判決）三段論法を捉えることはできない。こうして，見慣れた法的（判決）三段論法が見知らぬものに変わっていくとき，法的思考は活性化するきっかけをつかむのではないかと思われる。一度，見知らぬものに見えてしまうと，もう同じところへ戻ることはできないかもしれない。しかし，活性化とはもともとそういう不安さえも前進するエネルギーに換えていくものであろう。
　法的思考は発見の過程と正当化の過程に区別することができ，正当化の過程はマクロ正当化とミクロ正当化に区別することができる。発見の過程を単なる心理的なものと位置づけるのではなく，生活事態と規範仮説との間を行ったり来たりしながら暗黙知の働く領域と位置づけてみてはどうか。マクロ正当化の過程では発見の過程で見出された普遍化可能性等のある規範仮説が，主に制定法から解釈によって導き出される複数の法規範から対応するものを見つけ出せるかという領域と位置づけてみてはどうか。大前提たる法規範の正当化のほか，小前提たる事実認定の正当化もマクロ正当化を構成する過程と位置づけてみてはどうか。そのうえで大前提と小前提を行ったり来たりする視線の往復をアブ

はしがき

ダクションとインダクションの繰り返しの過程と描いてみてはどうか。そのうえで最終的にディダクション風に整えられたあたかも検算の役割を果たすようなものが法的（判決）三段論法と呼ばれてきたものではないか。そして，演繹風の法的（判決）三段論法がなされる場面以外でも，原告訴訟代理人，被告訴訟代理人，裁判所の三者間で対話が可能になれば，法的思考の全体で裁判過程に関わり合うことができるのではないか。そのための方法として口頭でのやり取りという手法は使えないであろうか。ミクロ正当化だけでなく，マクロ正当化や発見の過程まで対話可能であるとするならば，価値判断にかかわるようなやり取りが成り立つ前提が必要になるであろう。そのためには法とは何らかの客観的なるもの，各人の生を実現できるような公正さを目指すものと想定されなければならないのではないか。現代社会においてもはや素朴な自然法論に回帰することが難しいとすれば，仮に何らかの法実証主義的な視点で見るとしてもなお客観的なるものを志向できる前提が必要になるのではないか。現在の民事裁判実務の主流といえる要件事実を意識した争点整理という観点から法的思考のできるだけ全容を捉えてみたいと思う。

　本書の成り立ちには高橋文彦教授，嶋津格名誉教授，亀本洋教授に貴重なご示唆をいただいた。ここに記して謝意を表したい。また，とくに第10章については，日本弁護士連合会の民事裁判手続に関する委員会や，同委員会を通じて実施されている最高裁民事局との協議会，各地の単位会での意見交換会，東京弁護士会の民事訴訟問題等特別委員会や研修講座における私の経験が基礎となっている。各委員会の弁護士の委員や，裁判官，研究者などから学ぶことができたことは誠に幸運であった。そして，なにより本書の原稿の出版を勧めていただいた松嶋隆弘教授に心から感謝の気持ちを伝えたい。

　本書は，序章のほか12の章からなっている。最終章は，第1章から第11章まで（第9章を除く）のエッセンスを短文形式でまとめたものである。第9章は比較的最近の最高裁判決を具体例として用いたものである（最判平成27・4・9と同28・3・1である）。原稿が出来上がった当初は12章のみであったが，本書がめざす活性化の具体例があったほうがわかりやすいと考え序章を最後に執筆した。モデルとなった今井和男先生（虎門中央法律事務所代表弁護士）には日頃からその活動に尊敬の念を抱いており，改めて感謝の意を伝えたい。

はしがき

　最後に青林書院の長島晴美氏の力添えと，宮根茂樹編集長に短い期間であるにもかかわらず詳細な原稿チェックをしていただいたことに改めて謝意を表したい。宮根氏の力がなければ，この時期にこの原稿が書籍になることはなかったと思う。本当にありがたいと感じている。

　平成29年1月

筑波アカデミア法律事務所にて
弁護士　永　島　賢　也

＊表紙カバーのD,C,W,B,Rなどの記号の意味は第5章で説明されています。

主要文献一覧（略語）

伊藤・民訴	：伊藤眞・民事訴訟法〔第3版3訂版〕・有斐閣・2008年
伊藤・物語	：伊藤邦武・物語哲学の歴史・中公新書・2014年
伊藤・事実	：伊藤滋夫・事実認定の基礎—裁判官による事実判断の構造・有斐閣・1996年
伊藤・要件	：伊藤滋夫・要件事実の基礎・有斐閣・2015年
伊藤・ジュリ	：伊藤滋夫「要件事実と実体法」ジュリスト No.869・1986年
伊藤・構造	：伊藤滋夫・要件事実の基礎—裁判官による法的判断の構造・有斐閣・2000年
伊藤・事案解明	：伊藤滋夫編・要件事実の機能と事案の解明・日本評論社・2012年
伊藤・講義	：伊藤滋夫・要件事実講義・商事法務・2008年
井上・規範(1)	：井上達夫「規範と法命題(1)」国家学会雑誌98巻11号12頁・有斐閣・1985年
井上・規範(4)	：井上達夫「規範と法命題(4)」国家学会雑誌100巻3号4頁・有斐閣・1987年
井上・リベラル	：井上達夫・リベラルのことは嫌いでも，リベラリズムは嫌いにならないでください・毎日新聞出版・2015年
井上・法と哲学	：井上達夫責任編集・法と哲学・創刊第1号・信山社・2015年
魚津・プラグマティズム	：魚津郁夫・プラグマディズムの思想・ちくま学芸文庫・2012年
鵜飼・憲法と裁判官	：日弁連法務研究財団編・鵜飼信成・憲法と裁判官・日本評論社・2016年
梅本・民訴	：梅本吉彦・民事訴訟法〔第4版〕・信山社・2009年
大塚・説き語り	：大塚滋・説き語り法実証主義・成文堂・2014年
岡口・入門	：岡口基一・要件事実入門・創耕舎・2014年
大島・完全	：大島眞一・完全講義・民事裁判実務の基礎〔第2版〕上巻・民事法研究会・2014年
春日・証明	：春日偉知郎「証明責任論の一視点・西ドイツ証明責任論からの示唆」判例タイムズ No.350・1977年
賀集・要件	：賀集唱「要件事実の機能・要件事実論の一層の充実のための覚書」司法研修所論集90号・1994年
加藤・法哲	：加藤新平・法哲学概論・法律学全集・有斐閣・1978年
加藤・民事司法	：加藤新太郎・民事司法展望・判例タイムズ社・2002年
加藤＝細野・要件事実	：加藤新太郎＝細野敦・要件事実の考え方と実務〔第3版〕・民事

主要文献一覧（略語）

法研究会・2014年

加藤・事件のスジ：	加藤新太郎「事件のスジの構造と実務」民事手続の現代的使命・伊藤眞先生古稀祝賀論文集・有斐閣・2015年
加藤・認定：	加藤新太郎・民事事実認定論・弘文堂・2014年
加藤・裁量：	加藤新太郎「心証開示における裁量」ジュリスト No1268・2004年
金井ほか・商標：	金井重彦＝鈴木将文＝松嶋隆弘編・商標法コンメンタール・レクシスネクシスジャパン・2015年
亀本ほか訳・判決理由：	ニールマコーミック・判決理由の法理論・成文堂・2009年
亀本・法的：	亀本洋・法的思考・有斐閣・2006年
河村・因果：	河村浩「民法における因果関係の要件事実とその構造・評価的要件という視点から」民事要件事実講座第6巻・青林書院・2010年
窪田・論究：	窪田充見・論究ジュリスト2016年冬号・有斐閣・2016年
倉田・要件：	倉田卓次監修・要件事実の証明責任・債権総論・西神田編集室・1986年
研修所・問題研究：	司法研修所編・新問題研究要件事実・法曹会・2011年
小林訳・法の帝国：	小林公訳・ロナルド・ドゥウォーキン・法の帝国・未来社・1995年
小林・証拠：	小林秀之・新証拠法〔第2版〕・弘文堂・2003年
坂本ほか・論理学：	坂本百大＝坂井秀寿・新版現代論理学・東海大学出版会・2008年
坂本・新要件：	坂本慶一・新要件事実論─要件事実論の生成と発展・悠々社・2011年
司研・事例：	司法研修所編・事例で考える民事事実認定・法曹界・2014年
実民訴：	新堂幸司監修・高橋宏志＝加藤新太郎編・実務民事訴訟講座・日本評論社・2012年
白表紙：	司法研修所編・増補・民事訴訟における要件事実第1巻・法曹会・1986年
鈴木・弁護士：	鈴木道夫「弁護士実務と要件事実論」自由と正義・2016年1月号
須藤・使命：	須藤典明「民事裁判における原則的証明度としての相当程度の蓋然性」民事手続の現代的使命・伊藤眞先生古稀祝賀論文集・有斐閣・2015年
田尾ほか・事実認定：	田尾桃二＝加藤新太郎・民事事実認定・判例タイムズ社・2003年
高橋・重点民訴：	高橋宏志・重点講義民事訴訟法〔第2版補訂版〕・有斐閣・2014年
高橋・民訴概論：	高橋宏志・民事訴訟法概論・有斐閣・2016年
高橋・ジュリ：	高橋宏志「要件事実と訴訟法学」ジュリスト No.881・1987年
高橋・法的思考：	高橋文彦・法的思考と論理・成文堂・2013年
竹下・イギリス：	竹下慶「イギリスにおける民事訴訟制度改善策の紹介──適正かつ迅速な手続実現のために──」判例タイムズ No.1422・2016・5
田中ほか・法思想：	田中成明＝竹下賢＝深田三徳＝亀本洋＝平野仁彦・法思想史〔第2版〕・有斐閣・2011年

主要文献一覧(略語)

田中・法理学	: 田中成明・現代法理学・有斐閣・2011年
土屋・裁判過程	: 土屋文昭・民事裁判過程論・有斐閣・2015年
戸田山ほか・議論	: 戸田山和久=福澤一吉訳・スティーヴン・トゥールミン・議論の技法―トゥールミンモデルの原点(原題:The Uses of Argument (1985))・東京図書・2011年
永島・要件	: 永島賢也「要件事実論の憂鬱」日本大学法学紀要56巻180頁・日本大学法学部法学研究所・日本大学法学部政経研究所・2015年
中野・民執	: 中野貞一郎・民事執行法〔増補新訂6版〕・青林書院・2011年
並木・原論	: 並木茂・要件事実原論・悠々社・2003年
西野・裁判	: 西野喜一・裁判の過程・判例タイムズ社・1995年
野矢・語り	: 野矢茂樹・語りえぬものを語る・講談社・2011年
野矢・論理学	: 野矢茂樹・論理学・東京大学出版会・2013年
日本法哲学会編・暗黙知	: 日本法哲学会編・民事裁判における「暗黙知」―「法的三段論法再考―」・有斐閣・2013年
野家・科学	: 野家啓一・科学哲学への招待・筑摩書房・2015年
長谷部・法	: 長谷部恭男・法とは何か・法思想史入門〔増補新版〕・河出ブックス・2015年
長谷部訳・法の概念	: 長谷部恭男訳・H.L.A.ハート・法の概念・ちくま学芸文庫・2014年
長谷部・文化	: 長谷部恭男・比較不能な価値の迷路・第4章「文化の多様性と立憲主義の未来」東京大学出版会・2000年
判決手引	: 司法研修所編・七訂民事判決起案の手引・法曹会・1988年
濱上・研究	: 濱上則雄・現代共同不法行為の研究・信山社・1993年
平井・法律学	: 平井宜雄・法律学基礎論の研究・平井宜雄著作集Ⅰ・有斐閣・2010年
平野ほか・法哲学	: 平野仁彦=亀本洋=服部高宏・法哲学・有斐閣・2010年
ポランニー・暗黙知	: 高橋勇夫訳・マイケル・ポランニー(Michael Polanyi ,1891-1975)・暗黙知の次元(The Tacit Dimension)・ちくま学芸文庫・2015年・12刷
松本・証明責任	: 松本博之・証明責任の分配・有斐閣・1987年
三木・手続運営	: 三木浩一・民事訴訟における手続運営の理論・有斐閣・2013年
三木=山本・改正課題	: 三木浩一=山本和彦・民事訴訟法の改正課題・有斐閣・2012年
三村・解説	: 三村量一・最高裁判所判例解説民事篇平成10年度(上)・法曹会・2001年
本林・新時代	: 本林徹編・新時代を切り拓く弁護士・商事法務・2016年
矢尾・民訴雑誌	: 矢尾渉裁判官「争点整理のための心証開示について・裁判所の心証はなぜ当事者に伝わりにくいのか」民事訴訟雑誌62号・法律文化社・2016

主要文献一覧（略語）

	年
山本・民訴構造：	山本和彦・民事訴訟審理構造論・信山社・1995年
山本・民法 ：	山本敬三「民法における法的思考」田中成明編・現代理論法学入門・法律文化社・1993年
ラッセル・哲学：	高村夏輝訳・バートランド・ラッセル・哲学入門・ちくま文庫・2012年

目　次

はしがき
主要文献一覧（略語）

序章　ある弁護士 …………………………………………… 1
Ⅰ　できるはずです（1）
Ⅱ　法的三段論法以前（2）
Ⅲ　次章以降の論述（3）

第1章　争点整理と要件事実 ………………………………… 5
Ⅰ　法　規　範（5）
Ⅱ　争　　　点（7）
Ⅲ　要　件　事　実（8）
Ⅳ　争　点　整　理（9）
Ⅴ　立　証　命　題（11）
Ⅵ　法　命　題（12）
Ⅶ　価　値　判　断（16）
Ⅷ　法　実　証　主　義（20）
　(1)　法実証主義その1（21）　(2)　法実証主義その2（21）　(3)　法実証主義その3（22）　(4)　法実証主義その4（23）　(5)　法実証主義その5（23）　(6)　法実証主義その6（23）　(7)　法実証主義その7（23）　(8)　法実証主義その8（24）　(9)　法実証主義その9（24）
Ⅸ　常識とコード（24）

第2章　三段論法 ……………………………………………… 27
Ⅰ　三　段　論　法（27）
Ⅱ　伝統的論理学（28）
Ⅲ　述　語　論　理（30）
Ⅳ　直観主義論理（31）

目　次

第3章　法的三段論法　33

- Ⅰ　法的三段論法（33）
- Ⅱ　発見の過程と正当化の過程（34）
- Ⅲ　マクロ正当化とミクロ正当化（37）

第4章　ミクロ正当化　41

- Ⅰ　個体問題（41）
- Ⅱ　n項問題（42）
- Ⅲ　仮言三段論法（42）
- Ⅳ　述語論理（44）
- Ⅴ　述語論理の法的三段論法（45）
- Ⅵ　統一科学運動（46）
- Ⅶ　P → Q（47）
- Ⅷ　覆滅可能性（50）

第5章　トゥールミンの議論図式　53

- Ⅰ　議論図式（53）
- Ⅱ　D ⇒ C（55）
- Ⅲ　抗弁の性質（56）
- Ⅳ　予備的請求原因（57）
- Ⅴ　議論図式との関係（59）
- Ⅵ　要件事実と議論図式（60）
- Ⅶ　議論図式に沿った法的思考（62）
- Ⅷ　ハリーの国籍と争点整理（64）
- Ⅸ　議論領域と裏づけ（B）（68）
- Ⅹ　議論図式とマクロとミクロ（70）

第6章　視線の往復　73

- Ⅰ　視線の往復（73）
- Ⅱ　裁判過程（75）
- Ⅲ　事実問題と法的問題（76）
- Ⅳ　アブダクション（77）
- Ⅴ　可謬性（82）
- Ⅵ　法律相談とアブダクション（84）

目　　次

 Ⅶ　法律相談とインダクション（*86*）
 Ⅷ　法律相談とディダクション（*87*）
 Ⅸ　裁判所の場合（*88*）
 Ⅹ　被告訴訟代理人の場合（*88*）
 Ⅺ　三者の重なり（*90*）
 Ⅻ　ディダクション風（*91*）

第7章　マクロ正当化 …………………………………………… *95*

 Ⅰ　大前提の正当化（*95*）
  ⑴　BからWへ（*95*）　⑵　法の欠缺（*99*）　⑶　容易な事例（*102*）
 Ⅱ　小前提の正当化（*104*）
  ⑴　E⇒D（*104*）　⑵　法定証拠主義（*107*）　⑶　自由心証主義（*108*）　⑷　経験則の体系？（*112*）　⑸　言語化されない経験則（*116*）　⑹　真と偽（*118*）　⑺　真実説と合理説（*120*）　⑻　排中律と条件関係の公式（*122*）　⑼　訴訟手続の内と外（*123*）

第8章　発見の過程 ……………………………………………… *125*

 Ⅰ　オーバーラップする視線の往復（*125*）
 Ⅱ　内面化と暗黙知（*126*）
 Ⅲ　発見の過程における視線の往復（*128*）
 Ⅳ　生活事態と規範仮説（*129*）
 Ⅴ　探求のパラドクスの解（*130*）
 Ⅵ　束縛する正当化の過程（*131*）
 Ⅶ　法律相談における発見の過程（*132*）
 Ⅷ　三者の重なり（*133*）
 Ⅸ　たとえば公正さ（*135*）

第9章　具体例での検討 ………………………………………… *137*

 Ⅰ　動的かつ複雑な様相（*137*）
 Ⅱ　事案の概要（*138*）
 Ⅲ　規範仮説を立てる（*139*）
 Ⅳ　移行しない規範仮説（*140*）

目　次

  Ⅴ 両親の責任（*142*）
  Ⅵ 相当因果関係（*144*）
  Ⅶ 相当程度の可能性の侵害（*146*）
  Ⅷ 因果関係の肯定（*148*）
  Ⅸ 減額の方法（*149*）
  Ⅹ 第１審と第２審（*150*）
  Ⅺ 発見の過程とマクロ正当化の過程（*151*）
  Ⅻ ミクロ正当化の過程（*152*）
  XIII 監督義務者の責任否定という結論（*154*）
  XIV 徘徊事件判決（*155*）
  XV 徘徊事件第１審（*156*）
  XVI 徘徊事件第２審（妻）（*158*）
  XVII 徘徊事件第２審（長男）（*160*）
  XVIII 波　　紋（*162*）
  XIX 迫り来る予期（*164*）
  XX 最高裁のマクロ正当化（*166*）
  XXI ミクロ正当化（*168*）
  XXII 徘徊事件最高裁（*169*）
  XXIII 発見の過程の推測（*170*）
  XXIV マクロ正当化の過程の推測（*171*）
  XXV ミクロ正当化（*173*）
  XXVI 三者独自の法的思考（*174*）

第10章　口頭でのやり取り …………………………………… 177

  Ⅰ 道標としての要件事実（*177*）
  Ⅱ 争点整理手続の傾向性（*179*）
  Ⅲ 対話のなされない領域（*180*）
  Ⅳ 書面にしにくい話題（*181*）
  Ⅴ 口頭でのやり取り（*182*）
  Ⅵ ノン・コミットメント・ルール（*183*）
  Ⅶ 序盤・中盤・終盤（*186*）
  Ⅷ イニシアティブ（*187*）
  Ⅸ 指示待ち弁護士（*189*）

目　　次

- X　懸念の表明（*190*）
- XI　心証形成時期のコントロール（*191*）
- XII　物語的進行（*194*）
- XIII　批判的意見（*197*）
- XIV　次回書面で……（*198*）
- XV　重 み づ け（*202*）
- XVI　心 証 開 示（*203*）
- XVII　深刻な問題（*205*）
- XVIII　反発と自縛（*209*）
- XIX　２つの心証開示の区別（*212*）
- XX　暫定的な心証が意味するもの（*214*）
- XXI　心証を開示しない裁判官（*216*）
- XXII　法的観点指摘義務（*219*）
- XXIII　三者三様の法的思考（*221*）
- XXIV　な ぞ か け（*223*）
- XXV　締切りのメリット（*225*）
- XXVI　手続保障と迅速化（*227*）

第11章　要件事実論 ……………………………………………… *229*

- I　要件事実論（「裁判規範」としての民法説）（*229*）
- II　要件事実論（包括説・手法説）（*231*）
- III　法規不適用説と証明責任規範説（*233*）
- IV　証明度に関する規範（*237*）
- V　要件事実論の考え方（*239*）
- VI　法律効果の発生時期（*242*）
- VII　証明可能性というメガネ（*242*）
- VIII　要件事実論の真理概念（*245*）
- IX　排 中 律（*247*）
- X　対　　比（*250*）
- XI　評価的要件という視点（*251*）
- XII　思 考 の 癖（*253*）
- XIII　事実の蓋然性と心証形成の度合い（*256*）
- XIV　裁判外と裁判内（*258*）

　　　　　　　　目　　次

　　XV　判決起案の手引との整合性（*260*）
　　XVI　判決理由は誰のため（*263*）
　　XVII　それらしく間違う（*265*）
　　XVIII　主　張　責　任（*269*）
　　XIX　証明責任判決（*271*）
　　XX　事案解明協力義務（*273*）
　　XXI　要件事実と要件事実論（*275*）

第12章　ま　と　め ……………………………………………………… *279*

事項索引
奥付（著者紹介）

序　章

ある弁護士

I　できるはずです

　バブル経済が崩壊したころ，不良債権が増大しそれとともに強制執行を妨害する行為も激増していた。不良債権の回収方法[*1]として典型的には競売の実行と賃料の差押えがなされた[*2]（本林・新時代41頁，中野・民執680頁）。当時，賃料の差押えは賃料の債権仮差押えをし，本案訴訟で判決を得てから本差押えに切り替えるというやり方が通常であったという。

　このころ，ひとりの弁護士が，東京地裁民事第21部に対し，賃料の差押えを物上代位（民304条）の申立てで行った。同部は，そのような例は今までにはないと否定的だったという。しかし，その弁護士は「できるはずです」と食い下がった（本林・新時代41～46頁）。その後，その申立てについて裁判所内部で検討され，まもなく東京地裁で初めての発令がなされる。これは本差押えであり，仮差押えから本差押えへの移行という手法に比較すると，保全命令の担保も不要で，かつ本案訴訟による債務名義の取得も不要となり，不良債権回収の大きな手段となっていったという。

　また，同じころ，彼は，抵当権の実行を阻もうとする執行妨害に直面していた。債務者は破綻し行方不明となり，現場にはなぜかプレハブ小屋が建ち所有権登記までなされていた。このままでは抵当権の実行は困難となる。典型的な

＊1　当時は「競売と賃差し」が合い言葉であったとのことである。
＊2　最判平成元・10・27民集43巻9号1070頁の後，実務では，抵当権に基づいて将来の賃料債権を対象とする物上代位が広く行われ，不動産市場の停滞が続く反面，収益が相当の金額に達する賃貸用不動産の増加もあり，抵当権者に目的不動産の収益からも優先的満足を受けうる手段を確保する切実な必要があった，と述べられている。

執行妨害の例である。抵当権は交換価値を把握しているにすぎない。そう解釈されている。そうすると，この場合抵当権者には何もできないのか。彼は，抵当権も物権であるから抵当権に基づく妨害排除請求も可能であるはずと考えた。すぐに東京地裁民事第9部に抵当権に基づく妨害排除請求権として，プレハブ撤去等仮処分を申し立てた。当初，裁判所は相手にしなかったという。しかし，その後，処分禁止の仮処分がなされ，その保全異議訴訟で妨害排除請求権が認められたという。もっとも，その後，最高裁は抵当権に基づく妨害排除請求権を否定した（最判平成3・3・22民集45巻3号268頁）。

そして，彼は，またも，同様の執行妨害に出くわすことになる。そこで，彼は考える。このような露骨な執行妨害に対して，法（規範）が何もできないはずがないと。必ずこれを排除する規範が見つかるはずだと（第8章Ⅴ「探求のパラドクス」参照）。彼は民事執行法の55条（当時）によってそれが正当化できないかという結論にいきつく。

執行妨害を排除する規範は必ずあるはずであり，そのような仮説的な規範を制定法[*3]の中から解釈によって導くにはどの条項が最もふさわしいか，そう考えた。彼は再び東京地裁民事第21部に赴く。このときは，裁判所の反応は最初から前向きだったという。

Ⅱ　法的三段論法以前

上述の弁護士の主たる活動（「できるはず」という担当裁判官への説得行為など）は，法的三段論法が行われる以前の段階における法的思考にかかわっている。法的三段論法とは，認定された事実に対して法を適用して一定の結論を得るという推論である。それは，通常，要件事実を意識しながら争点を整理した後，ある程度，結論を意識しながら行われている。

---

*3　「制定法」という用語は，言葉が印刷されている文書自体を物理的に意味することもあれば，その文書を法律として制定するため議員が投票行動をとるときその議員が目にしている文言を意味することもあるであろう。また，その文言を法として制定することによって生まれる法そのものを意味することもあるであろう。この場合，何らかの法理・原理・原則を身につけておかなければ単に文言を見るだけではそれが意味するところの法を知ることはできないように思われる。

Ⅲ　次章以降の論述

　しかしながら，実際のところ法的な結論は，このような法的三段論法が行われて初めて導きだされるのではなく，それよりずっと以前の段階でほぼ決着がついているとされる[*4]（田中・法理学457頁）。もともと法的な思考というものは，法的三段論法がなされる領域のみにあるのではない。否，それは，本来，法的思考の一部にすぎない。法的思考は，法的三段論法（の世界）に閉じ込められてしまうようなものではないのである。

Ⅲ　次章以降の論述

　この論考では，要件事実を指標としながら争点を整理し，法的三段論法によって法を事実に適用する以前の段階とはいったいどのようなものなのか，そこで決定的に重要な判断がなされているという段階とはどのような内実を有するのか，法的思考を実践する法律家[*5]の活動（思考）領域について語ってみたいと思う。争点整理と要件事実について，その裁判過程における思考に焦点を当てたうえ，それ以外の思考も裁判過程でなされており，むしろ，そのほうが結論に対して決定的な役割を担っている[*6]のではないかということを明らかにしておきたいと考える。

　そのためには，まず，次章において要件事実や争点整理という用語の定義（概念）や，これに関連する用語の定義（概念）について述べる。その後，一般的な三段論法（第2章で触れるが飛ばして読んでもよいと思う）について語り，法的な三段論法の特徴を明らかにする。そこでは，アリストテレスからの論理学ではもちろんのこと，現代論理学である述語論理をもってしても法的三段論法

[*4]　判決の正当化……中略……において決定的に重要な過程は，形式論理的な真偽を二値的に評価できる演繹的推論の適用が可能となる以前の段階にみられる，と述べられている。つまり，大前提たる法規範，小前提たる事実，その結果として導かれる結論，という推論の適用（すなわち法的三段論法）が可能になる以前の段階に，決定的な過程がある，というのである。

[*5]　ここでは主に裁判官や弁護士のことを指す。

[*6]　ごくシンプルな事案は，争点整理後，認定された事実に法を適用して結論を出すという作業がメインになるであろうが，そうではない事案については，法的三段論法は既に導き出されている結論を正当化する司法作用に適合的な推論にとどまり，結論を左右する法的思考は法的三段論法がなされる以前の段階でなされているということになるであろう。そして，それ以前の段階について，実際の民事訴訟の手続において，訴訟代理人はどのように振る舞えばよいのかについても語りたいと思う。

序章　ある弁護士

（の論理）をとらえることができず，実は法的三段論法は論理ではないということが明らかになるであろう。そこで論理ではない法的三段論法の推論過程はトゥールミンの議論図式によって説明されることになる。

　法的思考について，しばしば「視線の往復」という考え方が論じられる。たとえば，法的三段論法の大前提（法規範）と小前提（事実）との間を行ったり来たりしながら思考することである。上述のトゥールミンの議論図式を前提にしながら，この視線の往復の内実について語りたい。その上で，最近の最高裁判決に現れた法的思考を具体的にトレースしてみる。裁判過程には価値判断について争う場面はあるのか，それは人為的に制定された法律等から解釈される法規範を認定された事実に適用するという典型的な法的三段論法が用いられるシーンに影響を与えるのであろうか。

　そして，現に実務で実践されている争点整理手続の姿を描写しながら，裁判の迅速，適正等の理念を達成させるべく，弁論準備手続等における裁判官と訴訟代理人との間でなされる口頭でのやり取りの意義を語り出してみたい。

　また，要件事実それ自体と要件事実論とを分けて論じ，要件事実論の抱える問題点も意識の上に浮かび上がらせておきたい。

　最後に，第12章にまとめとして，上述したところを短文で記しておいた。まず，最初に，このまとめの章に目を通してみると本論考の概要を理解しやすいかもしれない。

　とにかく，手っ取り早く争点整理と要件事実について把握したいという場合は，第10章の口頭でのやり取りに目を通すのがよいのではないかと思われる。この論考の面白みが感じられると思う。

　民事裁判の実務は，いまだまどろみの中にある。そこでは，安定した思考が可能で，そういう意味では平穏な場所[*7]なのかもしれない。しかし，いつまでもそこにとどまっているところでもないと思われる。

[*7]　民事司法改革において提案される話題につき，多くの弁護士が総論賛成にもかかわらず，各論反対に回るのは，普段から慣れ親しんだ業務のやり方を変えられてしまう不安を感じるからではないかと思われる。たとえば，証拠収集制度の創設については，現状，自分の依頼者にとって不利になるかもしれない証拠を進んで裁判所に提出する覚悟は誰もできていないであろう。

第 1 章

争点整理と要件事実

I 法規範

　規範とは，行為や判断や評価を行う際の基準である（平野ほか・法哲学29頁）。規範性とは，規範がもつ拘束力[8]である。それは一定の行為・判断・評価をするようその名宛人を義務づける力である（平野ほか・法哲学30頁）。

　法規範とは，法共同体の成員が自己の行動の規準として受容し，自己の行動の正当化の理由や他人の行動に対する要求・期待あるいは非難の理由として公的に用いる社会規範[9]の一種である（平野ほか・法哲学29頁）。

　法規範は，法を，強制秩序[10]そのものから独立させ，法の自立的な存在構造を支えている。つまり，法規範は，法が，一方では，国家権力から自立していることを，他方では，道徳，宗教，習俗などの他の社会規範から自立していることを支えている。

　法規範の多くは，具体的な事例で問題となる人・物・行為などが，その法規範中に定められた一般的なカテゴリーに属する場合には，それらの人・物・行為などに対して原則として画一的に適用されるという形で規定される（平野ほか・法哲学31頁・54頁）。

　すなわち，法規範は，「PならばQ」という形式[11]で，一定の法律要件事実に対して一定の法律効果が発生すべきという形をとることが多い。法律家の間

---

[8]　物理的な強制力に支えられながらも，それに還元されることのない指図的な要求である。
[9]　社会規範には，道徳・宗教・習俗などがある。
[10]　法を強制秩序と同一視する見方（典型的にはベンサムやオースチンなどの思想）は，法の支配などの自由主義的統治原理が支配している今日では適切な見方ではない。

では，法規範の標準型は，要件と効果からなるルールの構造をもつと考えられている（平野ほか・法哲学200頁）。

この形式の法規範を「法準則」という（平野ほか・法哲学200頁）。法規範には，このような要件・効果が比較的明確な法準則のほかに，一般基準（standard）や，原理（principle）というものもある*12（平野ほか・法哲学216頁）。要件事実は，主にこの法準則，特に「PならばQ」のPの部分にかかわる。

＊法システム

　　法をシステムと見る考え方がある。システムとは，多数の要素とそれらの関係の複合体のことである。法システムは規範的に閉じているとともに認知的に開いているとされている。法システムの外部のさまざまな要素は，それが法システムの内部構造に適した形をとるようになると，法システムの内部へと引き入れられると考えられる。たとえば，東京地判平成25・1・31裁判所ウェブサイト（事件記録閲覧謄写許可処分取消請求事件）では「弁護士・依頼者秘匿特権や職務活動の成果の法理なるものが存在することを肯認することはできないし，これが慣習法上の権利ないし利益として社会一般に承認されているということができるか否かという見地からみても，そのような具体的権利ないし利益が存在するという観念が社会の法的確信によって支持される程度にまで達しているということはできない」「もっとも，今後，実務法曹や研究者等の間における議論が更に深まることにより，上記のような具体的な権利ないし利益としての弁護士依頼者秘匿特権や職務活動の成果の法理の概念が我が国においても成熟し，実定法上に定められるに至ることは十分にありうることであると考えられる」と述べられている。これは，たとえば，Attorney-client privilege や，Work productの法理が，わが国の法システムの内部構造に適した形をとるようになれば（たとえば，法準則の形式をとるなど），法システムの内部へと引き入れられることにもなりうるという理解に適合的な判決理由といえる。もっとも，控訴審においては，そのような記述はなく，単に「我が国の現行法の法制度の下で具体的な権利又は利益として保障されていると解すべき理由は見出し難い」とか「我が国の現行の法制度の下で当然に認められている法理であると解すべき根拠は見出し難い」という記載にな

---

*11　「ならば」という用語について簡単に説明すると，「PならばQ」について条件節Pを前件と呼び，帰結節Qを後件と呼ぶ。また，日常使われる「ならば」という用語には条件節が原因で帰結節が結論，という形で時間性が混じってくる可能性がある。また，同じく「ならば」という用語には同値を表す場合も多い。法規範（法準則）に触れるときの「ならば」は時間性は含まず，同値という意味でもない。

*12　もし，法をこのような法準則の総体，すなわち，要件・効果という形式になっているものの総体であると考えると，法の欠缺という事態が生じやすくなるように思われる。当該事案に適合的な法準則がみつからないとき，裁判所は裁量権を行使して妥当な解決を図るべきなのか（その場合，三段論法の形式をとるのは難しいであろう。大前提となるものが見つからないからである）が問題になる。

っている（東京高判平成25・9・12裁判所ウェブサイト）。

＊原理

　原理は，法準則のように要件に該当する事実があるかないか，それゆえ，法律効果が発生するかしないか（all-or-nothing）という形で適用されるものではない。適用されても結論を必然的とはせずにある結論への方向性を示したり，あるいは，それを支持する説明を加えたり，逆に，他の原理によって打ち消されたりするものである。法原理は，各法領域を構成・規制する統合的原理として実定法規定のなかに組み込まれていたり，確立された学説や判例として法律家の間で一般的に受け継がれてきたり，個々の法律・命令などの根底にある政策目標として制定法規の総合的・体系的解釈によって解明されたり，その形態はさまざまである，とされる（田中・法理学65～66頁）。最近では，公序良俗，信義則，権利濫用・正当事由等々の一般条項，憲法の基本的人権条項，個々の法律・命令の冒頭の立法目的の規定などとして，明示的に宣言される場合が増えてきているとされる（同書）。たとえば，「この法律は，個人の尊厳と両性の本質的平等を旨として，解釈しなければならない」と定める民法2条は，要件・効果という法準則の形式をとっていない。また，たとえば消費者契約法6条は「……と解してはならない」と定めている。

II　争　　点

　民事裁判において，争点とは，法適用に意味ある主張事実の不一致である（実民訴・3期5巻35頁参照）。具体的には，要件事実に該当する主要事実，それを推認するのに役立つ間接事実，これらの事実に関する証拠方法の証明力を左右しうる補助事実が，ここでいう意味ある事実[13]である（日本法哲学会編・暗黙知74頁参照）。また，主張された事実についてではなく，法的観点における見解の相違についても争点と呼ばれることがある。そういう意味では，事実レベルの争点と，法的（観点の）レベルの争点とがある。本書では，単に争点というときは，事実レベルのそれを指すものとする。判決書に記載される「争点」という段落には，いわば争点の見出し，主要事実レベルの概括的なものが記載されるのが通例であり，その争点に対する「当事者の主張」という段落において，主要事実のほか，判断の分かれ目となる重要な間接事実が明らかにされることが予定されている[14]（判タ1405号10頁）。

---

[13]「意味ある」とは，レレヴァントであり，トリビアルでない，と表現することもできる。

第1章　争点整理と要件事実

＊主要事実・間接事実・補助事実

　　定義的に述べると，主要事実とは権利の発生，変更，消滅という法律効果の判断に直接必要な事実である。法律の条文に要件として掲げられている事実（要件事実）に照応する事実である。間接事実とは経験則・論理法則の助けを借りることによって主要事実を推認するのに役立つ事実である。補助事実は証拠能力や証拠力（証明力・証拠価値）を明らかにする事実である。

Ⅲ　要件事実

　要件事実[15]とは，実体法の定める一定の法律上の効果（権利の発生・障害・消滅・阻止の効果）を発生させるための要件（法律要件）を構成する各個の要件（構成要件・法律事実）のことである（実民訴・3期5巻28頁参照）。要件事実に該当する具体的な事実のことを，主要事実という。すなわち，要件事実は法的な概念であり，類型的なものである。他方，これに対し，主要事実は，現実の社会における経験可能な具体的事実である[16]。

　この点，実体法の定める一定の法律上の効果を発生させる法律要件に該当する具体的な事実をもって要件事実とする考え方もある。この考え方によれば，要件事実は主要事実と同義になる。

　本書は前説で考える[17]（実民訴・3期5巻29頁参照）。前説であれば，大学・基本書等で学んだ主要事実と間接事実の概念や用語をそのまま維持できる[18]。

　例を述べる。民法は，消費貸借は，当事者の一方が，種類，品質及び数量の

---

[14] 福田裁判官は「『（争点に対する）当事者の主張』という部分があり，そこでは，双方代理人が主張する主要事実はもちろん，判断の分かれ目となる重要な間接事実が何かが明らかになるように，当事者の主張が記載されることが予定されています。」と述べる（判タ1405号10頁）。

[15] しばしば，要件事実は，要件事実論のことを指して用いられることもあるが，本書では，要件事実と要件事実論とは区別して論ずることとする。

[16] 時間軸・空間軸上に位置を定めることができる（定位可能な）ものである。

[17] 伝統的には前説のように説明されてきたと考えられるので前説を採るが，後説のような用法を排斥するまでのことはないと考える。なお，後述するように，固有名を扱わないアリストテレスの三段論法で，法的三段論法を説明するのは難しい。この点，フレーゲの述語論理を用いれば固有名が取り扱えるようになるため，アリストテレスよりは判決三段論法を説明しやすくなると思われる。その場合，命題関数という考え方に適合的なのは，主張事実＝要件事実とは考えないほうである。要件事実は，そこに具体的事実があてはめられる，いわば変数的概念ととらえておくほうが，命題関数という考え方には適合的かもしれない。

[18] 主要事実と要件事実とが同義であるとして，用語上，たとえば「要件事実を推認するのに役立つ事実を間接事実という。」という言い回しには若干の違和感を伴う。

Ⅳ 争点整理

同じ物をもって返還をすることを約して相手方から金銭その他の物を受け取ることによって，その効力を生ずる，と定めている（民587条）。そこで，この条文から，法規範としては，金銭消費貸借の効力が生ずる（法律上の効果が発生する）ために，その法律要件として返還約束と金銭の交付が必要であることがわかる。この各個の要件，すなわち，「返還約束」のことや，「金銭の交付」のことを要件事実と呼ぶ。金銭の交付という要件事実に該当する具体的な事実，たとえば，何年何月何日，ある金融機関がある会社に対し，その会社名義の預金口座に金〇万円を振り込んだという事実が，主要事実に該当する。

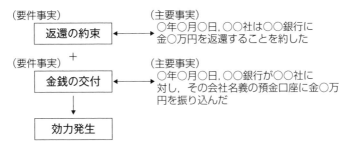

もっとも，訴訟手続によって処理されている訴えの中にも，法律要件（を構成する要件事実）が規定されていないものもある。たとえば，境界画定の訴え，共有物分割の訴え（民258条），父を定める訴え（民773条）である。これは，形式面では訴訟手続であるが，要件事実が定められていないので，事実に対して法規範を適用するという司法作用の性格が希薄となる。他方，判決が出てはじめて結果が通用力を有するという性質があるため，形成訴訟と呼ばれ，講学上，形式的形成訴訟と呼ばれる（高橋・重点民訴上81頁）。

Ⅳ 争点整理

争点整理[19]とは，争点を明確化[20]し，これを絞る[21]ことである。争点整

---

[19] 五月雨型あるいは漂流型と呼ばれていたそれまでの審理運用の反省のもと，平成8年の民事訴訟法により，争点を中心とした審理を実現しようという機運が高まり，それが結実したものが争点整理であり，集中証拠調べであると考える。

[20] 文字どおり，争点を明確化することのほか，ある争点とそれを証明しようとする証拠との関係を明確化する場合を含む。

第1章 争点整理と要件事実

理は，主に弁論準備手続（民訴168条）においてなされる。比較的整理が容易なものは口頭弁論においてもなされている。

　争点整理は，争点及び証拠の整理である（民訴168条）。ある証拠（たとえば書証）とある争点との関係が明確になれば，その争点が実質的に争点でなくなる場合もある[*22]。争点整理は，提出された証拠（主に書証）と照らし合わせながらなされる。

　このように，争点整理（手続）は，単に当事者間の主張のうち一致しない点を確認するという作業にとどまるものでなく，証拠との関係[*23]により，証人尋問によって立証[*24]する点，本人尋問によって立証する点などが明らかにされるとともに，結論に直結するような重要な争点と，それ以外の争点との区別が行われ，後者の争点に関する主張につき，その撤回や自白を促したり，そこまではいかなくとも，前者と後者を比較して争点の重みづけを行うことが多い。

　それゆえ，争点整理手続中に，争点整理を目的とした暫定的な心証開示[*25]がなされることになる。それがなされないのでは上述の意味での争点整理はできないからである。

　この心証開示は，尋問後の和解期日などになされる心証開示とは異なる。後者は，ほぼ判決の主文や，その内容を前提としており，最終的な結論が示されているという意味での心証開示ということになる。しかし，前者はそうではな

[*21] 争点を絞るとは争点の数を減少させることを意味する。したがって，争点整理手続を実施した結果，かえって争点の数が増えたとすれば，それは争点整理に失敗しているといえる。もっとも，その場合でも，争点を明確化し争点間に軽重をつけること（各争点の重みづけ）ができれば十分な意味があると考える。実務上，いわゆる一般民事的な事件では争点は2～3個くらいに絞られることが多いように思われる。そして，そのうちのひとつが訴訟の結論を左右することになることが多い。
[*22] たとえば，契約の内容について，双方の記名捺印のある文書により明らかになっているという示唆によって，実質的な争点は，文書作成後に生じたエピソードが実質的な争点（結論に影響を与えるような重みのある争点）となっていく場合など。
[*23] 実務的には主に書証との関係になると考える。
[*24] 本書では，立証，証明，挙証の用語は同じ意味で用いる。たとえば，立証責任や証明責任など，文脈や文献の引用の関係で用語を使い分けているが，それぞれ異なる意味を有する趣旨のものではない。
[*25] 争点整理の段階で開示される暫定的な心証は必ずしもわかりやすい形で提示されるとは限らない。言外の意味を汲み取る必要があることもある。そのためか，裁判官は心証を開示したつもりでも，代理人には伝わっていなかったということも多いようである。

い。争点整理手続中の心証開示はあくまで暫定的なもの*26である。

　ところが，争点整理を目的とした暫定的なそれであったとしても，判決の行方が透けて見える（ように思える）場合があり，そのような場面での心証開示では，裁判所（裁判官）と訴訟代理人との間の共通認識を得ることにしばしば困難を伴う。

　　＊高等テクニック？
　　　争点整理段階での暫定的心証開示の場面において，訴訟代理人が自分の依頼者にとって不利ではないかと思われる話題が出たとき，とりあえずその場をやり過ごすため「聞こえないふり」をして，他の話題に移行するのを待つ，という高等テクニックがあるとしばしば指摘されている。確かに，その代理人に対して追い討ちをかけるように「聞こえていますか」とか，「もう一度，繰り返しましょうか」などということは雰囲気的に難しく（これはかなり「上から目線」な言い方であり無用な反発を受けてしまうおそれがある），そのことを知った上で，それを利用し，本当に聞こえていないのか，聞こえていてわざとそのような態度をとっているのか曖昧にしながら，裁判官の異動を待つという手法はありそうな話である。もっとも，そのようなテクニックがあったとして，それが奏効しているとも思われない。

V　立証命題

　争点整理の結果，整理された争点について，民事訴訟の審理では，しばしばこれを立証命題と呼ぶ。たとえば，ある契約の成否が問題になり，契約が成立していたかあるいは契約が成立したとまではいえない状況にあったかが争いとなった場合，「ＡさんとＢさんは，平成〇年〇月〇日，〇〇契約を締結した」という事実主張のことを立証命題と呼ぶことがある。このような事例では，端

---

　*26　もっとも，実務感覚として，争点整理手続において個々の論点について，いったん示された暫定的心証がその後に覆されることはほとんどないと思われる。すなわち，暫定的であるということは，すなわち，変更・修正されやすいということではないのである。暫定的な心証が開示されつつ訴訟進行してきたところ，裁判官（単独）の異動があったとき，それまでの心証と異なる訴訟指揮がなされることがある，と実務家の間でしばしば語られる。このエピソードは同一の裁判官ではいったん開示された暫定的心証の変更・修正はほとんどないことと整合する。その反面として，裁判官の異動があるとそうではなくなるという印象が残るのかもしれない。しばしば，裁判官の異動をきっかけとして双方代理人間の攻防が再燃したり，あるいは和解解決の機運が生まれたりすることがある。ここに攻防の再燃とは，新しく着任した新裁判官に対し，今までの審理経過をいったんご破算にして自己に有利な方向で事案内容の説明（刷り込み）をしようとする一方当事者の代理人の行為と，これを阻止しようとする他方当事者の代理人の行為のことを指す。

的にこのことを「契約の成立の有無」と述べる場合も多い。

　立証命題*27とは，立証活動の対象（目標）となる命題のことである。命題とは文が記述している意味内容のことである*28。命題は真か偽かのいずれかの値をとる（二値原理と呼ばれる）。命題が事実に合致すれば「真」，事実に反すれば「偽」である*29。民事裁判では真偽が不明に陥っても，裁判所は判決を避ける*30ことはできない（それでは裁判を受ける権利を侵害すると解されている）ので，その場合，立証責任の所在によって事実の有無が擬制（仮定）される。そうすることによって法律効果の発生の有無が決せられ判決を言い渡すことができる。

＊**証明責任**
　証明責任については，他に立証責任，挙証責任などの表現があるが，本書では，いずれも同じ意味で使用する（前掲＊24参照）。もっとも，立証ないし挙証という表現では，行為責任が連想されるため，証明責任という用語がふさわしいと思われる（高橋・民訴概論214頁）。証明責任は，ある事実主張が真偽不明となったときに発動されるものであり，定義上，決して証明すべき行為責任ではない。証明責任は「責任」という用語が使用されているが，ある事実について証明責任を負う者がその事実を証明しなかったとしても，相手方にとってそれは一向にかまわない。むしろ，そのほうが有利になるという関係にある。仮に，十分に「責任」を果たしたとしても，結果として真偽不明に陥れば，自己の主張する事実を法律要件とする法の適用が認められないことになる。つまり，結果責任であり，行為責任ではない。

＊**証明責任判決**
　立証命題が真偽不明に陥り，証明責任の所在によって判決が言い渡される場合，その判決を証明責任判決と呼ぶ場合がある（松本・証明責任5頁参照）。

Ⅵ　法　命　題

　しばしば，「法命題」という用語が使用される*31。たとえば，「裁判とは確

＊27　一般に，立証命題につき立証責任を負う当事者は立証活動を行い，これを負わない当事者は反証活動を行う。しかしながら，ある事実の存在について立証責任を負わない一方当事者が当該事実の不存在を立証する活動を行うのは一向にかまわない。むしろ，民事訴訟の活性化という観点から望ましいものと思われる

＊28　真偽を問題にできる文を「命題」と呼ぶ。感嘆文や命令文は通常真偽を問題にできない。真偽を問題にできる文は通常記述文である。たとえば「○○が○○した。」という形式の文である。

＊29　真偽のことを真理値と呼ぶ。命題は真理値をもつ。

＊30　「事実が不明のため判断できない」という趣旨の判決主文は認められていない。

＊31　判決三段論法においては大前提にかかわる用語である。

Ⅵ 法 命 題

定された事実関係に法規範を適用することによって結論を導出する過程であり，結論に達するためには，事実問題の確定と『法命題』の発見・解釈・適用が不可欠となる」などと語られる（山本・民訴構造19頁）。

上述のとおり，命題は真か偽かのいずれかの値をとる（二値原理）。そうすると，法命題というとき，法（規範）に真か偽かという真理値があるということになる（少なくとも，それを前提とするような表現となる）。こうして，法は規範か事実か，あるいは，法が規範であると同時に（事実のように）存在するものであるということはできるのかという問題に直面する。たとえば，「〇〇は〇〇すべきである」という当為の様相をもつ命題の場合，この命題が真であるとか偽であるとかいえるのか，という問題である。

この点，「痛っ*32！」という感嘆文は，ある心理状態のときに発する本能的発声が普段からの言語使用の習慣により，そのような形態をとったものにすぎず，「うっ」とか「あっ」とかいうだけの表現と同質で，これに真理値を与える必要はないと考えられる。これは「〇〇は〇〇せよ」という命令文についても，同様であろう（坂本ほか・論理学31頁）。他方，「〇〇は〇〇である」という平叙文であれば，これに対応する事実があるかないかで真偽判定が可能で，したがって，真理値をもつといえそうである。

では，「べきである」という形の命題（規範命題）についてはどうか。これは，かなり微妙になってくる*33。

「法命題」という用語は，ハンス・ケルゼン（H.Kelsen 1881-1973）の「Rechtssatz」の訳語として使われ，現在定着しつつあると思われる（井上・規範(1)818頁参照）。この訳語は，ケルゼンにおいて「Rechtssatz」が論理的な意味における「命題」，すなわち，真理値が帰属する判断として理解されているという事情を反映しているという（井上・規範(1)832頁注54）。

ケルゼンは，法学の対象たる法そのものを構成する「法規範（Rechtsnorm）」と，それを記述するために法学が使用する言明としての「法命題（Rechtssatz）」とを区別している。法規範は指図するのに対し，法命題は記述する。法命題は

---

*32　これは，足の小指をたんすにぶつけたのかもしれないし，仕事上のミスに気がついた瞬間かもしれない。応援するサッカーチームの負けという試合結果を知ったのかもしれない。

*33　素朴に考えて，「……すべき」という表現には，人に対する指図の意味合いが含まれているようにも思われ，また，何らかの価値判断が含まれているようにも見える。

第1章　争点整理と要件事実

法規範を記述していることになる。法規範は真理値を有さず，妥当*34するかしないかであるが，法命題はそれが記述している法命題の妥当不妥当に応じて，真又は偽でありうることになる。

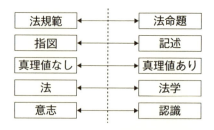

このように，ケルゼンにおいては，法と法学が峻別され対置されている*35。法は意志作用であるのに対し，法学は認識作用とされる。法と法学とは，あたかも，命令を発する絶対君主と，それを書き取って清書するニヒルな記録官という関係に類比できるとされる（井上・規範(4)355頁）。あるいは，研究（実験）の対象と科学者との関係のようにも見える。上述の図の左側と右側とを混同すると「範疇錯誤」とされることになる*36。

本書では，法規範と法命題の関係，法命題は真理値を有するかという問題には立ち入らず*37，法規範のうち，ルールの形式ないし要件・効果という形式

*34　ここでいう妥当とは，法規範が法的に有効であり，法的な効力を有するという意味である。法の内容がよいものであるとか，妥当なものであるという意味ではない。したがって，どのような内容の法でも妥当はしうることになる。

*35　おそらく，実証主義的な学問観が価値にかかわる分野は科学ではないと切り捨てようとするのに抗して，実証的科学とは区別される学問が価値や規範にかかわる分野でも成り立つということを示そうとする例ではないかと思われる。価値は主観的なものであり，（究極的な）価値判断の正邪を学問として語ることはできないという点は認めながら，事実と価値，存在と当為を峻別する方法二元論の立場に立って，客観的当為としての規範を真理や正当性という観点から切り離して，どのような内容の法でも法たりうるものとして「妥当」しているかどうかという観点からのみ考察しようとしたものと思われる。純粋法学と呼ばれる。

*36　この図の左側と右側を峻別する点で，ケルゼンの純粋法学は，実定法ないし実定法学を対象とするメタ法学とみることができる。たとえば，あることが善いとか悪い，正しいとか正しくないと主張する倫理学は，実証主義的学問観と相容れないとしても，倫理学の方法や基礎概念について論じる倫理学は可能であり，前者を規範的倫理学，実質的倫理学といい，後者をメタ倫理学という。これと，同一の構図の中に純粋法学を位置づけることができると思われる（平野ほか・法哲学106〜107頁）。

*37　法とは，法という用語の定義のことを指すのか，法という用語が意味するところの対象となる概念のことなのか，それとも法とは解釈的概念そのもののことなのかなどの問題がありうる。

Ⅶ 価値判断

をもつものを法準則と呼ぶことにしたい。また，法規範と法文とを区別したい。法文は制定法の文言（テクスト）であり，法規範は主に制定法の文言から解釈により導かれるものを指すこととしたい*38。

＊法実証主義

　法命題の真理値を特定の明確な歴史的事実に依存させる建前をもって法実証主義と呼んでもよいと思われる。たとえば，何年何月何日議会で可決されたという人が経験することが可能な事実に依拠させることによって当該法命題は真であるという帰結を導くことができることになる。あるいは，その社会で主権者の地位を占める個人（たとえば，国王や独裁者など）や集団の過去の命令を当該法命題が正確に報告している場合も，真であるといえるであろう。また，法命題が真とされるのは，効力ある法を制定する権限を一定の集団（国会など）に付与するルールをその社会の人々が受容していることを示す社会的慣例によるという考え方も法実証主義といえるであろう。ここで「受容」とは服従以上のもの（たとえば，正義と考えている，など）を指すとすれば，ナチス・ドイツには法は存在しなかったという結論となるであろう。

＊ニヒルな記録官による記述

　みずからはその社会には参加せず，外部から観察して，その社会の構成員はこうだと「記述」するイメージである。H.L.A.ハート（Herbert Lionel Adolphus Hart 1907-1993）の説も同様ないしその延長と考えられる。ハートは，ドゥオーキン（Ronald Dworkin 1931-2013）の批判に答えた「後記」において，次のように述べているからである。「私としてはドゥオーキンがなぜ記述的法理論を拒絶するのか，その理由を正確に理解することが困難である。」「非参加者たる外部の観察者が，参加者が内的観点から法をいかに理解するかを記述することを阻むものは実際何もない」。

　もっとも，外部の観察者がいるとして，彼はいったい「どこ」からそれを見ているのであろうか。そこは，実は形而上学的な視点（時間軸や空間座標軸のある点に定位できないもの）ではないであろうか。もしそうだとすれば，「反」形而上学的立場をとる法実証主義とは矛盾するようにも思えてくる。これを比喩的にいえば，風景を撮影した写真にはそれをどこから撮影したのかという撮影ポイントも（いわば）「写って」いるといえるが，他方，地図には，それを眺めた視点がない。この世のどこでもないところから見た視点で表現されている。つまり，外部の観察者は「地図」を作っているのではないか，ということである。

＊38　もちろん，制定法という用語は，その文言を法として制定することによって生まれる法そのものを記述するためにも使われることがあり，本書はそのことを否定するものではない。

第1章　争点整理と要件事実

Ⅶ　価 値 判 断

　民事訴訟の審理では，当事者は，たとえば，売買契約を締結したという事実を主張し，売主と売買契約を締結した買主は売主に売買代金を支払うべきであるという法的な主張をする。前者は事実の主張であり，真又は偽でありうる[*39]。後者は，法律上の主張であり，法規範[*40]について語っている。この法規範を導く，いわば裏づけとなるべきものとして，実定法がある。ここでは，民法555条という制定法である。明治29年4月27日法律第89号である（平成16年法律第147号により1編～3編全部改正）。ある時，議会によって制定された[*41]（長谷部・法116頁）ということは，経験的に確認可能な事実である。制定法は，経験的に確認することが可能なものである。

　認識の対象を専ら経験的に確認できる事柄に限定し，経験を超えた形而上学的なものを排除しようとする思考態度を実証主義と呼ぶとすれば，法実証主義は，法を経験的に確認可能なものに限定することを意味し，考察対象は実定法[*42]に限定されることになる。さしあたり，そのような考え方を法実証主義と呼ぶことにする。

　法実証主義に対するものとしては自然法論がある。自然法論は，人の決定から独立した客観的に妥当する価値が存するという考え方を前提としている。価値判断は，その判断主体から独立して，その判断内容そのものについて，客観的に妥当又は不妥当であり，したがって，実定法の当・不当に関する価値判断もこのような客観性をもちうるということになる。それゆえ，自然法論からは

[*39] AさんとBさんとは〇年〇月〇日売買契約を締結したという事実主張は平叙文でなされ，真理値を有する。もし，真理値を有しないとすれば，それは，真であることはもとより，偽でさえあることもできず，端的に意味がない文章（による事実主張）ということになってしまう。
[*40] ここでは，法命題を語っているともいえる。上述のとおり，これには真理値を有するかどうかという問題があるが本書では触れない。
[*41] 〇年〇月〇日，〇〇と呼ばれるある建物大広間に何人かの人々が集まって起立をしたという事実を確認することができる，といえる。
[*42] 「前章で扱ったケルゼンもハートも法実証主義と言われる潮流に属しています。英語で言うと legal positivism です。この潮流は，法と言えるものは実定法 positive law つまり特定の誰かが歴史上のある時点で定めた（posit とした）法だと考えます。」「これと対立する潮流として自然法論なるものがあると言われることがあります。人がいかに行動すべきかは，生まれながらにして自然に定まっているものであって，それを示す自然法こそが本来の法であり，実定法は自然法に合致する限りではじめて法でありうるという考え方であると言われます。」（長谷部・法130頁）

Ⅶ　価値判断

「不正な法は法ではない」という主張がなされうる。「不正である」という価値判断は客観的に正なるものに反しているというものであり、法もその判断の枠外にはいられないのである。

価値判断はその判断主体から独立して客観的に妥当又は不妥当でありうる、という考え方を客観主義[*43]と呼ぶとすれば、客観主義自体は何か特定の規範的主張を行うものではない。そして、この客観主義と対立する考え方が価値相対主義である。

価値判断（善、美、正など[*44]）それ自体は事実として経験的には確認できない。たとえば、いつ・どこでという時間・空間といういわば座標軸[*45]のうちのどこにその位置を定めるということができない（時空に定位できない[*46]）。そういう意味で、価値それ自体は実証できないことになる。価値判断は判断者の主観の表出[*47]である。これが価値相対主義的な考え方である。

このように価値相対主義[*48]（田中・法理学347頁、加藤・法哲474〜566頁）は、価値判断が判断主体の主観性に依存するため、価値判断の判断主体からの独立性を説く自然法論とは、いわば二者択一的関係に立つ。判断主体への依存（非独立）又は非依存（独立）という関係から、価値相対主義の立場は自然法論なるものを丸ごと否定することにならざるを得ない。ある特定の自然法論を批判するにとどまらないのである。価値相対主義は論理的に自然法思想を否定してしまう。

確かに、主観的なものを超越した何ものか、あるいは、客観的なるものを想

---

*43　真理を主観に還元しないという考え方である。たとえば、「〇〇が〇〇した」という命題は、人がそれを真であると知りうることなく、真でありうる。真理の問題と、認識の問題を分けることになる。
*44　価値判断は、個人に相対的であるとする考え方のほか、文化や社会に相対的であると考えれば、文化相対主義や社会相対主義も成立する。ここではひとまず個人とする。
*45　たとえば、時間軸と三次元空間の座標により、指定できるか、できないものであるか、という区別が想定しうる。
*46　一種の比喩と考える。
*47　人格的態度決定の表出といってもよい。
*48　大陸の新カント派と英米の情緒主義に共通する主張は、価値判断が評価主体との関係で相対的であるという意味で、価値も主観的なものであると説明されている（田中・法理学347頁）。また、加藤は、価値相対主義について述べ、相対主義の主張とその思想的諸帰結の解明を試み、相対主義の超克を指向している。「価値相対主義（Value Relativism）における相対的とは、或る価値の妥当が、相異なる評価主体との関係に於て相対的に定まるということである」「かような価値については理論的にその妥当性を証明し或いはその優劣関係を論定することはできない、というのがその基本主張である。その限り相対主義は一の倫理的不可知論ないし非認識説だと言ってよい。」（加藤・法哲475頁）。

定する考え方は，現代ではあまり流行らないかもしれない。価値相対主義を前提に法実証主義の立場をとるのが穏当のようにも見える。

　ただ，自分の価値判断を絶対化してはならないという，もっともな主張が，価値判断の妥当性は判断主体に相対的であるという帰結を導くとすれば，自分の価値判断の正当性を他者に対して主張することができなくなるだけではなく，自分の価値判断を他者が不当であると批判することもできなくなってしまう。つまり「価値判断は間違わない」ということになる（価値判断の無謬性という問題）。価値相対主義が自己の価値判断に対する他者からの批判の可能性を閉ざすのであれば，それは独断的な絶対主義と変わりがないことになる*49（井上・リベラル79〜84頁，平野ほか・法哲学112頁）。

　価値判断の可謬性を認めるのであれば，何らかの客観的なるものを想定せざるを得ないが，それは必ずしも自然法論を採ることを意味しない。自然法論は客観主義に依拠しているが，法実証主義は価値相対主義と論理必然的に結合していない。法と道徳は区別すべきであるという法実証主義的主張は，道徳的価値をめぐる価値判断が客観的に妥当性をもちうるかという問題とは独立になされうる。この問題に関して客観主義の立場に立つ者もなお，論理的矛盾をおかすことなく法実証主義的区別を支持できる*50（井上・規範(1)793頁，加藤・法哲516頁）。

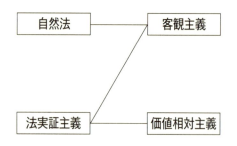

*49　「価値相対主義は，価値が主観化した時代に，道徳的に潔癖な人間がとりがちな，1つの道徳的立場であることを看過してはならない。客観的価値への信仰が失われた時代にあっては，道徳的潔癖さは，絶対的価値への信仰としての価値絶対主義よりも，価値相対主義と結びつきやすい。」とされる（平野ほか・法哲学112頁）。

*50　「法実証主義は価値相対主義を含意しないとしても，価値相対主義は法実証主義を含意する」と述べる。加藤は「なお特にことわるまでもないと思うが，ここにいう価値相対主義と，いわゆる法実証主義との間にも論理必然的な結びつきがあるわけではない。法実証主義は反自然法主義であり，自然法否認は価値相対主義に通ずるというように考えるとすればそれは聊か速断に失する。」と述べられている。

Ⅶ 価値判断

　客観的なる法事態として，たとえば「公正な社会（各人の人生計画が実現しやすい社会）」を目指して価値*51判断をぶつけあうという場面は，民事訴訟の審理ないし民事裁判過程には出てくるのであろうか。後述のとおり，出てくるというのが本書の立場である（第8章Ⅸ「たとえば公正さ」参照）。

　＊実定法

　　　実定法は，人為（たとえば制定とか慣習，判決など）によって生成変化し，したがって，時間的・場所的に制約された相対的な内容をもち，ただ，実証的経験的にのみ把握されうるところの，現実の効力をもつ法である，とされる（加藤・法哲273頁）。一般に，実定的（又は実証的 positive）とは，思弁的又は単に観念的なることに対して，現実的に存すること，経験的事実に即して確かめられるという性格を指す。

　＊リアリズム法学

　　　リアリズム法学は，法を裁判官の行動の仮説的予言として捉え，これは，法から規範性を剥奪し法を純粋に事実として考察する点で，規範的観点を残している法実証主義（ケルゼンなど）より，一層，実証主義的であるといいうる（井上・規範(1)792頁参照）。リアリズム法学の中でもラディカルな主張を展開したJ.フランク(1989-1957)は，次のように述べる。「裁判官は明らかの法を創造し，改変する。事案について裁判官が結論に達するのは『勘（hunch）』によってであり，判決の理由は勘によって得られた結論の合理化にすぎない。司法立法こそわれわれの直視すべき現実なのである。司法の決定は裁判官個人の政策判断であり価値選択であり，その全人格の反映であるとするものである。」（田中ほか・法思想179頁・180頁）。他方，ドゥオーキンは『法の帝国』において，「リアリズム法学は現在では廃れてしまったが，これは大部分が前記のばかげた意味論的主張のせいである。明らかに法命題は，偽装された予測とか願望の表明といったものではない。」と述べている（小林訳・法の帝国247頁）。ばかげた意味論的主張とは，法命題とは裁判官が将来行うであろうことの予測と同義か，そうでなければ感情の単なる表明にすぎず，それゆえ命題でさえもないという趣旨の主張を指す。確かに，リアリズム法学は，立法趣旨が古すぎて現代では通用しなくなったような制定法や，将来に向けて有害で合理性に乏しい先例があったとすれば，端的にこれらを無視するであろう。しかし，無視していることを悟られないように判決理由を書くであろう。そのような偽装（法を適用しているふり）をすることに戦略的な意義を感じているからである。制定法や先例の驚くべき新解釈として説明するかもしれない。こうして判決理由を額面どおりにとらないことこそリアリズム法学のいきつく先となる。これは望ましい方向性とは思われない。

＊51　たとえば，高齢者が安心して徘徊できる地域社会や，子どもが安全にスポーツできる環境，など良き社会，公正な社会へ向けた企画作りとしての価値判断などが考えられる。

第1章　争点整理と要件事実

Ⅷ　法実証主義

　上述のとおり，法実証主義に触れたので，ごく簡単に法実証主義ないし法実証主義的な考え方について触れておく[*52]。

　法実証主義[*53]は，基本的には実証主義の法学版とみられている（田中・法理学146〜147頁参照）。それは，反形而上学的な考え方であり，政治的・道徳的価値判断を排除するなど，実証主義科学一般と共通する特徴をもつとされる。法が何であるかは，法が何であるべきかということにはいささかも依存しておらず，法に関する論証は理論的ではなく経験的なものとされる。もっとも，法実証主義の考え方には経験科学的事実に還元できない法独自の規範的性質・構造を解明しようとする性質をもつもの[*54]もあり，実証主義一般とも異なっている。

　他方，リアリズム法学[*55]というものがあり，それは法現象を徹底して経験科学的事実に還元するアプローチをとっている。その意味では，より実証主義的な考え方ともいえる。法実証主義を批判する説には古典的な自然法理論によるものがある。たとえば，人の行動には一定の諸原理というものがあって人の理性による発見を待っており[*56]，人為的に定められた法はそれらに合致していなければならないというものである。

　法実証主義についての複数の説明を以下に掲げる。それぞれ別の論者によるものであるが，その重なり具合によって，法実証主義という考え方のおおよそ

---

*52　ごくごく平明にいうとすれば，法は定立されるものと考える者は法実証主義者である。定立されるとは posited で，法実証主義者は legal positivist である。
*53　法実証主義の代表的な理論としては，イギリスのベンサム，オースチンらの分析法理学，ドイツの概念法学や一般法学，ケルゼンの純粋法学，H.L.A. ハートらの現代分析法理学などが挙げられている。
*54　ケルゼンやハートらの現代法実証主義を指す。
*55　リアリズムの法理論が展開されたのは20世紀初期ころから主として米国のロースクールにおいてといわれ，現在（1980年代ころ）では廃れてしまったとされる。彼らは法命題は裁判官が将来行うであろう予測と同義であるなど意味論的な理論形態で提示していたが，法命題は偽装された予測などではなく，法理学の教授たちは学生にリアリズム法学は法実務に関する諸事実の不必要な誇張であって，これほどオーバーな仕方ではなくもっと冷静に法実務を記述したほうがよいと教示しているとのことである（小林訳・法の帝国247〜248頁）。
*56　理性によって発見可能な真に正しい行動原理があるという主張である。

Ⅷ 法実証主義

の輪郭ないし内容が浮かびあがってくることに期待したい[*57]。

(1) 法実証主義その1

　法実証主義は，認識の対象を専ら実証的経験的所与に限定し，経験を超えた形而上学的なもの（事物の隠れた本質，究極の原因や理念等）によって経験世界を基礎づけたり方向づけたりする一切の試みを否定する反形而上学・実証主義的思考態度であるとされる（加藤・法哲248頁）。

　次の特徴が指摘されている。

　(a)　自然法を否定して，法学の考察対象たる法としてはただ実定法だけを認めること。実定法一元論。

　(b)　法の領域は道徳の領域から明確に区別されるべきであり，そして法の効力は決して法に対する道徳的評価に依存するものではないと考えること（ただし，法の形成発展が何らかの道徳原理についての信念又は実体道徳によって影響されることを否定するとか，また，立法者が立法に当たって道徳的考慮をなすべきことを否定するとかということではない）。

　(c)　法について（法そのもの，各種の法制度，法原理，法的概念等について）一切の超越論的（先験的）基礎づけの試みを排除し，法的実践を方向づけるものとしての法理念の探求に対して否定的態度をとること（その存在又は可認識性を否定し，又は少なくとも法の理論的考察においてそれを無意義のものとしておしのけること）。

(2) 法実証主義その2

　また，法実証主義にみられる共通の特徴としては，以下の点が挙げられている（田中・法理学147頁）。

　(a)　法の定義に関して，自然法の法的資格を否認して，実定法だけが法であるとする実定法一元論に立つこと。

　(b)　法と道徳，在る法と在るべき法を厳格に区別すべきであるとして，正統な権限をもつ機関が所定の手続に準拠して制定した法律は，その内容の道徳的

[*57]　ホームズ（Oliver Wendell Holmes 1841-1935）は，法実証主義の性格を「一方では法と道徳を明確に区別すると同時に，他方ではそれを正，不正の倫理的原理によって判断しないで，裁判所が現実にするであろうことについての予告的判断というものに限定しているところにある」とし，「法的規範の実証性が，単純な言葉の形式の中にもないことは改めていうまでもない。問題は，実質的な，社会生活の規範意識（とくに，新しい生活感情を代表する立法機関の立法意識）を，どう再構成することが，裁判官としての正しい職分であるかにある」とする（鵜飼・憲法と裁判官32頁）。

21

価値如何を問わず，法的効力（妥当性*58）をもつこと。

(c) 実定法とそうでないものとを明確に識別するために，個々の法律の法的効力の有無を判定しうる何らかの基礎的規範が実定法システムのなかに存在していること。

(d) 実定法システムの内的構造，権利・義務・責任などの基本的な法的概念を道徳的評価や政治的イデオロギーに左右されずに，価値中立的に分析することが可能かつ必要であり，このような法の分析的研究が法の批判的・評価的研究とは別個独立の価値をもつと考えること。

(3) 法実証主義その3

また，ハートによると，現代の英米圏では法実証主義とは次の5つの主張のうちどれか1つ以上を主張するものと説明されている，という*59（大塚・説き語り126〜127頁）。

(a) 法は人間の命令である（命令説）。

(b) 法と道徳の間，在る法と在るべき法の間には必然的関係はない（法と道徳との分離）。

(c) 法的概念の意味の分析は，その歴史的・社会学的研究や，法に対する道徳的評価などとは区別されるべき重要な研究である。

(d) 法体系は論理的に完結したシステムで，あらかじめ定められた法的ルールから論理的手段によってのみ正しい判決が演繹される*60（概念法学）。

(e) 道徳的判断は証拠によって合理的に論証することができない。

---

*58 ここにいう妥当性とは実効性と区別されるものである。実効性とは，法が社会に属する人々に現に遵守されている事実を指し，妥当性とは，事実はどうであれ，法がその名宛人を義務づけているという規範的なものであることである。

*59 オースチンは(a)と(b)と(c)を主張しているとされる。ケルゼンは(b)と(c)と(e)は主張しているが(a)と(d)は主張していないとされる。ハートは，法と道徳について，ひとまず「ここでは，法実証主義とは，法が道徳の要請を再述したり満たしたりすることは―しばしば実際に見られはするが―いかなる意味でも必然的真理ではない，という単純な主張を意味することとする」として論を進めている（長谷部訳・法の概念291頁）。その注では「大陸の文献では『実証主義』という表現はしばしば人間の行動に関する何らかの原理あるいはルールが理性のみによって発見可能であるとの主張を一般的に拒絶するために用いられる」とされる（同書521〜522頁）。

*60 この(d)は法実証主義ではなく，概念法学の主張と思われると説明されている（大塚・説き語り127頁）。

Ⅷ 法実証主義

(4) 法実証主義その4

また、司法的な立法を否定することや、裁判の法創造的活動を否定すること、判決自動販売機的に裁判過程を理解することや、形式主義的な法的推論の見方も、法実証主義的とみられることも多いとのことである（田中・法理学147頁）。

(5) 法実証主義その5

また、法実証主義を次のような基本的諸テーゼを共有する法理論として一般的に性格づける考え方もある[*61]（井上・規範(4)121頁（329頁）参照）。

(a) あらゆる法体系には法的標準とそうでないものとを識別するための一般的に承認された基本的テスト（しかもこれは標準の内容にではなく、それが採択・発展させられる仕方、いわば、その「由来（pedigree）」に関するテストであり、それゆえ、'tests of pedigree'と名づけられる）が存在し、これをパスしたルールの総体が当該社会の法であって、それ以外の諸標準は法的標準とは認められない。

(b) かかるテストをパスしたルールによって明確にカヴァーされないケースは、法の適用によってではなく裁判官の「裁量（descretion）」の行使によって裁定されなければならない。

(c) このようなルールの存在しないところに法的権利義務は存在しない。

(6) 法実証主義その6

また、法実証主義は、法は何らかの人間の行為又は人間の決定によって存在するという観念を共有しているとし、次のように定式化する考え方がある。ある任意の法命題をPとし、ある人又は集団がPと一定の仕方で関係づけられた行動をしたという事実を記述する命題をL（P）とすれば、法実証主義は、L（P）が真でない限りPは真ではありえないという主張、あるいはさらに進んで、L（P）が真であることはPが真であるための必要十分条件である、という主張を共有する、という（井上・規範(4)123～124頁（331～332頁）参照）。

(7) 法実証主義その7

現代的には、法と道徳の関係について、自然法か法実証主義かという伝統的対立を超えて、一定の融合を認める統合的理解の方向へ進んでいるとみられている。たとえば、実定法システムが道徳から相対的に自立した存在であること

[*61] ドゥオーキンがハートの法理論を主として念頭に置きながら述べたとされる。

を基本的に承認しつつも、実定法システムが、「正しい法」あるいは「正義」への志向という、その固有の規範的特質に照らして、一定の道徳を内含ないし基礎としており、実定法の存在・効力・適用がそのような道徳によって支えられ規制され方向づけられているとみる見解もある（田中・法理学152頁）。

(8) 法実証主義その8

法実証主義には、単純事実法実証主義（plain-fact positivism）と柔らかい法実証主義（soft positivism）の区別がある。前者は法の基礎を構成するものは歴史的な事実であり、後者は歴史的事実のほか物議を醸す道徳的判断や価値判断を含むとする。ハートは自身の立場を柔らかい法実証主義と述べている[*62]（長谷部訳・法の概念383頁）。道徳や価値判断のみを基礎とする法実証主義はなさそうである。

(9) 法実証主義その9

法実証主義には、包含的法実証主義（inclusive legal positivism）と排除的法実証主義（exclusive legal positivism）との対立軸があり、これとは別に、記述的法実証主義（describe legal positivism）と規範的法実証主義（normative legal positivism）の対立軸がある。前者は法の同定基準に道徳的テストを含む可能性を認めるかどうかの対立であり、後者は法概念規定を行う法理論の身分を記述的・概念分析的とみなすか、実践的・規範的なものとみなすかの対立である（井上・法と哲学3頁）。マトリックスとしては記述的包含的法実証主義と記述的排除的法実証主義、規範的包含的法実証主義と規範的排除的法実証主義とに分けられることになる。

IX 常識とコード

現在、わが国では法実証主義に沿って法を理解することが主流になっていると思われる。しかし、他方で実定性のない「常識」（と呼ばれるもの）が法の規範性を支えているようにも思われる。認定事実に法を適用した裁判結果が常識

[*62] もっとも、私見としては、法か、法でないかを、単純な事実（人が経験可能な事実）、たとえば議会で可決されたかどうかにかからせるというような明瞭さが、たとえば道徳的なものを含ませることによって阻害されてしまうようにも思われる。

IX　常識とコード

に反するものであってはならないという理解がごく自然に横たわっているからである。

　また，逆に，制定法の文言をコンピュータの演算装置（たとえばCPUなど）を稼働させるコード（機械語・オブジェクトコード）と同様の性格をもつように理解する傾向も指摘できるように思われる*63。もっとも，（おそらく）CPUはオブジェクトコードを解釈し，その解釈のうえで得られたものを実行に移しているのではない。コードとその実行とは1対1の関係にあり，解釈の入り込む余地はないものと思われる。他方，法の場合は，制定法（法源）から解釈によって法（規範）が導き出され，これを大前提として事実に適用されている。この視点は後述するトゥールミンの議論図式においてB（裏づけ）とW（根拠）とが明確に区別されていることに対応していると思われる。

　概念を正確に定義し，その概念を指し示す用語を選定し，概念と用語との関係を一致させる（万全の）仕組みを構築*64しても，現実（リアル／法の適用対象となるさまざまな事実）は少しずつ概念をはみ出していく（野矢・語り468頁参照）。制定法は言語で作られているが，言語は現実世界を語り尽くすことはできないのである*65。

　これは，ある法律概念の周辺部分（しばしば限界事例などと呼ばれる）ではさまざまな手法（たとえば類推，反対，拡張など）によって解釈がなされる（又は裁量的判断がなされる）が，逆に，当該概念の中核的な部分については解釈はなされずにそのまま制定法が適用される，と解することではないと考える。中核的な部分においても，そのままでよいという解釈がなされていると考えられるからである。

---

*63　「2015年6月の風営法改正は……改善すべき点は多くあります。コンピュータのOSのように，さらなるアップデートが必要ですが，法改正によって業界が健全に成長し力をもつことができれば，そのアップデートもしやすくなります。」と，風営法の改正をコンピュータのオペレーティング・システム・プログラムのアップデートにたとえる記事がある（斉藤貴弘・WIRED vol.23・21頁，2016・7・1発行）。また，「『善き会社』のあり方が，法人法という掟（コード）によって定められたからこそ，まだ，未熟な発展途上にある《〈法身〉》を，社会で育てていく機運も生まれる。」と，法をコードにたとえている（池田純一・WIRED vol.23・57頁，2016・7・1発行）。

*64　法律家の「概念の天国」ともいうべき到達点であろう（長谷部訳・法の概念210〜211頁）。

*65　「実在は，自然科学を含め，言語によって語りだされたあらゆる理念的世界からずれていく。実在とは，語られた世界からたえずはみ出して行く力にほかならない。その力を自分自身に，人間の行為に見てとるとき，そこにこそ『自由の物語』を語り出す余地も生まれる」と述べられている（野矢・語り468頁）。

第2章

三段論法

I 三段論法

　2つの前提から1つの結論を導く推論を三段論法という。ここでは，争点整理手続により絞られた争点につき事実認定をし法を適用して結論を導くという法的（判決）三段論法に触れる前に，三段論法に関する論理（学）について，簡潔に触れておきたい（この章は野矢・論理学と髙橋・法的思考によっている）。

　なお，結論を先に述べれば，法的三段論法は個体を取り扱うので，もともと個体を取り扱わない伝統的論理学でこれを説明するのは困難である。個体を扱うには述語論理を含む現代の標準的な論理学を必要とする。この述語論理が構築されたのが，19世紀後半（フレーゲ（Gottlob Frege 1848-1925）の「概念記法」以降）であるから，伝統的論理学の歴史と比べれば，比較的最近のことである。そして，現在の民事訴訟の審理に現れるこの法的三段論法という思考は，この述語論理でも説明することができない。それゆえ，法的三段論法は論理ではないのである[66]（髙橋・法的思考はしがき）。そこで，法的三段論法を含む法的思考はトゥールミン（Stephen E. Toulmin 1922-2009）の推論形式が適合的と考える。

　　＊法的三段論法は論理ではない
　　　法的三段論法は論理ではなく，論理「的」（風）なものである。もっとも，司法試験の受験のため答案練習会ではしばしば「法的三段論法ができていない」「論理的な思考ができていない」という添削文を見ることがある。しかし，おそらく論理学の書籍を買い込んで学んでみても，結局，遠回りをするだけであろう。法的三段論法は論

---

[66]「法学者のいう『論理』が少なくとも論理学者のいう『論理』とは全く別物であることに気づいたのである。」と語られている。そして，法的思考における「論理」というものが明らかにされている。

理ではないからである。今後，法曹をめざす学生が迷わないように，法的三段論法は論理ではないということをはっきりしておく必要があると思われる。それは論理的なもの（論理風なもの）なのである。

＊ディダクション（演繹）・インダクション（帰納）・アブダクション
　　プラグマティズムのパース（Charles Sanders Peirce1 839-1914）は，完結した単純で妥当な推論，すなわち，三段論法を，必然的な三段論法である「演繹」（deduction）と，必然的ではないがある程度確からしい三段論法である「帰納」（induction）及び「仮定」（hypothesis）に分けて検討している。「仮定」はアブダクション（abduction）と呼ばれる（魚津・プラグマティズム100頁）。この点については，後述する。

II　伝統的論理学

　伝統的論理学は基本的にアリストテレスの研究成果の踏襲である。伝統的論理学は名辞論理学であり，「語」を単位とする。他方，命題論理は「文」を単位とする。「すべての……」という形の文は全称文と呼ばれる。「ある……」という形の文は特称文と呼ばれる（野矢・論理学77頁）。
　意味及び真偽という観点からなされるアプローチの仕方を意味論（semantics）という。他方，記号の意味を考慮せず，記号相互の導出関係，記号変形の規則のみを考察するアプローチの仕方を構文論（syntax）という（野矢・論理学56頁）。
　伝統的論理学の三段論法は定言文を扱う。定言三段論法と呼ばれる。アリストテレスが『分析論前書』において体系化したのは定言三段論法である（高橋・法的思考65頁）。
　　（例）　　MはPである。
　　　　　　SはMである。
　　　　　　SはPである。
　命題論理の三段論法は仮言文を扱う。仮言三段論法と呼ばれる。現代の論理学の観点からみれば，仮言三段論法は命題論理学の領域に属している（高橋・法的思考66頁）。
　仮言三段論法には，①純粋仮言三段論法，②前件肯定式，③後件否定式の三種類がある。それぞれ次のとおりである（高橋・法的思考66頁）。

Ⅱ　伝統的論理学

①純粋仮言三段論法
　（例）　ＰならばＱ
　　　　　ＱならばＲ
　　　　　―――――
　　　　　ＰならばＲ

②前件肯定式
　（例）　ＰならばＱ
　　　　　Ｐ
　　　　　―――――
　　　　　Ｑ

③後件否定式
　（例）　ＰならばＱ
　　　　　Ｑでない
　　　　　―――――
　　　　　Ｐでない

　法的三段論法の論理学的性質について検討する際に考慮すべきなのは，主に定言三段論法と仮言三段論法である（高橋・法的思考65～66頁）。

　命題論理と名辞論理にはその統一という問題がある（野矢・論理学86頁）。定言文は仮言文にすることができる。たとえば，「ライオンは肉食だ」（定言文）は，「それがライオンならば，それは肉食である」（仮言文）と言い換えられる。命題論理学と伝統的論理学とは理論上は対立し合うものではない。

　特定の個人や個物を表す名称を固有名という。固有名によって表される特定の個人又は個物を個体という。個体を主語とする命題を単称命題と呼ぶ。伝統的論理学は個体を扱わない。伝統的論理学は概念の論理学である。

　命題には，全称命題，特称命題，単称命題がある。

　伝統的論理学には，固有名をどう扱うか，という問題がある。この問題に対しては，対処法となる便法がある。たとえば「Ａさん[67]は人である」を，「す

---

[67]　このＡとは個体を指す。たった１人しかいないＡさんは，すべてのＡさんといっても，結局，一致することになる。すべてのＡさんとは，Ａという名をもつ同姓同名の人すべてという意味ではない（野矢・論理学87～88頁）。

第2章 三段論法

べてのAさんは人である」とする方法である。しかし，この便法は多少強引であり，不自然さがある。Aさんは1人しかいないのに「すべてのAさん」と述べなければならなくなっているからである。

　伝統的論理学には，関係文をどう扱うか，という問題がある。「XとYはFという関係にある」という関係文は，伝統的論理学の「SはPである」という基本型になじみにくい。

　伝統的論理学には，多重量化をどう扱うかという問題がある。多重量化文は複数の量が含まれている文である。伝統的論理学は，多重量化文の論理構造を取り出すことができない（野矢・論理学89頁）。たとえば，「誰もが誰かを信じている」は多重量化文である。「誰もが」という量（化）と「誰かを」という量（化）の2つが含まれているからである。伝統的論理学は多重量化文を扱えない[*68]（高橋・法的思考80頁）。

　　＊特称命題
　　　特称命題は単称命題（個体を扱うもの）とは異なる。アリストテレスは全称命題及び特称命題とならぶ第3の命題形式として単称命題を認めていない，とされる（高橋・法的思考70頁）。ところで，大学で行われる民法の講義ではしばしば特定物ドグマについて習う。その講義においては，不特定物が特定されるとき，文脈上，特定されたものは個体を示している。特称命題という用語も，特定物ドグマで使用される用語も，いずれも「特」という文字を使用するが，特定物のドグマでの特定とは結局個体を示すことになるが，特称命題の特称とは個体を示すものでない。

Ⅲ　述語論理

　述語論理では，命題論理と名辞論理が統合され，固有名や関係を扱え，多重量化も表現できる。述語論理は19世紀後半ころフレーゲが構築したものである。述語論理は，命題論理を部分として含む。標準的な論理学の体系は述語論理を与えることによって完成する（野矢・論理学75頁）。

　述語論理は，命題論理に加えて，「すべて（all）」と「ある（some）」という語

[*68] 「原告と被告の関係を扱う法的推論においては，このような多重量化を避けて通れないが，伝統的論理学における三段論法は多重量化された命題を扱うことが原理的にできない」と述べられている（高橋・法的思考80頁）。

の意味によって正しい推論を扱うものである。述語論理には，量を表す言葉が加わる。「すべて」や「ある」といった量を与えることを「量化する（quantify）」という。

たとえば，「……は鳥である」という述語をFで表すとすれば，「すべてのXは鳥である」は，∀xFxと表される*69。「あるXは鳥である」は，∃xFxと表される*70。

たとえば，「XはYが好き」をGxyで表すとすると*71，「Xには好きな人がいる」は∃yGxyとして表される。「すべての人はYが好き」は，∀xGxyとして表される。

フレーゲは数学を述語論理に還元しようとした。この構想は「論理主義」と呼ばれる。しかし，この「論理主義」は，ラッセル（Bertrand Russell 1872-1970）のパラドクスにより挫折することになる。もっとも，このことは数学をも論理学の領域に含めようとした構想が破綻したというものであって，述語論理自体が破綻したというものではない（野矢・論理学126頁）。

Ⅳ　直観主義論理

ラッセルのパラドクスに対する反応のひとつに直観主義がある（野矢・論理学135頁）。直観主義の源流はブラウアー（L. E. J. Brouwer 1881-1966）にある。直観主義論理に対して，命題論理と述語論理は「古典論理」と呼ばれる*72。実在論は，世界の在り方がわれわれの認識とは独立であることを受け入れる考え方である。古典論理の意味論は，認識とは独立に了解される実在論的な真理概念を中心とする。このように，古典論理の意味論には実在論の考え方が含まれている（野矢・論理学164頁）。

ところが，直観主義は，「反」実在論的態度をとる。直観主義にとって存在

---

*69　「∀」は「全称量化子（universal quantifier）」である。「すべての……」と読む（野矢・論理学95頁）。
*70　「∃」は「存在量化子（existential quantifier）」である。「ある……」と読む（野矢・論理学95頁）。
*71　議論領域は人間とする。
*72　ここでは，古典論理（学）と伝統的論理（学）とは異なることに注意が必要である（野矢・論理学163頁）。

するとは構成されることである。そういう意味で，直観主義は数学における観念論といえる（野矢・論理学163頁）。直観主義論理の意味論は，認識・構成に内在した概念，すなわち「証明可能性」を中心とする。直観主義が真理に代えて提出する意味論の中心概念は「知識状態 α のもとで証明可能」という概念である。

　実在論的見方は，いわば神様の視点から見ている。構成主義的見方は，人間の視点から見ている。直観主義論理が人間の論理なら，古典論理はいわば神の論理といえる（野矢・論理学173頁）。直観主義は排中律を拒否する（野矢・論理学165頁）。排中律は「『A』が真であるか，又は『A でない』が真である」という意味である。直観主義は「『A でない』を仮定して矛盾が出る，それゆえ A」という背理法を認めない（野矢・論理学166頁）。

　後述することになるが，法規不適用の原則ないしこれを前提にする要件事実論は，この直観主義論理を彷彿させるところがある。

第 3 章

法的三段論法

I 法的三段論法

　法による裁判は，制定法の条文などを解釈し一般的抽象的な文言で表現された法規範（法準則）を定立し，個々の事件に適用するという方式で行われる。法的三段論法[*73]と呼ばれる。

　法的三段論法とは，適用されるべき法規範を大前提とし，具体的事実を小前提として，このふたつの前提から判決を結論として導き出す推論形式である。

　たとえば，民法555条は，売買は，当事者の一方がある財産権を相手方に移転することを約し，相手方がこれに対してその代金を支払うことを約することによって，その効力を生ずる，と定めている[*74]。そこで，①売主と買主とが売買契約の締結（ある財産権を相手方に移転することを約し，相手方がこれに対してその代金を支払うことを約すること）をしたのであるならば，売主は買主に対し売買代金債権を有する（買主は売主に対し売買代金を支払うべきである）。本件において，②AさんはBさんと売買契約を締結した。よって，③AさんはBさんに対し売買代金債権を有する（BさんはAさんに売買代金として〇円を支払うべきである）。

　売主をXとし，買主をYとする。売買契約の締結を $f(x, y)$ とする。XがYに対し売買代金債権を有することを $g(x, y)$ とする。⇒は，要件と効果を結びつける関係とする。AさんやBさんは固有名を有する具体的な人物である。

[*73] 判決三段論法ともいう。
[*74] 要件事実論的に売買について簡潔にまとめると次のとおりである。売買契約は財産権の移転と代金支払の合意によって成立する。売買契約の法律効果は，売主が有する売買代金請求権と買主が有する財産権移転請求権である。確定期限や不確定期限の合意については抗弁に回る。同時履行の抗弁権も抗弁である。弁済期の到来，先履行の約定は再抗弁となる。

第3章 法的三段論法

そうすると,法的三段論法は,次のように表現できる。
　　大前提（法規範＝条文の解釈）　　f (x, y)　⇒　g (x, y)
　　小前提（主要事実）　　　　　　　f (a, b)
　　　　　　　　　　　　　　　　　──────────
　　結論　　　　　　　　　　　　　　g (a, b)

この場合,f (x, y) ⇒ g (x, y) は「売主と買主が売買契約を締結したのであるならば,売主は買主に対し売買代金債権を有すべきである」と読む。f (a, b) は「A（固有名）さんとB（固有名）さんとは売買契約を締結した」と読む。g (a, b) は「Aさんは,Bさんに対し,売買代金債権を有する」と読む。

II　発見の過程と正当化の過程

法的三段論法は,判決の正当化の過程[75]にかかわる。正当化の過程に対するものは発見の過程である。判決の正当化の過程と発見の過程の区別[76]は,現代の裁判過程[77]の規範的構造解明の共通の了解事項となっている（田中・法理学454頁）。

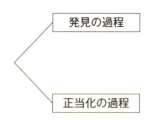

───────────────────────────

[75]　ここで「過程」とは,プロセス,段階,文脈というニュアンスである。
[76]　H. イザイ（1873-1938年）は,長年の実務経験に基づき,すでに20年代末に,判決の「発見の過程」と「正当化の過程」との区別を指摘し,実務においては,事実関係の判明とともに判決が法規範と無関係におのずと発見され,その後で,適用されるべき法規範と関連づけた外面的な正当化が行われると説いていた,とされる（田中ほか・法思想218頁）。
[77]　法が正義を実現すべきものならば,それは法律においてだけでなく,その適用においても果たされなければならない。また,法一般に関する理論は,裁判における法の具体化ないし正義の実現においても通用すべきである。このような観点から,法哲学内部においても,従来の成果との連続において,裁判過程への注目が次第に高まり,実定法学と法哲学の垣根をこえて,法律学方法論をめぐる議論が盛んになった,とされる（田中ほか・法思想217～218頁）。

Ⅱ　発見の過程と正当化の過程

　すなわち，裁判所が判決をする過程（司法的決定過程）には，正当化の過程と発見の過程がある。発見の過程は正当化の過程に先行するとされる。

　論理実証主義者の一部は，自然科学上の理論に関し，その発見と正当化とを区別し，科学の方法論において問われるのは，その理論をどのようにして発見したかではなく，どのようにして正当化できるかである，と主張した（平野ほか・法哲学192頁）。たとえば，ニュートンが，リンゴが木から落ちるのを見て万有引力の法則を発見した過程と，その法則を事実に基づいて正当化した過程とを区別し，科学にとって重要なのは，その法則が実験によって確かめられるかどうか（正当化できるかどうか）である，という。そして，法学においても，判決その他の法的主張を，どのようにして発見したかではなく，それをどのように正当化できるかだけが重要であるという見方がある[*78]（平野ほか・法哲学192頁）。

　他方，その反対に，判決の発見過程のほうに着目し，判決形成にとって法準則はほとんど役割を果たさない，という見方もある。たとえば，リアリズム法学[*79]は，法準則（要件・効果という形式の法規範）からの推論ではなく，裁判官のパーソナリティや政治的信条，社会経済的事情という要因のほうが，判決内容に対する影響として決定的であり，むしろ，法的三段論法は，判決の実質的な理由を明らかにせず，隠蔽する機能を果たしている，という。

　しかしながら，いずれの見方も一面を強調しすぎているように思われる。法適用における判決の発見の過程と，その正当化の過程とは，相互に区別されながら，両者とも判決に対して深くかかわっていると考える。確かに，どのようにして，その判決に達したのかという過程は，判決理由には表れてきにくいかもしれない。しかしながら，それは確実に判決の発見過程として判決にかかわっている。なぜなら，法規範を事実に適用するには，その前に，複数ある規範仮説のうち，どの仮説を適用すべきか，という判断が先行しているはずであり，それは発見の過程に属するものと考えられるからである。

　「判決の正当化──形成ないし発見についても同様であろうが──において

[*78]　髙橋文彦「法的議論における発見の論理・序説―法解釈論争が残した知的遺産の継承と発展に向けて―」（明治学院大学）。
[*79]　1930年代から50年代にかけて有力となったアメリカの法学革新運動のこと。

第3章　法的三段論法

決定的に重要な過程は，形式論理的な真偽を二値的に評価できる演繹的推論の適用が可能になる以前の段階にみられる[*80]」とする指摘がある[*81]（田中・法理学457頁）。現実の判決作成過程が，三段論法方式に従って画然と区別された論理的順序に即して行われるものでないということは否定し難い事実である，とされている[*82]（田中・法理学456頁）。

> **＊発見の過程と正当化の過程**
>
> 　平井宜雄は，発見の過程と正当化の過程を分け，そのうち発見の過程は心理的なものと捉え，利益考量論はこれらを区別していないために非合理主義に陥っていると批判したうえ，正当化の過程をマクロ正当化とミクロ正当化に分け，重要なのはマクロ正当化よりミクロ正当化である旨述べている（平井・法律学63頁「『議論』の構造と『法律論』の性質」，加藤・民事司法160頁）。しかしながら，この平井説に対しては，発見の過程を単に心理的なものとみなすという点，マクロ正当化よりミクロ正当化を重要視するという点に批判がある。つまり，正当化の過程と発見の過程の相互関係の解明への問題関心が弱いとされ，また，法律論の良否の判定基準をできるだけミクロ正当化レベルに求めても，このレベルに還元しきることはできず，事実と論理が必ずしも決め手とはならないマクロ正当化レベルにも拡げざるを得ないであろう，とされる（田中・法理学547頁・550頁）。
>
> 　確かに，ミクロ正当化を重視する考え方と要件事実論とが結びつけられるとき，法的思考の領域が極端に縮減され，マクロ正当化の過程に適切な位置づけを与えることができず，これとフィードバックの関係にある発見の過程との相互関係も考察対象から切り捨てられてしまうように思われる。これでは，法的思考の重要な側面を見逃してしまうと考える（高橋・法的思考193頁）。この問題は本書のテーマである争点整理と要件事実との関係にかかわる。

[*80] 争点整理の手続において，争点と要件事実とを直結させて行う訴訟進行は，マクロ正当化の過程や，さらにそれと相互に影響力を及ぼす関係にある発見の過程を捨象してしまう結果になりやすいように思われる。ミクロ正当化に至る前段階の過程にも関心を払う姿勢が望ましいものと考える。

[*81] 加藤・認定28頁（注22）も，田中成明氏のこの見解に「そのとおりであろう」と肯定している。

[*82] もし，判決において決定的に重要な過程が，ミクロ正当化の過程にとどまらず，マクロ正当化やこれとオーバーラップする発見の過程にあるとすれば，おそらく人工知能によって判決を生成しようとする企画は失敗に終わるであろう。価値判断にかかわる問題が含まれてくるからである。

Ⅲ　マクロ正当化とミクロ正当化

　発見の過程と正当化の過程を区別し，さらに，後者の過程をミクロ正当化とマクロ正当化に区別する考え方がある。

　「『議論』の構造と『法律論』の性質」と題する論文である（平井・法律学63頁）。それは「法の解釈」に「客観（的妥当）性」がないと考えるならば程度の差こそあれ「科学」にも「客観性」は存しないとし，「科学」への憧憬ないし「科学としての法律学」の提唱という，戦後解釈論の「呪縛」から解放されるべきことを説くものである。そのために改めて「議論」（によって問題を解決しようとする法律家特有の問題処理の仕方）に焦点をあてている。

　この論文には「議論」の一般的構造から導かれる理論的帰結として，発見の過程と正当化の過程についての記述がある。次のとおりである。

　裁判官が判決を下すプロセス（司法的決定過程〔Judicial decision process〕）の性質には2種のものがあり，第1は判決に先立って存在する矛盾のない法体系からの演繹によってすべての新しい事案に対する判決が導かれる，という考え方であり，第2は，第1の考え方を批判する考え方であり，主としてリアリズム法学により主張されたものである。

　第1の考え方によれば，その事案に関する準則[*83]が大前提であり，裁判所に提出された特定の事案に関する言明[*84]が小前提であって，判決はこれらからアリストテレス論理学による三段論法により導き出されたものである，とする。

　第2の考え方によれば，裁判所が社会の必要や要求に応えてきているという事実をみる限り，単なる論理的演繹によって判決を導いてきたとは考え難く，そもそも，演繹といっても，ある事件の事実関係が他の事件の事実関係と全く同一ということはありえないはずであって，裁判官が事件をどのように性格づ

[*83]　ここでいうところの準則とは，上述の法準則のことであり，「AならばB」という形式で，一定の法律要件事実に対して一定の法律効果が発生するという形式の法規範のことと考えてよいと思われる。

[*84]　ここでいうところの言明とはstatementのことであり，経験的に真偽を決定できる（真理値を有する）命題（proposition）と考えてよいと思われる。文脈的には，民事訴訟における当事者（訴訟代理人）の提出する事実に関する主張（事実主張）に対応するものと考えられる。

第3章 法的三段論法

けようとしているか、ということの重要性が重視され、裁判官を拘束する予め定立された法などというものは存在しないとして、判決は、むしろ裁判官の直感や、裁判官の人格、感情、好みによって生み出されるとする。

もっとも、第2の考え方による第1の考え方の批判には誤解があると考えられる。本来、明確に区別されるべき正当化の過程と発見の過程とを混同*85（平井・法律学73頁）しているように見受けられるからである。このように、正当化の過程と発見の過程との区別はリアリズム法学からの批判に対抗する視点を与えるものである。

そして、上述の論文は、さらに、正当化の過程を2つのレベルに区別する視点を提供している。ミクロ正当化とマクロ正当化である*86（高橋・法的思考201頁参照）。

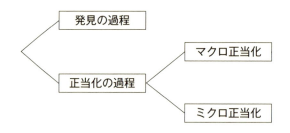

ミクロ正当化とは「ある言明を論理的な（形式論理学的な、したがって演繹論理的な）推論のテストにさらすことによって正当化するというレベル」であり、マクロ正当化とは「右のテストの前提となる言明そのものの正当化のレベル」である（平井・法律学74頁）。

法的三段論法は、適用されるべき法規範を大前提とし、具体的事実を小前提として、この2つの前提から判決を結論として導き出す推論形式である。簡潔にまとめると、次のとおりである。

---

*85 三段論法によって判決が導き出せるものでないというのは彼等（リアリズム法学者）の批判のとおりかもしれないが、だからといって三段論法が判決が正当であることを論証し、それをテストするという役割を果たしていないということはできない、と述べられている。
*86 マクロ正当化やミクロ正当化という用語は純然たる平井宜雄教授による造語である。そのヒントは、マコーミックやアレクシーにあるが、それと正確に対応してはいないと思われるので、わざわざ造語を用いたということである。

Ⅲ　マクロ正当化とミクロ正当化

(1)　大前提　＝　法規範
(2)　小前提　＝　具体的事実
(3)　結　論　＝　判決

　ミクロ正当化の過程とは，(1)と(2)から(3)を導く推論が妥当か否かの問題である。

　マクロ正当化の過程は，(1)と(2)が，いかにして正当化されるかの問題である（日本法哲学会編・暗黙知3頁参照）。

　＊法的三段論法による推論と論理

　　法的三段論法による推論は，命題論理よりは述語論理で説明するほうが適合的と考える。ニール・マコーミック（Neil MacCormick）は「判決理由の法理」のはしがきにて「本書第2章でルールの適用の演繹論理を私は単純に説明しているが，それは単純化しすぎだというパトリシア・ホワイト（Patricia White）の見解に同意したい。命題論理よりも述語論理を使うほうが，そこでの目的にとってはよかったであろう。」と述べている（亀本ほか訳・判決理由）。述語論理とはどのようなものであろうか。それは19世紀後半フレーゲ（Gottlob Frege 1848-1925）が構築したものである。これにより，アリストテレス以来，支配的であった伝統的論理学が一挙に塗り替えられることになる。フレーゲは，その著書『概念記法』（1879年）において述語論理を打ち立てた。述語論理は命題論理をその部分として含んでいる。すなわち，述語論理は命題論理に加えてさらに「すべて（all）」と「ある（some）」という語の意味によって推論するのである。ただ，このフレーゲが目指した「論理主義」すなわち数学を論理学に基礎づける構想は1902年6月16日づけのラッセルの手紙（ラッセルのパラドクス）によって挫折に追い込まれてしまった（第2章Ⅲ「述語論理」参照）。その後，このラッセルのパラドクスに対抗する立場として「直観主義論理」というものが生まれる（第2章Ⅳ「直観主義論理」参照）。その源流はブラウアー（L.E.J.Brouwer 1881-1966）である。これは，命題論理から述語論理へという流れをさらに発展させるというものではなく，いわば出直しを要求する。この直観主義にとって，存在するとは構成されることであり，認識とは独立に世界が存在するという事態を拒否する。この直観主義論理は，要件事実論の考え方がそれを採用するか，あるいは，予め組み込んでいる「法規不適用の原則」を検討するときに参考になるであろう。そして，法的思考が，対話（ダイアログ）的な性質を有していること，また，請求原因が抗弁によって覆されるというように非単調的な推論であることに鑑みると，法的思考を説明するには，述語論理の枠をも超える挑戦が必要になってくるであろう。これらについては後述することにする。

第 4 章

ミクロ正当化

I 個体問題

　ミクロ正当化は，法規範を大前提とし，具体的な事実を小前提として，結論を導く推論であるから，法的三段論法が問題とされる場面である。まず，次の点が問題になる。すなわち，法的三段論法における推論は，論理なのか，それとも，そうではないのか。法的三段論法は，小前提と結論に単称命題を含んでいる。単称命題とは「ショパンは人である」のように特定の個体を主語とする命題のことである。命題とは真理値（真か偽か）をもつ言明である。命題が，事実に対応するとき真とされ，反するとき偽とされる。たとえば，感嘆文（たとえば「なんと美しいのか！」）は通常真理値をもたない。命令文（「○○せよ」）も同様である。「小前提」は，たとえば「AさんとBさん[87]とは売買契約を締結した」というように特定の個体を主語とする。また，「結論」は，たとえば「AさんはBさんに対し売買代金として金500万円を支払え」というように特定の個人を主語とする。

　伝統的論理学は個体を扱わないので，伝統的論理学では，上述のような法的三段論法を取り扱うことはできないことになる。アリストテレスは，全称命題及び特称命題と並ぶ第3の命題形式としての単称命題を認めていないとされている（高橋・法的思考70頁）。つまり，アリストテレスの定言三段論法は単称命題を扱わないことになる。しかしながら，単称命題は日常の推論においてしばしば登場してくるため，論理学がこれを扱えないとすると不便である。そこ

---

[87] ここでは，具体的な個人を指す。

で，伝統的論理学は，単称命題を全称命題の一種として扱うという便法を採用しているという（高橋・法的思考70頁）。その場合，「ショパンは人である」という命題は「すべてのショパンは人である」という全称命題とみなされることになる。とすると，少なくとも，ここでは単称命題と全称命題を区別できないことになる。

このようにみてくると，法的三段論法を少なくともアリストテレスの定言三段論法（バルバラ式／第1格AAA式）として理解することには無理があるといえる（高橋・法的思考75頁）。上述の便法の採用も法的三段論法には適合的でない。

II　n項問題

また，定言三段論法は「SはPである」という関係を扱うことはできるが，「XとYはFの関係にある」という2項以上の間に成立する関係を適切に処理することができないとされている（高橋・法的思考71頁）。民事裁判における法適用のプロセスには，2項以上の間に成立する関係を表す述語が必要となるのは明らかである。上述の例においても，AさんとBさんという2項の関係が表れている。このように，法的三段論法は，伝統的論理学の形式によって捉えることは難しいと考える。

III　仮言三段論法

なお，法的三段論法を，定言三段論法ではなく，大前提である要件事実が認められれば，それに対応する法律効果が発生すると解して，「PならばQ」[88]という仮言三段論法と解することも考えられる（坂本・新要件152頁）。その場合，論理形式は，次のとおりになると考えられる。

　　FならばRである　＝　大前提（法規範）
　　fはFである　　　＝　小前提（事実）

---

[88] 「PならばQ」の条件節Pを「前件」という。帰結節Qを「後件」という。「QでないならばPではない」が対偶となる。ここでいう「ならば」は条件のことであるが，日常用語としての日本語の「ならば」には時間性が入ってきやすいと思われる。時間性が入ってくると，条件節が原因を指し，帰結節がその結果ということになってしまう。ここでは，時間性を含まない条件としての「ならば」で考える。

Ⅲ　仮言三段論法

　　故にｆはＲである　＝　結論
　　（Ｆは要件事実，Ｒは法律効果，ｆは認定事実）

　これは，事実ｆを要件事実Ｆに包摂（あてはめ）するものと説明する（坂本・新要件153頁）。この文脈における包摂の用語は例化を指しているものと解されるが，これは集合論的な関係が示唆されているもので，これを取り扱うには述語論理が必要になると思われる。すなわち，このような意味で法的三段論法を仮言三段論法で捉えようとしても，述語論理以前（フレーゲ以前）の伝統的論理学の枠を超えてしまっている。もっとも，認定事実（ｆ）が要件事実（Ｆ）に含まれているかどうかの具体的法律判断[*89]（坂本・新要件153頁）を経た上で，訴訟における認定事実（ｆ）＝主要事実から法律効果（Ｒ）が導かれると述べる点は法的三段論法の特徴を的確に捉えていると考える。このように，法的三段論法において例化を問題にするのであれば，これを伝統的論理学で捉えることは困難になる。

＊仮言三段論法
　　仮言三段論法には，⑴純粋仮言三段論法と，⑵前件肯定式，⑶後件否定式の３種類がある。図式的には次のとおりである。
　⑴　純粋仮言三段論法
　　　　ＰならばＱ
　　　　ＱならばＲ
　　　　―――――
　　　　ＰならばＲ
　⑵　前件肯定式
　　　　ＰならばＱ
　　　　Ｐ
　　　　―――――
　　　　Ｑ
　⑶　後件否定式
　　　　ＰならばＱ

＊89　坂本は，具体的法律判断とは何かについて，「判決三段論法では，小前提において認定事実（ｆ）が要件事実（Ｆ）と同一であるとの判断がなされています。これは，認定事実（ｆ）の要件事実（Ｆ）へのあてはめ（包摂）の問題です。これを具体的法律判断といいます。」と述べる。

第4章　ミクロ正当化

　　Qではない
　　──────
　　Pでない

＊例　化
　　例化（instantiation）とは，全称命題から（すべてのものについて当てはまることはその一例についても当てはまることを利用して）単称命題（個別命題）を導くことをいう（日本法哲学会編・暗黙知19頁参照）。

＊包　摂
　　包摂は，概念間の包含関係を意味し，厳密な意味での例化，つまり個別事例化とは異なる。包摂は，アリストテレス的な名辞論理学を前提とし，例化は集合論的な現代論理学を前提としている（日本法哲学会編・暗黙知19頁参照）。

Ⅳ　述語論理

　特定の個人ないし個物を表す名前を「固有名」という。固有名によって表される特定の個人ないし個物を「個体」という。伝統的論理学（名辞論理学）はあくまでも概念の論理学であり，個体を扱うものでなかった。また，伝統的論理学は，「誰もが誰かを愛している」というような，「誰もが」という量（化）と「誰かを」という量（化）の二つの量（化）が含まれている「多重量化文」の論理構造を取り出すことはできなかった。

　他方，述語論理は，命題論理と名辞論理が統合され，さらに多重量化をも扱いうるものである。述語論理は，命題関数を扱う。「人」という一般名は，「○○は人である」という文として捉えられる。○○には，個体を表す名前が入る。たとえば，「ショパン」などである。○○の部分は変項と呼ばれる。「……は人である」の部分が述語と呼ばれる。命題から個体を表す表現を○○という空欄にし，x，y，z……で置き換えたものを命題関数と呼ぶ。命題関数におけるx，y，z……を「（個体）変項」と呼ぶ。たとえば，「xは人である」などである。この命題関数という方法により，固有名と述語という形式で命題の内部構造の分析が可能になった。また，命題関数の変項を増やせば，関係文を表現することができる。集合論的な説明をすれば，伝統的論理学は集合の包含関係

の理論として解釈できる。他方，述語論理における命題関数は，集合の要素関係として解釈できる。「人は動物である」は集合の包含関係，「ショパンは動物である」が要素関係である。

そうだとすると，法的三段論法の小前提と結論に個体が入ってくることも述語論理なら取り扱えることになりそうである。大前提として「売主と買主が売買契約を締結したのであるならば，買主は売主に対し売買代金を支払うべきである」ところ，「A（固有名）さんとB（固有名）さんとは売買契約を締結した」ので，「Bさんは，Aさんに対し，売買代金を支払え」ということだからである。

このように，単称命題を扱わないアリストテレスの定言三段論法や仮言三段論法では法的三段論法を取り扱うことはできない（法的三段論法はアリストテレスの論理風なものにとどまる）ものの，少なくとも，現代の論理学では述語論理として法的三段論法を取り扱うことができそうに見える。

V 述語論理の法的三段論法

そこで，述語論理の形式で法的三段論法を表現してみる。既に述べた法的三段論法の表現は，次のとおりである。売主をxとし，買主をyとする。売買契約の締結をf (x, y) とする。xがyに対し売買代金債権を有することをg (x, y) とする。⇒は，要件と効果を結びつける関係とする。AさんやBさんは固有名を有する具体的な人物である。

大前提（法規範＝条文の解釈命題）：　　f (x, y) ⇒ g (x, y)
小前提（主要事実）　　　　　　　　：　　f (a, b)
　　　　　　　　　　　　　　　　　　　──────────
結　論　　　　　　　　　　　　　　：　　g (a, b)

そこで，これを，述語論理の形式で表現するとすれば，次のとおりになるであろう[*90]（高橋・法的思考129頁）。ちなみに「∀x」は「すべてのxについて」と読み[*91]，「→」は含意記号であり「ならば」と読む。「F」「G」は2項関係を表す述語記号である。

[*90]　一階の述語論理と二階の述語論理については，野矢・論理学130頁参照。
[*91]　「∀」は「全称量化子（universal quantifier）」である。「すべての……」と読む。

第4章 ミクロ正当化

すべての売主（x）とすべての買主（y）について，売主と買主が売買契約を締結する（F）ならば（→）売主は買主に対して売買代金債権を有すべきである（G）。本件においてaさんとbさんは売買契約を締結した（F）。よって，aさんはbさんに対して売買代金債権を有する（G）。

大前提： $\forall x \forall y (F(x, y) \rightarrow G(x, y))$
小前提： $F(a, b)$
────────────
結　論： $G(a, b)$

一見，述語論理の形式で表現されているように見えるが，「→」と「⇒」とが異なる。この区別の実質的意義は後述する。

VI　統一科学運動

かつて，20世紀初め，ウィーン学団というサークルがあった。彼らは科学的世界把握という宣言を掲げた。あらゆる知識は感覚的経験によって確かめられなければならない，と考えたのである。彼らは自分たちの立場を「科学の論理学（Wissenschaftslogik）」と呼んだ。その中のライヘンバッハは，発見の文脈と正当化の文脈とを明確に区別するよう要求した。そして，科学哲学のかかわる場面は正当化の文脈，つまり，提起された仮説の正しさを論証する場面のみに限定されるべきと主張した。これが，論理実証主義である（ここは野家・科学143〜158頁「論理実証主義と統一科学」を参照した）。

論理実証主義は，さらに，「統一科学（Einheitswissenschaft）」すなわち，すべての科学を一つの方法によって統一しようという考え方ももっていた。統一科学運動は歴史学など人文科学の領域にも手を広げようと試みた。ウィーン学団のヘンペルは科学的説明の論理構造を次のように定式化した（野家・科学157頁）。

一般法則　　： $L_1, L_2, L_3, \ldots L_n$
初期条件　　： $C_1, C_2, C_3, \ldots C_n$
個別的出来事： E

この図式は，科学的説明に関する「被覆法則モデル（covering law model）」あるいは「演繹的-法則論的説明（deductive-nomological explanation）」と呼ばれる。

$$\text{Ⅶ} \quad P \rightarrow Q$$

ここで、一般法則は全称命題により、初期条件と個別的出来事はともに単称命題で表現されている。この図式は、法的三段論法とよく似ている[*92]。また、初期条件Cを原因とし、個別的出来事Eを結果と考えれば、この図式は法則に媒介された因果的説明とみなすことができるとされる。

この定式を表明したヘンペルは、およそ説明が「科学的」なものである限り、この「演繹モデル」を満足させなければならないと主張した。法的三段論法は、このような「科学的な説明」の図式に合致しているようにも見える。法規範の個別事案への適用に法的三段論法が用いられている限り、それは「科学的」なものであることも担保されている、と見ることもできそうである。

＊論理実証主義

> 論理実証主義（Logical Positivism）は、哲学の仕事は命題の意味を明晰にすることであり、命題の意味を明晰にするには具体的な感覚をもたらすような経験的手段を規定すればよく、こうした経験的手段を規定できない命題は無意味であるとし、言い換えれば、命題の意味はその検証方法にほかならないとした。これが「意味の検証理論（the verification theory of meaning）」である。なお、パースのプラグマティック・マキシムは、半世紀も前に意味の検証理論を先取りするものであったという（魚津・プラグマティズム66〜67頁）。

$$\text{Ⅶ} \quad P \rightarrow Q$$

法的三段論法は、論理実証主義の定式化する論理構造にも適合的であり、かつ、現代的論理学である述語論理によって、その論理的な基礎も確保できているように見える[*93]（平野ほか・法哲学202頁参照）。しかしながら、これらによっても、法的三段論法における大前提である法規範を構成する法準則の「要件」から「効果」を導く関係性を説明することはできない。つまり、このままでは、法的三段論法は論理ではない、という結論となる。以下、「→」と「⇒」の区別を意識しながら進めたい。

[*92] 法的三段論法が統一科学運動が定式化した科学的説明そのものだとまではいいにくいが、ただ、よく似ているということを指摘したい。なお、「科学的予測は、科学法則に初期条件と呼ばれるデータを代入することによって導出される。これは、これまで取り上げた演繹的な三段論法と本質的に同じ構造を持っている」と述べられている（亀本・法的257頁）。

[*93] 判決三段論法における大前提（普遍的な前提）と個別的前提（事実）から個別的結論（判決）への導出過程において、すべてにあてはまることはそのひとつにもあてはまるという論理法則が働いている、といえばよいように思われる。

第4章 ミクロ正当化

　この「法律要件」と「法律効果」の関係性を「要件 ⇒ 効果」というように「⇒」の記号を使うこととする。これは，以下に述べるとおり，実質含意[*94]（高橋・法的思考87頁・96頁）を意味する「→」とは区別されるものであることを意識した記号である。実質含意を示す「→」は，「PならばQ」という関係を示す。これは，PであってQでない，ということはない，という関係のことである。

　しかしながら，法準則には，例外があることのほうが，むしろ多い[*95]。たとえば，売主と買主とが売買契約を締結した（P）のであるならば，売主は買主に対して売買代金債権を有すべきである（Q）という法準則（L_1）があるが，これは，もちろん，そうとばかりはいえないという例外的な場合を想定している。たとえば，売買契約を構成する意思表示に錯誤[*96]がある場合（R），売買代金債権が発生しないことがあるからである。そのほか，例外的な場合は多数考えることができる[*97]。つまり，法準則では，PであってQでないことがあるため，PならばQという法準則に対して，実質含意を意味する「→」という記号を使用することはできないのである。

　売主と買主が売買契約を締結（P）したとしても，売主又は買主に錯誤があった（R）ならば，（売買契約は効力が否定されるので）売主は買主に対し売買代金債権を有さない（notQ／つまりQの否定）という法準則（L_2）について，これを実質含意を意味する「→」で表現するとすれば，次のようになると考える（高橋・法的思考97頁）。

　　L_1：　P → Q
　　L_2：　（P ∧ R） →　not[*98]Q

つまり，平板に並べてみると，L_1という法規範とL_2という法規範とでは論理的な矛盾が生じてしまうのである。すなわち，「P ∧ R」は命題論理的にP

[*94] 古典論理の実質含意（material implication）。
[*95] 論理的推論とは前提がすべて真あれば結論も必ず真となる推論である。これに対して，法的推論では，論拠に関しても，論拠から結論への移行に関しても，蓋然的なものであると考えられる（平野ほか・法哲学220頁）。論拠から結論を導くことを推論という。推論が論理的なものである場合，論拠のことをとくに「前提」という。
[*96] 改正後民法（執筆時点では成立していない）では錯誤は取り消しうるものとされているが，ここでは端的に効力が否定される例として掲げることとする。
[*97] 契約の解除や，消滅時効など，多数考えられる。
[*98] 「否定」は，「￢」という記号で表される。ここでは，否定を「not」で表した。

Ⅶ P → Q

を含意するので，前件肯定式と呼ばれる推論規則に基づいて，L_1 からは Q が導かれるとともに，L_2 からは notQ が導かれてしまう（つまり論理的矛盾が生じる）ということになってしまうのである。

　教科書的に集合のベン図を想起しながら考えてみる。「P ならば Q」であるのであれば，Q という集合の円の中に P という集合の円が包含されている図が思い浮かぶ。Q という集合の外側が notQ（Q の補集合）となる。そこに，P という集合の円に重なるように R という集合の円を書き入れて，P と R とが重なる部分を P∧R とする。そうすると，一目瞭然に，P∧R の領域が，notQ となるはずがないことがわかる。明らかな論理矛盾なのである[*99]。

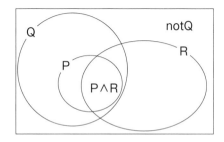

　それゆえ，上述のとおり，「要件⇒効果」における「⇒」は，古典論理における実質含意（→）ととらえることができない[*100]。法的三段論法を論理的に妥当な形式で表現するためには，実質含意とは異なった新たな演算子が必要となる。そこで，ここでは実質含意（→）とは区別されるところの「⇒」という記号を用いる。

[*99] たとえば，佐藤健（国立情報学研究所および総研大）「民法の証明責任と論理プログラミングの関係について」と題する論文は「要件事実論は通常の演繹論理で定式化することは不可能であることに注意されたい」とし，その非単調性という性質を指摘している。通常の演繹論理では，新たに情報が加わっても今までに得た結論が変わることがない。この性質を単調性と呼ぶが，証明責任による推論は単調性をもたない。したがって，このような推論を演繹論理によって定式化することは困難である，と述べている。
http://research.nii.ac.jp/~ksatoh/juris-informatics-papers/fpai2010-ksatoh.pdf

[*100] 法的思考において，論理的な意味での普遍的前提，すなわち「全称命題」はないと思われる。法規範は全称命題ではなく，例外を許容する一般的なルールとして捉えられる（高橋・法的思考150頁・163頁）。

第4章 ミクロ正当化

Ⅷ 覆滅可能性

「要件⇒効果」という法準則を用いてなされた主張（claim）は，抗弁によって覆滅（ふくめつ）することが可能である。たとえば，契約が有効であるという主張（claim）に対しては，詐欺，強迫，心神喪失，公序良俗違反のようなさまざまな抗弁を主張して契約の効力を否定して争うことが可能である。注意すべきは，抗弁によって覆滅可能なのは法的概念そのものではなく，法的な概念を用いてなされた主張（claim）であるという点である。例えば，公序良俗違反という抗弁によって覆滅されるのは，契約が有効であるという主張であって，契約概念それ自体ではない。

しばしば，ロースクールの学生が躓くのが，この覆滅可能性という性質である。学生は「なぜ，そうとばかりは言えないのに，そのことを承知のうえであえて断定的な言い方をするのか」，そういうところに，ある種，法的表現に対する違和感を感じてしまうようである。そこで，法的な思考に基づく表現というものは，もともと例外があるということを当然の前提としており，"defeasibility" や，論駁可能性，覆滅可能性という意味は織り込み済みのもの，そういう対話形式で表現が積み重ねられていく性質のものである，と説明すると，多数の学生が視線を上げるという経験をしたことが私にはある。これは，ある意味，外側から見た法律家の思考方法ないし表現方法の特徴を示すエピソードといえるであろう。私が見たシーンは外側にいた者が内側に入る瞬間なのかもしれない。この覆滅可能性という性質があるため，判決三段論法はアリストテレス流の論理によっても，フレーゲの述語論理によっても，取り扱うことができないのである。

*覆滅可能性（defeasibility）
　　覆滅可能性については，その意味するところのものは実務家の間で広く浸透していると思われるが，この考え方を覆滅可能性という用語によって表現することは浸透していないように思われる。法律概念を用いた主張は抗弁などによって覆滅されるという関係にある。この可能性については実務家の間ではむしろ当然の前提のように理解されている。たとえば，売買したのであるから代金を支払うべきという主張に対しては，その代金については既に弁済したという抗弁によって覆される可能性を

Ⅷ　覆滅可能性

有している。ここで覆滅の対象となるのはあくまで主張であって法的概念そのものではないという点に注意を促しておきたい。そこで、この覆滅可能性という点について文献記載を引用する。次のとおりである。オースティン（J.L.Austin）の影響を受けて執筆されたデビュー論文「責任と権利の帰属」（Cf.H.L.A.Hart, "The Ascription of Responsibility and Rights", Proceedings of the Aristotelian Society XLIX (1948-1949), pp.171-194）において、ハート（H.L.A.Hart）は、法的な概念は帰責的（ascriptive）かつ阻却可能（defeasible）であると論じた。そして、後者を「不確定な例外条件が充たされた場合には消滅する、あるいは論駁（defeat）されることになるが、そのような例外条件が充たされない場合にはそのまま存続する」という意味に理解する。この論文についてはいくつかの厳しい批判が提出され、やがて全面的に撤回されてしまうが、"defeasibility" に関しても、マコーミック（N.MacCormick）が指摘したように、抗弁によって論駁可能（阻却可能）なのは、法的概念そのものではなく、法的概念を用いてなされた主張（claim）であるというべきだった、とされる。つまり、少なくとも "defeasibility" に関するハートの指摘は、修正を加えれば十分擁護可能であり、撤回する必要はなかったと考えられる、という（日本法哲学会編・暗黙知5〜6頁参照）。

第5章

トゥールミンの議論図式

I　議　論　図　式

　こうして，法的三段論法の構造は，伝統的論理学における三段論法では取り扱えず，述語論理を中心とした現代の論理学でも取り扱えないことが明らかになった。そこでどうすればよいかが問題になるが，これはトゥールミン（S. E. Toulmin）（戸田山ほか・議論，田中・法理学357頁）の議論図式に依拠するのが相当ではないかと考える。
　以下，トゥールミン風に法的三段論法について述べてみたい。
　議論は，ある主張（結論）に対する反論があって，はじめて開始される。ある主張（結論）に対して反論がある場合，その主張（claim）・結論（conclusion）について，その根拠となる事実（を述べる言明）が示されることになる。それをデータ（data）と呼ぶ。それぞれのイニシャルを略称として，主張（結論）を「C」，データを「D」と表現する。
　たとえば，「C」という主張に対して相手から反論がなされた場合，「『D』という事実があるので『C』であるべきだ。」というように，主張を根拠づける事実が示されることになる。
　これで，相手が納得すれば，議論はここで終了することになるであろう。しかし，相手が，これに対し，いかにして「D」から「C」が導かれるのか，と問うとすれば，今度は「D」から「C」を導くことを正当化するために，「D」という事実と「C」という主張を架橋する根拠（warrant）を示すことになる。これを，イニシャルをとって「W」と呼ぶことにする。つまり，「W」は，「『D』のようなデータがあれば，『C』のような結論を導く資格あるいは主張を

第5章　トゥールミンの議論図式

する資格が与えられる」あるいは「『D』があれば『C』と考えてよい」という推論規則のことである。これが，法的三段論法における大前提，つまり法規範・法準則に相当することを見通すのはたやすいであろう。

　これで，相手が納得すれば，議論はここで終了することになるであろう。しかし，相手が「W」に対する反論をするならば，「W」の背後にあって，その正当性ないし権威を支える言明として，裏づけ（backing）が示されなければならない[101]。この裏づけは，議論領域ごとに異なり多様である。イニシャルをとって「B」と呼ぶ。法的三段論法にあって「B」の典型は，制定された年月日や号数が記された法律の条文であろう。ただし，「B」は，これにとどまるものでない[102]。判例の準則もこれにあたるであろうし，法律の規定そのものを問題とすることが問題解決にとって必要な場合にその根拠として持ち出される憲法や他の法律の規定もあるであろうからである。そのほか，その条文の立法趣旨の解釈，立法者意思に関する言明などもありうる。

　そして，このような基本構造に「D」から「C」への移行を正当化する強さの程度を限定する「たぶん」「おそらく」「ほぼ確実に」という限定句（qualifer）と，留保・例外・反駁の条件（conditions of exception or rebuttal）が付け加わる。それぞれ，「Q」，「R」と呼ぶ。

　たとえば，「Q」の例としては「『D』であれば，ほぼ確実（『Q』）に『C』と考えてよい」である。「R」の例としては「『D』があれば，『R』でないなら『C』と考えてよい」などである。

　図で表すならば，次のとおりである。

---

[101]　伝統的三段論法は，この「W」と「B」の区別がはっきりしない，と考えられる。
[102]　例えば，民法177条の規定は登記を対抗要件とするが，これに対して，背信的悪意者であれば登記なくして対抗できるという「W」が主張される場合，その裏づけとなる「B」となる条文は存しないであろう。法的議論であれば，実際上，「W」を基礎づける「B」としては制定法の条項が最も重要性があると思われるが，それ以外の根拠もしばしば「B」を構成することになる。

Ⅱ　D⇒C

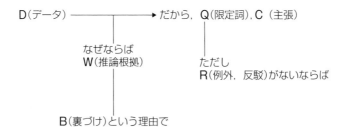

Ⅱ　D⇒C

　トゥールミンは，その議論図式について論じる際に，「R（例外・反駁の条件）」というトピックに関する先行業績としてハートの研究を挙げており，"defeasibility" という特質に明示的に言及しているとのことである[*103]（日本法哲学会編・暗黙知6頁参照）。すなわち，トゥールミンの提示する議論図式は，覆滅可能性という法的三段論法の大前提の性質[*104]に適合的と考えられる（日本法哲学会編・暗黙知6頁参照）。トゥールミンの議論図式は，従来の三段論法の図式には含まれていない要素（「Q」，「R」，「B」という要素）を導入して，従来よりはるかに豊かな表現力・説明力を獲得している（日本法哲学会編・暗黙知4頁）。
　「D」という事実から「C」という主張・結論を導く場合，「R」という例外があることも許容していると解される。これを「D⇒C」と表現[*105]するならば，要件・効果を定める法準則（法規範）には適合的と考えられる。「⇒」は実質含意ではないところの要件と効果を結びつける関係を示すからである。「D⇒C」は，相手方から抗弁が提出されない限り，前項から後項への推論を許す推論規則と表現することもできるであろう。
　そして，「⇒」を使う推論をルールの例外や抗弁が提出されない限りで後項が肯定される（逆にいえば，例外や抗弁がありうる限りで後項が確定しない）「非単調論

[*103]　前記*11にはCf. N. Toulmin, op. cit., p. 131.［邦訳208頁］が引用されている。
[*104]　小前提にも，トゥールミンの図式は適合的であることは後述する。事実認定のプロセスにおいて「W」に相当するのが経験則であり，経験則もまた例外を許容する蓋然的な法則であるから，覆滅可能性という性質を有すると考える。
[*105]　「D⇒C」の読み方としては「DならばC」ということになる。

第5章　トゥールミンの議論図式

理」ないし「デフォルト論理」の一種とみて，その観点から要件事実論の論理構造を分析した研究成果が公にされ（高橋・法的思考95頁），賛同者を得ている*106（日本法哲学会編・暗黙知18頁）。

　法的三段論法の大前提に当たる法規範をこの議論図式における「W」として捉え直すとするならば，法規範が例外を許容することが，「Q」及び「R」によって表現されているといえる（日本法哲学会編・暗黙知4頁）。

Ⅲ　抗弁の性質

　抗弁とは，究極的には相手方主張の法律効果を否定するものであるが，相手方主張の事実を前提にしたうえで，自己に証明責任のある新たに付加する事実主張を指す（高橋・重点民訴上505頁）。たとえば，原告が，ある「要件⇒効果」という法規範（D⇒Cという法規範W_1）を大前提とし，Dに該当する事実が存在*107することを小前提として，Cという法律効果の発生を主張しているとする。
　これに対し，被告が，Cという法律効果の発生を否定するために抗弁を提出する。つまり，被告は，Rに該当する事実の存在を主張し，Cという法律効果を否定しようとする。Rの主張は，上述の抗弁に当たる。Rに該当する事実は原告の主張するDに該当する事実を前提としたうえで，自己（被告）に証明責任のある新たに付加する事実に当たるからである。Dに該当する事実があり，かつ，Rに該当する事実がある，ならば，Cという法律効果は発生しない，という主張をしていることになる。したがって，D∧R⇒￢C*108という法規範W_2を大前提とし，DとRに該当する事実*109が存在することを小前提として，Cという法律効果は発生しないと争うことになる。
　たとえば，売買契約の締結の事実を主張して，売主が買主に売買代金を支払うよう求めたところ，買主が売買契約は締結したけれどもその代金は既に支払

---

*106　亀本洋教授は「私も，この見方に基本的に賛同している」と述べる。
*107　もちろん，ある事実が存在しないということが要件となる法準則もあるが，ここでは存在することが要件となる法準則を前提に例を挙げる。
*108　「￢」は否定を意味する。
*109　Dに該当する事実については，既に，原告が主張しているので，実際には，被告は，Rに該当する事実のみを主張することになる。

ったと反論する場合，このような構造になるであろう。

この抗弁に対し，さらに，再抗弁がなされることもあるであろう。抗弁を R_1 とし，再抗弁を R_2 とすると，$D \wedge R_1 \wedge R_2 \Rightarrow C$ という法規範 W_3 を大前提とし，D と R_1 と R_2 に該当する事実[*110]が存在することを小前提として，C という法律効果が発生すると主張することになる[*111]。

このように，再抗弁は，抗弁に対する抗弁であり，抗弁に対する関係では請求原因に対する抗弁と同じ性質を有する。

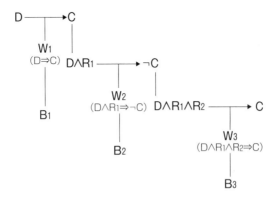

IV 予備的請求原因

原告（X）が被告（Y）に対し，ある土地の所有権を確認する訴訟を提起したとする。請求原因としては，Y もと所有，Y・A 売買，A・X 売買となる[*112]。これに対し，被告（Y）が，抗弁として Y・A 売買は虚偽表示で無効（民94条1項）と主張したとする。つまり，A は所有権を取得していないので，X は無権利者 A からの売買によって承継的に権利を取得することができない，という

[*110] D と R に該当する事実について，既に，D については原告が，R_1 については被告が主張しているので，原告は，R_2 に該当する事実を主張することになる。

[*111] たとえば，請求原因として売買契約の締結，抗弁として代金支払期日の合意，再抗弁として代金支払期日の到来，という場合，このような構造になるであろう。

なお，期限（や条件）が付されていることが，その対象となる法律行為の成立要件と不可分ないしその一内容を構成するという考え方をとれば，期限（や条件）が付されているかどうかは請求原因として主張・立証することになり，再抗弁ではないことになる。

[*112] ここでは，確認の利益については触れない。

第5章 トゥールミンの議論図式

主張であり，Xの主張が覆されることになる。

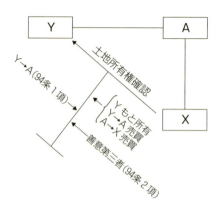

これに対して，原告（X）が，そのことを知らなかった，つまり，民法94条2項の善意の第三者であったと主張したとすると，それは再抗弁となるか。

実体的にみると，Xは，Yから順に，Y・A・Xと承継的に権利を取得したと主張するとともに，Y・A売買に伴うA名義の登記などの外観が作出されており，かかる外観を信頼して取引した善意の第三者であるから，Aが土地所有権を取得しないにもかかわらず，Xが原始的に権利を取得したとすることになる。この2つは，紛争類型・事案類型を異にする別個の主張なのではないか，と考えるのである（賀集・要件52頁）。

確かに，前者は承継取得，後者は原始取得という違いがある。Xが民法94条2項の善意の第三者であると認められたとしても，Y・A間の売買は無効のままであり，有効になるものではなく，ただ，その無効が善意の第三者であるXには対抗できないことになるだけである。Xが善意の第三者であったとしても，Y・A売買が有効になってY・A・Xと権利が承継されることになるものではないと考えられる。

そうだとすると，善意の第三者であるというXの主張は，再抗弁ではなく，新たな請求原因であるから，Y・A・Xという承継取得という主位的な主張が認められなかった場合に備えた予備的主張という位置づけになる。主位主張が認められることを解除条件とした予備的（順位的）な主張と解されることになる[113]。

V　議論図式との関係

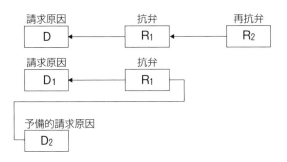

　このパターン（賀集・要件54〜58頁）は，民法112条の代理権消滅後の表見代理にもみられる[*114]。民法112条の善意無過失の主張は善意者保護を旨とする表見代理の主張であり，当初の有権代理に始まる請求原因・抗弁・再抗弁というライン上に位置するものでないとされる。また，民法117条１項の無権代理人の責任については，主張レベルでなく，請求レベル（訴訟物レベル）で主位的請求と予備的請求の関係が発生するとされる[*115]。

V　議論図式との関係

　それでは，虚偽表示や表見代理に関する主張の構造について，予備的請求原因（訴訟物の選択よって予備的抗弁にもなるが構造は同じである）となる場合，上述の議論図式にどのような影響があるであろうか。私は，ない，と考える。
　要件事実論が実体法の解釈であるのであれば，実体法の要件や効果などの規定の仕方によって，民事訴訟における審理の図式に影響を与えることになりうる。しかし，要件事実論が証明責任の分配に合わせて民法（ないし実体法）の条

[*113]　もっとも，主位的主張と予備的主張は当事者が選択できるものと考える。それゆえ，訴訟上，この場合，原告Ｘが民法94条２項の善意の第三者であるという主張を主位的にすることもできると考えられる。民法94条２項の善意の第三者と認められることを解除条件として，もしこれが認められない場合に備えて，予備的に承継取得によるＹ・Ａ間売買の有効性を主張することも許されると考える。
[*114]　そのほか民法702条１項の事務管理に関する例が挙げられている。
[*115]　もっとも，主位的請求と予備的請求は当事者が選択できるものと考える。処分権主義の適用場面の問題である。いずれを主位的にするかは，原告の選択によるであろう。裁判所が，原告の選択に反して，主位的請求と予備的請求を逆にすることはできないと思われる。

第5章　トゥールミンの議論図式

文の書き直しをしようとする考え方（賀集・要件32頁）である以上，証明責任はもともと当事者の裁判を受ける権利を確保するため主張された事実の真偽が明らかでない場合でも裁判を可能にする法技術なのであるから，民事裁判における審理手続こそ要件事実論がその主な機能を発揮する場として想定しているものと考えられる。

　争点中心の審理をめざす民事裁判においては，争点を浮かび上がらせる工夫が最優先というべきであるから，実体法上の規定の仕方（たとえば，上述の例でいえば，問題となっている権利は承継取得なのか，それとも原始取得なのか，など）の影響を，直接，訴訟上の主張の構造（請求原因・抗弁・再抗弁・予備的かそうでないかなど）に反映させる必要はないものと考える。

　訴訟代理人としても，それが請求原因事実なのか，予備的な請求原因事実なのか，あるいは，再抗弁なのかは，それほど迷わない。迷ったとしても，両方とも訴状ないし準備書面に記しておけば足りる。いずれにしても原告側に立証責任がある事実であるからである[*116]。

　虚偽表示の抗弁が認められるのであれば，その法律効果は無効となるが，これを善意の第三者に対抗できないという主張は，虚偽表示が無効であることの例外について主張しているということにほかならない。これは原則・例外という観点で条文から解釈されるところの法規範といえるのであり，トゥールミンの議論図式に当てはめればRに当たることに変わりはないと考える。

Ⅵ　要件事実と議論図式

たとえば，請求原因事実 D があり，これに対する抗弁 R_1 があり，これに対する再抗弁 R_2 があるとする。

[*116]　争点中心の判決様式も，要件事実論が，請求原因，抗弁，再抗弁……と段階を分けていくことの意味を薄めているといえる。
　　　争点を中心とした審理を実現するために重要なのは，要件事実（の抽出とそれを攻撃防御の目標とすること）であって，要件事実論（的考え方そのもの）ではない。

Ⅵ 要件事実と議論図式

　要件事実を整理する際，しばしばブロック・ダイアグラムが用いられる。たとえば，次のようなものである。

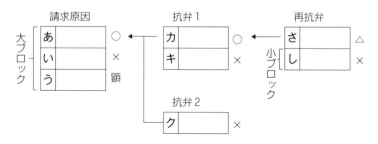

　ひとつひとつのブロックの中に要件事実に該当する主要事実が埋められる。このひとつひとつのブロックを小ブロックと呼び，一定の権利の発生，障害，消滅，阻止の法律効果を発生させる一群の小ブロックのまとまりを大ブロックと呼ぶ。

　このブロック・ダイアグラムのケースでは，請求原因は「あ」「い」「う」の各事実により構成される。抗弁は2つ主張され，抗弁1は「カ」「キ」という各事実によって構成され，抗弁2は「ク」という事実から構成される。そして，抗弁1への再抗弁は，「さ」「し」という各事実により構成される。

　個々の具体的な事実に対する認否については，事実ごとに自白を「○」，否認を「×」，不知を「△」と表示し，顕著な事実（民訴179条）については「顕」と表示する。

　この場合，請求原因を構成する「あ」の事実について被告は認め，自白が成立している。「い」の事実については否認され，「う」の事実は顕著な事実に該当する。抗弁1を構成する「カ」の事実を原告が認めたため自白が成立している。他方，原告は抗弁1を構成する「キ」の事実を否認し，抗弁2を構成する「ク」の事実も否認している。そして，抗弁1に対する再抗弁を構成する「さ」の事実については被告は不知と認否し，「し」の事実については否認した。

　このような要件事実のブロック・ダイアグラムによる法的思考をトゥールミンの議論図式に沿って述べるとすれば，次のとおりである。

　Dという要件事実に該当する主要事実が認められるとき，Cという法律効果が発生する。これを「D⇒Cという法準則 W_1 がある」と表現する。R_1 という

第5章　トゥールミンの議論図式

抗弁が成り立つとき,「$D \wedge R_1$」と表現する。このとき,Cという法律効果は否定され「$D \wedge R_1 \Rightarrow \neg C$」と表現される。さらに,$R_2$という再抗弁が成り立つとき「$D \wedge R_1 \wedge R_2 \Rightarrow C$」と表現され,再び,Cという法律効果が肯定される。このような場合,次のように表現される（高橋・法的思考143頁）。

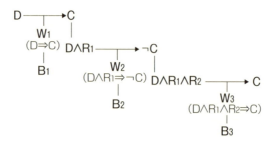

Ⅶ　議論図式に沿った法的思考

　トゥールミンは「すべてのPはQである」（PであってQでない、ということはない）という形式の全称命題が実践的な議論に現れることは論理学の教科書から想像されるよりはるかに少ない旨を述べる（高橋・法的思考130頁）。法的な議論においても,通常,法規範（法準則）は上述のような全称命題の形式で与えられているものではない。法準則は,原則と例外,その例外や,そのまた例外という構造を有している。それゆえ,法的思考[117]は伝統的な三段論法によりも,次のような議論図式によって捉えるのが相当であると考える。

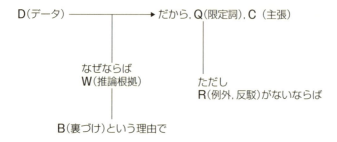

＊117　ここでの文脈ではリーガルマインドといってもよいかもしれない。

Ⅶ　議論図式に沿った法的思考

　この図式に沿って法的思考を捉えてみよう。ここでは，トゥールミンが掲げた具体例に沿って考えてみたい（平井・法律学64頁，亀本・法的229頁，高橋・法的思考130頁，日本法哲学会編・暗黙知3頁）。次のとおりである。

　たとえば，イギリスでは植民地生まれの人々の国籍について次のような制定法があったとする。「バミューダ諸島で出生した者はイギリス国籍を有する。ただし，両親がともにイギリス国籍を有しない者であるとき，又は，アメリカに帰化したときは，この限りでない。」

　「ハリー（人物名：Harry）はイギリス人である。」。これが，主張（C）である。この主張に争いがないとき，この主張は，そのまま認められる。

　しかし，この主張（C）が相手に反論されたときは，その根拠を示さなければならない。それが「ハリーはバミューダ諸島で生まれた。」という事実（D）である。この事実に争いがあれば，この事実を立証する証拠を提出することになるであろう。

　しかし，この事実に争いがなかったとしても，相手は，どのようにしてそのような結論に達するのか，という反論をする場合がある。この反論に対する回答は，新たな事実に関する情報を追加することではなく，データと主張とを架橋し，その移行を正当化する一般的な根拠（W）を示すことである。それが，「バミューダ生まれの者はイギリス国民とされている」という，より一般的な論拠である。Dは個別的でWは一般的という区別があり，ここでは裁判における事実主張と法規範（法準則）の主張という区別に対応している。

　しかし，さらに，これに対し，相手は「バミューダ生まれの者はなぜイギリス国民とされているのか」という反論をするかもしれない。その場合，論拠（W）を支える背景となるものを示すことになる。これを裏づけ（B）と呼ぶ。たとえば，ここで裏づけ（B）は「某年某月某日，法律番号として某国籍法が制定され，それが適当な両親のもとイギリスの植民地で生まれた者にイギリス市民権を与えるものとするという規定を含んでいる。」という主張となるであろう。その事実そのものは国会議事録や，法律全書等で確認[118]できるであろう。

---

*118　Bも事実的基礎を有する主張である（法実証主義的立場ではそうなるはずである）という点では，Dと同様である。もっとも，議論領域が法的なものであれば，Dはほぼ必ず明示的に主張されるであろうが，Bは，そうではない。Wに特に異論が唱えられない場合も多いと考えられるからである。

第5章　トゥールミンの議論図式

　相手は，なお「ハリーはイギリス人でない。」という主張（¬C）をするためには，「ハリーの両親はいずれもイギリス国籍を有しない」という事実を主張するであろう（R）。その根拠（W）は「両親がともにイギリス国籍を有しない場合は，バミューダ生まれの者でもイギリス国民とはされていない」という法規範（法準則）であり，その裏づけ（B）は制定法の存在ということになるであろう。

Ⅷ　ハリーの国籍と争点整理

　架空の手続ではあるが，演繹的な法的三段論法によって，ハリー（人物名：Harry）の国籍に関する争点を整理するとすれば，次のとおりになるであろう。
　トゥールミンの掲げる例に沿って，イギリスでは植民地生まれの人々の国籍について，次のような制定法が定められていたとする。
　「バミューダ諸島で出生した者はイギリス国籍を有する。ただし，両親がともにイギリス国籍を有しない者であるとき，又は，アメリカに帰化したときは，この限りでない。」
　ここで，ハリーは，自身がイギリス国籍を有することの確認訴訟を提起したとする。ハリーは，国籍取得という法律効果の要件事実に当たる「ハリーは，〇年〇月〇日，バミューダで出生した。」という主要事実を主張するであろう。根拠条文として上述の制定法も持ち出すであろう。
　ここで，相手が，ハリーのバミューダでの出生事実を否認するなど，要件事実に該当する主要事実を争えば，それが争点となる。争点とは，法適用に意味ある主張事実の不一致である（実民訴35頁参照）からである。
　争点となった「ハリーは〇年〇月〇日，バミューダで出生した。」という事実主張が立証命題となる。立証命題[119]とは，立証活動の対象（目標）となる命題のことである。命題は真か偽かのいずれかの値をとる。命題が事実に合致す

---

*119　一般に，立証命題につき立証責任を負う当事者は立証活動を行い，これを負わない当事者は反証活動を行う。しかしながら，ある事実の存在について立証責任を負わない一方当事者が当該事実の不存在を立証する活動を行うのは一向にかまわない。むしろ，民事訴訟の活性化という観点から見れば望ましいものと考える。

Ⅷ　ハリーの国籍と争点整理

れば「真」，事実に反すれば「偽」である[120]。

　立証活動（たとえば，出生証明書を書証として審理に提出するなど）の結果，ハリーの主張が事実に合致すると認められたとする。その場合，次のとおり，法的三段論法によって，判示されるであろう。

(1)

　　大前提：　バミューダ諸島で出生した者はイギリス国籍を有する
　　小前提：　ハリーはバミューダで出生した
　　結　論：　よって，ハリーはイギリス国籍を有する

　逆に，ハリーの主張が事実に合致しないときは，次のとおりとなろう。

(2)

　　大前提：　バミューダ諸島で出生した者はイギリス国籍を有する
　　小前提：　ハリーはバミューダでは出生していない
　　　　　　　（その他ハリーがイギリス国籍を有することを証する証拠は認められない）
　　結　論：　よって，ハリーはイギリス国籍を有しない

　そして，ハリーの主張が事実に合致するのか，合致しないのか，不明に陥った場合は，次のとおりとなろう。

(3)

　　大前提：　バミューダ諸島で出生した者はイギリス国籍を有する
　　小前提：　ハリーはバミューダで出生したとまでは認められない
　　結　論：　よって，ハリーはイギリス国籍を有しない

　実際の判決の理由中の説示では，(2)と(3)を区別するような表現は用いられず，(2)も(3)もいずれも(3)のような表現がとられることが多い。これは，要件事実論[121]において，法規不適用の原則が採用されていることと関係があると考える。

　判決理由の表現方法としては，「ハリーはバミュータで出生したとは認められない。かえって，○○という証拠によれば，ハリーはバミューダでは出生していないという事実が認められる。」という記載がなされうるが，『民事判決起案の手引』（判決手引71頁）では，「通常このような事実の認定は必要でないの

---

[120]　真偽のことを真理値と呼ぶ。それゆえ，命題には真理値がある。
[121]　裁判規範としての民法（実体法）を採る説もあるが，ここでの結論は同じである。同説は法規不適用の原則を前倒しで予め自身の前提に取り込んでいるともいえる。

第5章 トゥールミンの議論図式

みならず，認定を誤る危険が伴いがちであるから，初心[122]のうちは避けた方が無難である」と記載されており，かかる表現を用いることには消極的である。しかし，(2)の場合も(3)と同様の表現で判示されるとすれば，敗訴した側は，自己の主張事実が否定されたのか，証拠が足りずに真偽が不明となってしまったのか，裁判所の判断の内実を知ることができないことになる[123]。

ところで，相手が「ハリーは，○年○月○日，バミューダで出生した。」という事実については知らないと認否したうえ，さらに，ハリーの両親はいずれもイギリス国籍を有しない，という事実を主張した場合はどうか。

この場合，争点は，ハリーの出生地（請求原因事実）と，ハリーの両親のイギリス国籍の有無（抗弁事実）という2点になるはずである。しかし，実務上なされる争点整理（手続）とは，これにとどまるものではない。裁判所は，提出された書証からある程度心証をとり（場合によっては高度の蓋然性を充たす心証をとる），ハリーの両親がともにイギリス国籍を有しないという可能性が高いとみると，相手に対し，ハリーの出生地がバミューダ諸島であることを認めるよう促す訴訟指揮[124]がなされることがありうる。相手にとって，真実，ハリーの正確な出生地までは知らなかったとしても，裁判所の訴訟指揮の意図を察して認否を不知から認める（自白）へ変更する場合もありうる[125]。もし，そうなると，争点は，ハリーの両親の国籍のみに絞られることになる[126]。実務上の争点整理の場面では，裁判官からそのような示唆があったとしても，自白まではせず，認否は不知のまま，実質的争点からははずされることによって（重みづけという観点からは重みがないものとして扱われることによって）ハリーの両親の国籍が立証命題として選択されることになると思われる。

---

*122 「初心忘るべからず」と考えるのであれば，ベテラン裁判官でも避けることになるであろう。
*123 このような結果では，判決理由としては不十分ではないかという問題については，ここでは触れないこととする。
*124 たとえば，裁判官が，相手の代理人に対し「この点につきましては，やんわり反論しておくということでよろしいでしょうか」と述べた場合，この論点は実質的な争点からはずされたと考えられる。この「やんわり反論しておく」という発言は，相手の代理人に対してなされているが，そうでなく，当方に対して心証が開示されているというシーンなのである。
*125 実際は，控訴審もありうるため，訴訟代理人は，このような場合，自白まではせず，認否は不知のまま，それ以上，その論点については，積極的な反論や反対証拠の提出をするなどの訴訟活動をしないという選択をとることが多いと思われる。
*126 実務上の争点整理の真骨頂ともいうべき点は，このように複数の争点について重みづけを行い，釈明権を行使し，あるいは，訴訟指揮をすることにより争点の数を減らすことにある。

Ⅷ　ハリーの国籍と争点整理

　その場合，当事者間に争いのない事実，及び，その他，書証から容易に認められる事実という段落において，ハリーの出生地はバミュータであることは当事者間に争いがない，と述べるか，あるいは，認否が不知のままの場合は，ハリーの出生地がバミューダ諸島であることは，提出された書証（たとえば甲第1号証）から容易に認めることができる，と述べたうえ，争点に関する裁判所の判断として，次のような法的三段論法が示されるであろう。

　　大前提：　バミューダ諸島で出生した者であっても，両親がともにイギリス国籍を有さない場合，イギリス国籍を有しない
　　小前提：　ハリーの両親はいずれもイギリス国籍を有しない
　　結　論：　よって，ハリーはイギリス国籍を有しない。

　このように，演繹的な法的三段論法は法的な思考を構成しているようにも見える。しかし，訴訟の審理が進行し，ほぼ結論が見えてきた段階で働く思考をもって，法的思考の中心（中核）部分であるとはいえないのではないかと思われる。むしろ，演繹的法的三段論法が行われる前段階の対話的な法的攻防がなされている際の思考を含むものであってこそ，法的思考の内容を的確に捉えているということができると思われる。

　＊争点整理のための暫定的な心証開示（争点整理での見通し・見立て）
　　争点整理手続における暫定的な心証開示については，裁判官と弁護士との間でしばしば意見の相違がみられる（矢尾・民訴雑誌154頁）。これは民事訴訟手続における実務上の難問といっても過言でない。裁判官はそのような心証開示をしていると考え，代理人弁護士はそのような心証開示を受けていないと思う。このようなすれ違いが頻繁に起きている可能性がある。しかし，そこにある齟齬をその者らによって認識することはできない。認識できればそもそも齟齬ではなくなるからである。難問である所以である。訴訟が終了した後に弁論準備を振り返って，そういえばあのとき裁判官は「では被告は〇〇について重点的に反論するということになりますね。どのくらい必要ですか。」と述べていたことに気がついたとしたら，きっとそれである。

　　なお，争点整理における暫定的な心証開示は，人証調べの後などになされる和解のための心証開示とは区別される。判決内容（訴訟の結論）を示唆する心証開示について，それが伝わらなかったということはほとんどないであろう。そうではなく争点整理段階で一部の論点について示される暫定的な心証開示のことが問題になってくるのである。こうして「和解のための心証開示」と「争点整理のための暫定的な心証開示」とを区別して対応することが訴訟代理人の基本的なスキルとなる。もっとも，両方とも「心証開示」という用語が使われているので紛らわしいかもしれない。後者に

第5章　トゥールミンの議論図式

ついては，他の用語をあてるほうがよいという意見もある。たとえば，「見通し」や「見立て」という用語である。あるいは「意見開示」「争点に関する認識」などである。

　ノウハウとして両者の区別がなされていれば，仮に訴訟の比較的早期に心証開示がなされたとしても，それを和解のための心証開示と誤解して「まだそのような結論を出す時期ではない」「早すぎる」「今の段階で何がわかるのか」といったような反発は避けられるかもしれない。「それは『この点については』という趣旨のお話ですよね。」と対応できるからである。裁判官は「そうです。まず，その点についてはいかがでしょう。」と応じるであろう。裁判官は，その点について直截に証明できる書証はあるのか，それ以外の書証で立証する予定なのか，あるなら出してほしい，それとも相手方が所持しているものがあるのか，もし，どこにも書証がないのであれば，それは人証で立証するという理解でよいかなど，これからの立証計画を確認したかっただけかもしれない。ただ，代理人にとっては，本件では書証はないのでしょうかと尋ねられると，基本的な書証もないのに訴えを提起したのか，見通しが甘すぎるのではないか，請求棄却も仕方がないのではないか，という趣旨に聞こえてしまい，上記の反発を招くことはありうることである。このような反発を招いたため間接的な事実や証拠が何期日にもわたって多数主張・提出されることとなり，かえって争点の整理が遠のいてしまうという結果になるかもしれない。

IX　議論領域と裏づけ（B）

　トゥールミンの議論図式は，議論領域によって裏づけ（B）が変化する[127]。

　法的議論の場合，裏づけ（B）は，制定法や，判例（が定立した法準則を導く部分）がこれにあたる。また，法律の規定そのものを問題とすることが問題解決にとって必要な場合（たとえば，一票の価値の平等を求めた選挙無効訴訟における定数配分規定など）には，その根拠として持ち出される憲法が裏づけ（B）となる場合もありうる。そのほか，条理や，ある業界における確立した商慣行，条文の立法趣旨や立法者意思，立法時とは異なる変遷を遂げた社会実態なども裏づけ（B）となりうる。

　事実（D）と裏づけ（B）は，時間軸・空間座標軸上のある位置（たとえば，Kという座標軸（x, y, z, t）という位置）に存するという性質をもっているが，根拠（W）は時間・空間軸上に定位できないことになると考える。

---

[127] トゥールミンは，Wを正当化するBが議論領域に応じて異なること，そして，形式論理学的論証図式がそうした相違を捉えることができないことを強調している。

Ⅸ　議論領域と裏づけ（B）

　根拠（W）[128]と裏づけ（B）の区別は，アリストテレス的三段論法に対する問題提起としてトゥールミンが詳しく論ずるところとされる（平井・法律学65頁・69頁の注（11））。トゥールミンの議論理論の功績は，形式論理学との対比[129]によって，何が分野に応じて異なるかということを鮮明化させた点にある，とされている（亀本・法的268頁）。議論領域に相関的なのは，根拠（W）を支えるという役割を担う「裏づけ（B）」である。

　法的議論においては，Wは法規範（法準則）である。法規範は，制定法や判例の準則などによって支えられている。この法規範の裏づけ（B）とは，従来，法源論と呼ばれる法律学的方法論の一分野で扱われていたものと考えられる。その意味では法学にとって目新しいものではないかもしれない[130]（亀本・法的268頁）。

　しかしながら，改めて見ると，トゥールミンの議論図式は，「制定法の条文そのものが，法規範ではない」ということを明確に示してくれている点で示唆的である。裁判所は具体的な事件について「法」を適用して紛争を解決しているが，制定法は「法源」のひとつにすぎず，「法的三段論法」の「大前提」は必ずしも制定法の条文そのものではない。

　「法」ないし「法規範」は，どこから取り出すべきものなのか，それは法源論において重要な問題となるであろう。ここにおいて，次の点が問題になる。「大前提」を形成すべき「法（法規範）」はいかにして法源から発見され導かれるのか（日本法哲学会編・暗黙知7頁）。

　その前に，トゥールミンの議論図式と，マクロ正当化とミクロ正当化との関連性について視覚的に確認しておこう。

＊128　トゥールミンのW（warrant）は保証と訳されることが多いが，ここでは根拠と訳する。これはDからCを導く推論規則を指す。なお，日本法哲学会編・暗黙知10頁注(5)参照。
＊129　形式論理学の立場とトゥールミンの立場を対話的（論争的）に（若干，相互の立場を誇張しながらわかりやすく）対比してみせた論述として，亀本・法的261～266頁参照。この仮想論争の最後にはオチもある。論理学者は「時間の無駄である」といい，トゥールミンは「確立した保証のないところでは議論ができないということはまさに私が主張したところである」という。
＊130　「法的議論における保証に相当する法規範が，法律や判例によって『裏付けられる』ことは，トゥールミンが法学者に教えたのではなく，法学者がトゥールミンに教えたのである。法規範の『裏付け』は，伝統的に法源論と呼ばれる法律学方法論の一分野で扱われてきた。そこでの問題は，法源の種類と優先順位をめぐるものであった。しかし，法源論の問題について，トゥールミンの論証図式は，法学者が既に知っている以上のことを教えるものではない」と述べられている。

第5章　トゥールミンの議論図式

Ⅹ　議論図式とマクロとミクロ

　伝統的な法的三段論法を次のように表現するとすれば，ミクロ正当化は(1)と(2)から(3)を導く推論についての問題で，マクロ正当化は，(1)と(2)が，それぞれ，いかにして正当化されるかの問題である（日本法哲学会編・暗黙知3頁）。
　(1)　大前提　＝　法規範
　(2)　小前提　＝　具体的事実（認定）
　(3)　結　論　＝　判決
このミクロ正当化とマクロ正当化の区別が，伝統的な法的三段論法，トゥールミンの議論図式とどのような対応関係にあるかについては，瀬川信久教授の整理*131がわかりやすいと考える（以下「瀬川モデル」という）（日本法哲学会編・暗黙知4頁，土屋・裁判過程232頁）。
　まず，(1)の大前提である法規範のマクロ正当化の図式は以下のとおり整理できるであろう。法規範と法源との関係がWとBによって明示される。これが，大前提たる法規範に関する正当化（マクロ正当化）の場面である。

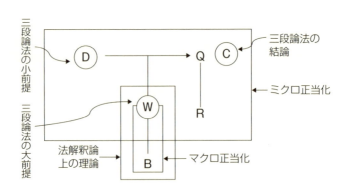

---

*131　議論モデルの重畳的・動態的なプロセスの一段階を切り取る静態的な理解というきらいもないではないとされている（田中・法理学548頁）。確かに，高橋・法的思考143頁の図の一段階のみを切り取っているように見える。

Ⅹ 議論図式とマクロとミクロ

　次に，(2)の小前提のマクロ正当化が問題になるが，上述の瀬川モデルではＤのマクロ正当化については示されていない。そこで，どのように考えるかであるが，(2)の小前提のマクロ正当化の図式は，ＤをＣに代入することによって，(1)の大前提のマクロ正当化と同様に説明できるとされている（日本法哲学会編・暗黙知6頁参照）。次のとおりである。

　Ｄという事実は，Ｅという証拠（あるいは事実）から立証（あるいは推認）されると解することができる。ＥからＤへの移行を支えるのがＷである。このＷに相当するのが経験則ということになる。

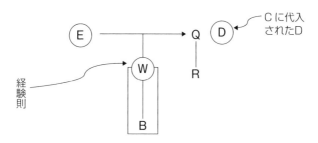

　確かに，経験則もまた例外を許容する蓋然的な法則であるから，「⇒」で表す覆滅可能性のある推論といえる。問題は，経験則を支えるＢ（裏づけ）とは何かである*132（日本法哲学会編・暗黙知153頁参照）。

＊132　田中成明教授は，法的三段論法の小前提の形成（事実認定）についても，基本的に大前提の形成（マクロ正当化）と同様に，トゥールミンの議論図式で説明できると指摘され，私も基本的にそのように考えられるのではないかと理解しているが，その場合，Ｗ（推論保証）とＢ（裏づけ）に該当するものをどのように考えることになるのか，よく理解しかねるところがあり，教示いただきたい，と述べている。

第 6 章

視線の往復

I 視線の往復

　マクロ正当化は，大前提と小前提がいかに正当化されるかの問題であるから，それぞれ法規範の正当化の場面と，具体的事実*133（生活事態）認定の正当化の場面に分けて検討すべきようにも見える。

　しかし，大前提と小前提の生成はそれぞれ独立に行われるのではなく，両者の間を行ったり来たりしながら行われることが，1940年代前半から刑法学者エンギッシュ（Karl Engisch 1899-1990）によって指摘されている（田中ほか・法思想218頁）。つまり，法律と生活事態*134の間に「視線の往復」がある，というのである。

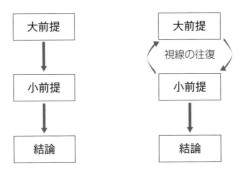

　この「視線の往復」については元裁判官による次のようなコメントがある（日本法哲学会編・暗黙知143〜144頁）。「民事裁判において結論を導くに当たり，

＊133　「生活事態」と表現してもよいと思われる（田中ほか・法思想218頁）。
＊134　あるいは，生の事実といってもよいかもしれない。

73

第6章　視線の往復

出来合いの法解釈を前提として形式的論理のみをもって結論を導くのではなく，適切な法解釈に基づき，形式的論理はもとより，実質的にも具体的妥当性ある結論を導くことが求められる。これを実践するために，分析的思考（要件事実的思考）と統合的思考（スジ[135]論的思考）（加藤・事件のスジ211頁参照）が提唱されていることは村田[136]報告のとおりである。これが規範と事実（形式と実質）の視線の往復の発現形態の1つであることはいうまでもないであろう。」と。

中村多美子弁護士は「視線の往復」について，おおよそ次のように述べている。弁護士の視界は，訴えの提起の前後を通じ，R_1（雇用）とも R_2（請負）ともいい難い「事実」がさまざまに混在する常に紛争当事者の語るエピソードの総体をとらえていて，エピソードの総体に，事案に適用すべき法規範 R_1（雇用）ないし法規範 R_2（請負）を前提にしたときに，観察される「事実」が R_1 と R_2 のいずれとよりよく整合するか，大前提（法規範）と小前提（事実）の間で視線を往復させている（日本法哲学会編・暗黙知101頁）という[137]。

いずれも規範と事実との間の「視線の往復」について語っている。しかし，「視線の往復」とはいずれも比喩的な表現である。以下では，その視線の先を追ってみたい。結論的にいえば，それはインダクションとアブダクションの繰

---

[135] 「事件のスジ」について加藤元裁判官は次のように述べる。「従前の私見」として「認定した事実に法適用をした結果として導かれた判断について，具体的妥当性を再考することになるが，これが『事件のスジ』からの検討である。」と述べたうえ（222頁），事件のスジ（という用語）の多義性から，その内実を可能な限り，言語化することが必要であり，そうしないと，議論が噛み合わず，「事件のスジ」（という言葉）が論証正当化のためのマジック・ワード化するおそれがあることを指摘している（234頁）。事件のスジには，予測的直観的なものとして認識予測としての事件のスジがあり，また，回顧的自省的なものとして認識結果としての事件のスジがあるとし，事件を構成する要素と予測される結論とを比較して，実体規範の目的との整合性という正義感覚，同一類型の事例への実体法規の適用結果の衡平性，具体的妥当性という衡平感覚（バランス感覚）・方向感覚などに基づき感得するものであると，述べられている（234頁）。

[136] 村田渉裁判官は次のように述べる。「加藤判事が説かれるように，民事訴訟実務では，実体形成面において，形式と実質を統合する手法（統合的思考）は一般化しているといってよく，そこでは，上記のような正義必勝という実体的正義の実現の要請等を受けて，法規範と事実関係との相互作用的な法規範の選択・形成の過程があり，『視線の往復』による法規範の選択・形成の過程が不断に行われているといえる。」という（日本法哲学会編・暗黙知68頁）。

[137] なお，「法が先か，事実が先か」という問題設定は単純すぎるようにも思われるとし，「法と事実の間の往復のようなものを一応の前提として法的思考を『負のフィードバック』の一種と見る法哲学者の見解として，長谷川晃・解釈と法思考・日本評論社・1996年，また，『パタンマッチング』の一種と見る法哲学者の見解として，青井秀夫・法思考とパタン・有斐閣・2002年」が紹介されている（日本法哲学会編・暗黙知30頁）。

Ⅱ 裁判過程

り返しと考える。

Ⅱ 裁判過程

　裁判過程が注目[138]されるのは，法が公正さ[139]を実現すべきものであるならそれは法律の内容においてだけではなくその適用においても実現されていなければならない，と考えられるからである。確かに，法一般に関する理論は，裁判における法の具体化ないし公正さの実現においても通用すべきものと考えられる[140]（田中ほか・法思想217〜218頁）。

　裁判過程，すなわち，法適用の場面において，既に述べたように，判決の発見の過程と正当化の過程とが区別されてきている。そして，正当化の過程において，大前提と小前提から結論を導出する法的三段論法をミクロ正当化の問題とし，大前提そのものの正当化，及び，小前提そのものの正当化を，マクロ正当化の問題と捉え，そのうえで，大前提そのものの正当化と，小前提そのものの正当化は，それぞれ独立し相互に影響を与えあうことなくなされるものではなく，そこには視線の往復があると考えられている。

　このような理解に沿って考えると，視線の往復という比喩は，専ら（マクロ）正当化の過程においてのみに対応することになりそうである。しかしながら，視線の往復という表現で示唆される内容は，必ずしも正当化の過程のみにとどまるものではないように思われる。すなわち，発見の過程においても，視線の往復という比喩が当てはまる法的思考がなされていると考える。以下では，発見の過程での視線の往復と，正当化の過程での視線の往復とを区別して述べてみたい。

---

[138] 民事裁判の裁判過程については，裁判官の内的な視点から，その動態を分析解明しようという試みがなされている（土屋・裁判過程・はしがき）。

[139] 文脈的には，ここは，正義と呼んでもよいかもしれない。

[140] 「法が正義を実現すべきものならば，それは法律においてだけでなく，その適用においてもはたされなければならない。また，法一般に関する理論は，裁判における法の具体化ないし正義の実現においても通用すべきである。このような観点から，法哲学内部においても，従来の成果との連続において，裁判過程への注目が次第に高まり，実定法学と法哲学の垣根をこえて，法律学方法論をめぐる議論が盛んになった。」と述べられている。

第6章　視線の往復

*ミクロ正当化への封じ込め

　要件事実論を重視する民事裁判の実務は，審理手続中の当事者の弁論をできるだけミクロ正当化の場面に封じ込めようとしているかのように見える。これが，汝は事実を語れ，しからば我は法を与えんという法格言と結びつくと，いっそう，その弊害を助長するように思われる。民事裁判の過程を発見の過程と正当化の過程に区別し，正当化の過程をマクロ正当化とミクロ正当化に区別すれば，要件事実論的裁判実務に則って訴訟追行がなされるように訴訟指揮がなされることによって，当事者・訴訟代理人の活動領域はミクロ正当化の部分に縮減されていく傾向を呈するであろう。この点について平井説の評価という文脈ではあるが，「たしかに，要件事実論的裁判実務には，法廷弁論をできる限りミクロ正当化に縮減しようとするため，マクロ正当化に適切な位置づけを与えておらず，"汝事実を語れ，しからば我は法を与えん"という法格言と結びついた弊害がみられることは否定できない」というコメントがある（田中・法理学550頁）。本来，法的な思考というものはミクロ正当化に封じ込められてしまうようなものではなく，もっと広いフィールドで自由に社会の公正さについて対話できる思考様式のはずである。

Ⅲ　事実問題と法的問題

　法的三段論法の構造に鑑みれば，法的思考は，法規範の定立にかかわる法律問題に関するものと，事実の確定にかかわる事実問題に関するものとに分けて考えることができる。そして，裁判過程では，事実問題について確定がなされた後に，適用すべき法規範の選択と解釈の確定がなされる，とひとまず考えることができるであろう。

　しかしながら，実際になされている法的な思考において，事実問題と法律問題を完全に別個独立なものとして切り離すのは困難である（平野ほか・法哲学204頁「事実問題と法律問題の交錯」参照）。

　たとえば，法律問題に着目する場合でも，法を適用する以前の段階において，適用対象となるべき事実が，ある程度のところまでは固まっていなければ，適用が検討されるべき複数の法規範の中から適合的な法規範を選択するのは困難になってしまう，ということに気づくであろう。法規範を適用するにあたって，それをどのように解釈すべきかは事件の事実内容に大きく依存しているといえる。その意味で，裁判過程において，純粋な法律問題はない，といってもよい

と思われる。専ら法律問題（遠位項*141）に着目しようとしているときも，その前提として事実問題を視野*142に入れているか，あるいは，いわば暗黙のうちに事実問題（近位項）を内面に取り入れている。

　他方，事実問題に着目する場合でも，裁判過程では，現に生起した事実を，そのとおりそのままに記述することを目的としているものではなく，法的観点からみて重要な事実，とりわけ法準則において要件とされる事実（要件事実に該当する主要事実）を中心に明らかにすることを目指している。とすると，その前提として，適用が検討される法規範の内容がある程度は明確なものとなっていてくれなければ，そもそも事実認定の対象たる目標そのものが定まらないことになる。裁判過程という法適用の場面である以上，法的観点からみた事実が問題とされるのであって，法的視点というフィルターを通して主張される事実が重要になる。専ら事実問題（遠位項）に着目しようとしているときも，その前提として法律問題を視野*143に入れているか，あるいは，いわば暗黙のうちに法律問題（近位項）を内面に取り入れている。

Ⅳ　アブダクション

　法的三段論法の論理的構造を解明するため，演繹や帰納，そしてアブダクションという推論の形式について一般的な考察しておこう。パース*144は，ディダクション・インダクション・ハイポセシス（hypothesis）という３つの推論形式を提示した。ハイポセシスはリトロダクション（retroduction）と言い換えられ，また，さらにアブダクション*145（abduction）とも呼ばれるようになった。ディダクション（演繹）はアリストテレス（Aristoteles 384-322B. C.）によっ

＊141　解剖学の用語であるが，比喩的に使用した。体幹に近い側を近位（proximal）といい，遠い側を遠位（distal）という。
＊142　必ずしも焦点を合わせているとは限らない。むしろ，視界に入っているが，ピントまでは合っていないイメージである。
＊143　ここでも，視界に入っているが，焦点を合わせていないというイメージである。
＊144　パースは米国プラグマティズムの創始者と呼ばれることがある。パースのプラグマティック・マクシム（プラグマティズムの格率）は，論理実証主義の意味の検証理論を半世紀も前に先取りするものであったとされる（魚津・プラグマティズム65〜67頁）。
＊145　日本語には訳しづらいとされているが，「仮説設定」「仮説発想」といった訳語があてられている（野家・科学122頁）。本書では，そのままアブダクションと呼ぶことにする。

第6章　視線の往復

て，インダクション（帰納）はＪ・Ｓ・ミル（John Stuart Mill 1806-73）によって，アブダクションはパース（Charles Sanders Peirce 1839-1914）によって定式化[146]された（魚津・プラグマティズム112頁参照）とされる。ここでは，パースの掲げた例を使って説明したい。次の例である。

(a)　白い豆ばかりがはいった袋がある。
(b)　この袋からいくつかの豆をとりだす。いうまでもなく，
(c)　これらの豆は白い。

これを定言三段論法の形式として，2つの前提から1つの結論を導くアリストテレス以来のいわゆる伝統的論理学で表すと，次のように定式化される。

(a)　この袋の豆はすべて白い。
(b)　これらの豆はすべてこの袋の豆である。
　　―――――――――
(c)　これらの豆はすべて白い。

この推論はディダクション（演繹法）である[147]。

次に，豆の入った袋から豆を取り出すと，何度取り出してみても，白い豆しか出てこない。とすると，この袋に入っている豆はすべて白いのではないか，と推論することが可能となる。これを定言三段論法の形にすると次のとおりである。

(b)　これらの豆はすべてこの袋の豆である。
(c)　これらの豆はすべて白い。
　　―――――――――
(a)　この袋の豆はすべて白い。

この推論がインダクション（帰納法）である。ある特殊な事実から出発して推論を普遍性のある法則へと進めている。

---

[146]　この段落のアブダクションの説明は，ほぼ魚津・プラグマティズムの説明に依拠している。
[147]　この袋の豆をＭとし，すべて白いをＱとし，これらの豆をＰとすると，
　　　ＭはＱである
　　　ＰはＭである
　　　よって，ＰはＱである
　　と演繹推論できる。

Ⅳ　アブダクション

　最後に，アブダクションは，次のとおりである。
　ここにいくつかの豆が落ちている。どこからこぼれてきたのかはわからない。ところで，そのそばには白い豆ばかり入った袋がある。もしかすると，これらの豆はこの袋からこぼれ落ちたのかもしれない。そのような仮説を立てることができる。これを定式化すると，次のとおりである。
　　(c)　これらの豆はすべて白い。
　　(a)　この袋の豆はすべて白い。
　　―――――――
　　(b)　これらの豆はすべてこの袋の豆である。
　これがアブダクションである。

　以上をまとめると，(a)と(b)から(c)を導出する推論がディダクションである。(b)と(c)から(a)を導出する推論がインダクションである。(c)と(a)から(b)を導出する推論がアブダクションである。以下のとおりである。
　　ディダクション：(a)，(b)　→(c)
　　インダクション：(b)，(c)　→(a)
　　アブダクション：(c)，(a)　→(b)
　パースは，これら３つの推論形式について，次のように要約している。ディダクションは，あるものがこうでなければならない（must be）ことを証明し，インダクションは，あるものが現にこうである（actually is）ことを示し，アブダクションは，あるものがこうであるかもしれない（may be）ことを暗示する，という（魚津・プラグマティズム119頁）。
　以上は，定言的三段論法の形のものであるが，アブダクションは次のような仮言的三段論法の形でも定式化される。
　　(1)　おどろくべき事実Ｃが発見される。
　　(2)　しかし，もしＡが真ならば，Ｃは当然の事柄であろう。
　　(3)　Ａは真ではないか，と考える理由がある。
　これにつき，上記の白い豆の例で説明すると，次のようになる。
　　(1)　ここにひとにぎりの白い豆がこぼれている（おどろくべき事実Ｃ）
　　(2)　しかしあそこに白い豆の入った袋がある。もしこれらの豆があの袋か

第6章　視線の往復

らこぼれた（これをAとする）とすれば，Cは当然の結果であろう。
　(3)　これらの豆はあの袋からこぼれたのではないか（すなわち，Aなのではないか）と考える理由がある。
　ところが，このアブダクションは仮言的三段論法としてみるとき，伝統的論理学でいう後件肯定の誤謬をおかしている。次のとおりである。
　(1)を命題Q，(2)の前件を命題P，後件を命題Qとすると，次のとおりである。
　　(1)　Q
　　(2)　PならばQ
　　　　―――――
　　(3)　P
　既に紹介したとおり，仮言三段論法には，①純粋仮言三段論法，②前件肯定式，③後件否定式の三種類がある。それぞれ次のとおりである。
　①純粋仮言三段論法
　　　(例)　PならばQ
　　　　　　QならばR
　　　　　　―――――
　　　　　　PならばR
　②前件肯定式
　　　(例)　PならばQ
　　　　　　P
　　　　　　―――――
　　　　　　Q
　③後件否定式
　　　(例)　PならばQ
　　　　　　Qでない
　　　　　　―――――
　　　　　　Pでない
　上記のアブダクションは，後件肯定という形式となっている。したがって，③の後件否定式に反している。すなわち，アブダクションは伝統的論理学でいう「後件肯定の誤謬」をおかしていることになる（魚津・プラグマティズム121頁，

80

Ⅳ　アブダクション

野家・科学123頁)。この点が，アブダクションのわかりにくさにつながっているのかもしれない。つまり，誰であっても，ここにこぼれている白い豆はあそこの白い豆の袋からこぼれたとは限らないのではないか，そのように決めつけることはできないのではないか，と思うからである。

しかし，大胆な仮説を立てるとき，そこには常に誤謬の可能性を伴う[*148]。私たちはこうして繰り返し仮説を立て，ディダクションやインダクションを経ながらそれを検証するということを繰り返し，事実に近づいていくことができる。

パースによれば，「アブダクションによる示唆は，あたかも閃光のようにやってくる。それは，ひとつの洞察のはたらきである。ただしそれは，きわめて可謬的な洞察である。」「アブダクションによる示唆は，その真理性を疑問視することができ，また否定することさえできる示唆である。」とされる（魚津・プラグマティズム121〜122頁）。

＊バルバラ式
　　伝統的論理学のところで紹介したアリストテレスの定言三段論法の例は次のとおりである。
　　（例）　MはPである。
　　　　　SはMである。
　　　　　SはPである。
　　　　　M＝この袋の豆
　　　　　P＝すべて白い
　　　　　S＝これらの豆
　　この推論形式はバルバラ式（第1格 AAA 式（Barbara））である。ちなみに，第1格の定言三段論法には「AAA式」のほか，「EAE式（Celarent）」，「AII式（Darii）」，「EIO式（Ferio）」がある。高橋・法的思考73頁は，ローゼンベルク（Leo Rosenberg）の法の適用プロセスにおける「包摂推論（Subsumtionsschuβ）」に触れている。ローゼンベルクによるとバルバラ式であることが明示されている，という。しかし，倉田卓次訳『証明責任論』〔全訂版〕では，残念ながら，大前提・小前提・結論のすべてが全称肯定命題であるという点が明示されていない，とのことである。

[*148]　アブダクションは演繹的には誤った推論であるが，実際の科学研究の現場においては，しばしばこのような方法によって仮説が発想され，形成されることが少なくない。それゆえ，アブダクションは論理的には正しい推論ではないが，発見法としては大きな実践的な価値をもつ手続である（野家・科学123頁参照）。

第6章　視線の往復

Ⅴ　可　謬　性

　推論は，分析的なものと総合的なものに分かれる。分析的なものがディダクションであり，総合的なものがインダクションとアブダクションである（魚津・プラグマティズム117頁）。

　ディダクションにおける結論の内容は前提に含まれているから，この推論によって知識は拡大しない。したがって，ディダクションは分析的なものである。
　　ディダクション　(a), (b)　→(c)
　他方，インダクションとアブダクションは，いずれも，その前提に含まれていない内容を結論づけるものであるから，もし，その結論が正しければ，その分，知識が拡大することになる。しかし，その結論は，もともとの前提を超えているため，これらの推論には誤謬をおかす可能性（可謬性）がつねにつきまとうのである。
　　インダクション　(b), (c)　→(a)
　　アブダクション　(c), (a)　→(b)
　たとえば，白い豆の例でいえば，インダクションの場合，袋の中にひと粒でも赤い豆が入っていたら，結論は誤りとなり，アブダクションの場合，落ちている豆が近くの白い豆が入っている袋とはまったく無関係であったとき，その結論は誤謬をおかしていることになる。インダクションはある事実から普遍的な法則への可謬的な推論であり，アブダクションは結果から原因への可謬的な推論である，といえる。
　分析的な推論の真偽は経験と照らし合わせなくとも決定できるが，総合判断の真偽は経験と照らし合わせなければ決定できないことになる。

82

Ⅴ 可 謬 性

*演繹＝分析＝ア・プリオリ

　もし，真理というものが，文の主語の概念内容を分析的に展開しただけのア・プリオリで分析的なものでしかないとしたら，知識が増大していくということにまったく期待できないということになるであろう。他方，確実でありながら徐々に増大し拡張しうるような認識があり，それを可能にするのはア・プリオリな総合判断であるとすれば，いかにしてア・プリオリな総合的判断は可能なのか。これが，合理主義と経験主義の双方の欠陥を克服するために答えられなければならない決定的な問いである。そう考えたのがカントである（伊藤・物語167〜168頁）。もっとも，前述したウィーン学団（論理実証主義）は，このア・プリオリな総合判断には否定的であった。むしろ，これは形而上学的なものとして排除しなければならないとした。

	ア・プリオリ	ア・ポステオリ
分析的	○	
総合的	○（カント） ×（ウィーン学団）	○

　カントが認識をア・プリオリなものとア・ポステオリなものに区別したことはよく知られている。前者はいっさいの経験から独立した認識であり，後者は経験に依存する認識である。とすると，分析はア・プリオリなもので，総合はア・ポステオリなものに対応しそうである。もっとも，カントは，上述のとおり，そのいずれでもないア・プリオリな総合命題を重視し，算術や幾何学などの数学の基本命題，質量保存の法則や作用反作用の法則などの物理学の原理はこのア・プリオリな総合命題であるとした。これを批判したのが，上述したウィーン学団（論理実証主義グループ）で，数学の命題はア・プリオリな分析命題（トートロジー）であり，物理学の原理は経験的な確認を要するア・ポステオリな総合命題であるとした。論理実証主義者は，ア・プリオリな総合命題なるものは形而上学的な命題であり排除されなければならないとし，そのために彼らが提唱したのが「意味の検証可能（verifiability）テーゼ」である。たとえば，「魂は不死である」という命題は，形而上学的であり，経験的な検証方法（たとえば実験など）が不明のため無意味なものとされる。ところが，この検証可能性という基準は，結局，科学法則さえ無意味という結論にいきつくことになる。というのは，実験的に検証ができるのはたかだか有限個の事例にすぎない。「すべてのＳはＰである」といった無限個の事例を含む全称命題の形をした科学法則は完全に検証することはできないからである。こうして，ウィーン学団の目指した形而上学の廃棄，検証可能性テーゼは，次第に後退し，消滅していくことになる（野家・科学153〜155頁参照）。

　このようにしてみると，少なくとも現在の時点よりも知識を増やすためには，本書のテーマに即していえば，たとえば，弁護士が依頼者から事情を聴取して法律構成をしていくには，分析的なディダクションではなく，誤謬をおかす危険性は残る（可謬

第6章 視線の往復

性がある）もののインダクションやアブダクションを用いた推論をしなければならない，ということになる。むしろ，ディダクション風の法的三段論法は，いったん作り上げた法律構成をあたかも「検算」するような推論といえる。

Ⅵ　法律相談とアブダクション

　マクロ正当化の過程における視線の往復とは，アブダクションとインダクションの繰り返しであると述べたい。

　次のとおり，法律相談の例をあげて，相談者と弁護士の会話を見てみよう（法律相談例1）。法律的な紛争をかかえた依頼者が法律事務所を訪ねた。簡単な自己紹介をしたうえ本題に入った。

1　相談者「実は，お金を払ってもらえないんです。」
2　弁護士「何か，お金でも貸したのですか。」
3　相談者「はい，そうなんです。」
4　弁護士「契約書はありますか。」
5　相談者「いえ，契約書までは作っていないのですが。」
6　弁護士「……」
7　相談者「でも，あとで，念書を差し入れてもらいました。」
8　弁護士「それでもよいので見せてもらえますか。」

　＊　念書には確かに「金400万円を平成○年○月○日までに必ず返済いたします。」と記載され，債務者と思われる者の署名捺印がなされている。

9　弁護士「400万円は現金で渡したのですか，それとも振込ですか。」
10　相談者「いえ，そうではなくて，今までの分をまとめて400万円ということにしたんです。」
11　弁護士「今までの分というのは，売買代金などですか。」
12　相談者「はい，代金もありますし，それ以外に貸したお金もあります。」

　＊　弁護士は，最初，消費貸借契約ではないかと思ったが，事情を聴くうちに，準消費貸借契約だったのではないかと考えるようになってきている。

　1のとき，弁護士は，金銭支払請求権が発生するいくつかの法規範を思い浮かべ，たとえば売買契約，請負契約，消費貸借契約などを想起している。仮に，相談者が金銭債権を有しているとすれば，その相談者は誰かにお金を貸したの

Ⅵ 法律相談とアブダクション

かもしれないと推論することができる。これは，アブダクションである。弁護士は，全く確信はないものの消費貸借ではないかと考え，２の質問（「お金を貸したのですか」）をしてみている。

法的三段論法を，(a)大前提（法規範，条文の解釈），(b)小前提（主要事実），(c)結論で表すとすれば，上の弁護士は，相談者が，お金を払ってもらえないという事実を述べたとき，その相談者が誰かに対し金銭を支払えという権利をもっている(c)とすれば，(消費貸借契約を締結すると貸主に貸金返還請求権が発生するという法規範(a)があることから）その相談者はその誰かに対してお金を貸した(b)のかもしれない，という推論を行っている。これは(c)，(a)→(b)というアブダクションである。これには誤謬がつきまとう。たとえば，金銭債権を発生させる法規範は消費貸借だけではないからである。

　　大前提（法規範）　＝　(a)
　　小前提（主要事実）＝　？
　　結　論　　　　　　＝　(c)

最終的には，当初，想起した消費貸借ではなく，準消費貸借という法規範を選択することになっている。聴取される事実と選択されるべき法規範との間を行ったり来たりする視線の往復がなされ，少しずつ弁護士はその事案についての知識を増やしていっている。

　＊視線の往復はアブダクションとインダクションの繰り返し
　　マクロ正当化の過程における視線の往復がアブダクションとインダクションの繰り返しであるとすれば，マクロ正当化は可謬性を内包することになる（後に述べるようにこの過程は発見の過程からの影響を受けている）。可謬性を認めるということは，我々の認識を超えた客観的なるもの（真理）があることを想定している（発見の過程からの影響を受けたマクロ正当化の過程は価値判断を含むことになりえ，価値判断がその判断の主体の主観的確信に還元されるのであれば，自分の価値判断を他者に主張できないだけでなく，自分の価値判断が他者から間違っていると批判されることもなくなって，批判隔離されてしまう）。人が認識しなくとも客観的に真なるものがあるとすれば，価値相対主義とは衝突することになる。しかし，法実証主義は価値相対主義とだけ結びつくものでなく，裁判過程における大前提たる法（規範）の解釈について法実証主義的な理解を前提にしながら，客観的なるものを想定して可謬的な議論を行うことは可能と思われる。あるいは，法というものは，客観的なるものとして，たとえば，個々人の善き人生（計画）を実現できるような公正さのある社会を作り上げ

ようとする企てのひとつと考えることもできると思われる。

Ⅶ　法律相談とインダクション

では，インダクションはどうであろうか。同じく法律相談のシーンで考えてみよう（法律相談例2）。

1　相談者　「弊社は分譲マンションの建築販売をしているのですが，着工と同時に買受人を募集したところ，買受希望者がありました。その希望者からはスペースやレイアウトに注文があり，電気容量が不足している点などを指摘されました。当方はお客様の要望に合致するようレイアウトを変え，受水槽を変電室に変更しまして，その出費分を上乗せすることも伝えたところ，特に異議はありませんでした。そのまま，購入資金の借入れなどの必要手続を進めていたところ，突然，買取りを断られてしまいました。」
2　弁護士　「契約締結には至らなかったということですか。」
3　相談者　「弊社としましては，口頭ベースでは実質的に契約は成立したものと考えておりまして，単に書面にサインするという段取りだけたまたまだ残っていたにすぎないと考えております。」
4　弁護士　「たとえ，契約締結には至らなかったとしても，その契約締結の準備段階で相互の信頼関係を破壊するようなことをした場合は，一定の範囲で責任をとってもらわなければなりませんね。」

法的三段論法を，(a)大前提（法規範，条文の解釈），(b)小前提（主要事実），(c)結論で表すとすれば，上の弁護士は，レイアウトや電気容量の変更など現に損害が発生している(b)ので，相談者は買受希望者に対して損害賠償請求権を有する(c)という結論が正当であり，そうだとすると，たとえ契約締結に至らなくとも，当事者間において契約締結の準備が進捗し，一方当事者の言動に基づき，相手方において合理的な根拠をもって契約の成立が確実のものと期待するに至った場合や契約の成立を信頼した場合には，その一方の当事者としては相手方の上

記期待を侵害しないように誠実に契約の成立に努めるべき信義則上の義務があるのではないか(a),そういう法規範があるべきなのではないかと推論している。つまり,ある個別の事実から出発して,ある程度,普遍性のある法則へと推論を進めている。これは,(b),(c)→(a)というインダクションといえる。

  大前提（法規範） = ？
  小前提（主要事実） = (b)
  結　論   = (c)

Ⅷ　法律相談とディダクション

　法律相談例1では,結局,準消費貸借契約に基づく貸金返還請求権を訴訟物とすることにし,アブダクション（(c),(a)→(b)）によって推論した内容が事実に合致していることを確認した後,ディダクション（(a),(b)→(c)）風に並べ替えて,訴状を作成することになる。

　法律相談例2では,結局,契約締結上の過失に基づく損害賠償請求権を訴訟物として[149],インダクション（(b),(c)→(a)）によって推論した法規範を定立し,ディダクション（(a),(b)→(c)）に並べ替えて,訴状を作成することになる。

　つまり,マクロ正当化における視線の往復の過程で,アブダクションやインダクションを行い,その結果をディダクション風に構成し直すことによって,ミクロ正当化の過程に移行することになる。訴状の記載では,あたかも最初からディダクションによって結論が導かれたかのような体裁[150]となる。

---

[149]　実務的には,契約の締結を前提にして,成立した契約に基づく債務不履行に基づく損害賠償請求権を主位的な請求（訴訟物）とし,契約締結上の過失については予備的請求として,訴状を作成することが多いと思われる。

[150]　最近,しばしば,訴訟代理人がついている場合でも,法律構成がなされていない訴状が増えたといわれる。当事者から聴取した事実を時系列に沿って記載しただけの訴状があるという。それはそれで,依頼者から事情を聴きとるという十分手間がかかった訴状なのかもしれない。しかしながら,そのような訴状は,結局,大前提→小前提→結論という法的三段論法が意識されていないという評価を受けることになる。
　法律構成されていない訴状とは,ディダクション風になっていないもの,法的三段論法の形式が意識されていないもの,という意味になるであろう。
　ディダクション風に構成した記載をした上で,これとは別に,時系列に沿って事実経過を述べるのは特に問題はないと思われる。

第6章　視線の往復

＊「風」＝似て非なるもの
　　上述してきたとおり，法的三段論法は，その大前提を構成する法規範が覆滅可能性を前提としているので，これを実質含意を前提とする演繹法・ディダクションそのものとして取り扱うことはできない。上述のとおり，これは，トゥールミンの図式（の一部分）である。そこで，アブダクション・インダクションを説明するときの文脈に沿って，ここでは，法的三段論法をディダクション「風」と表現することにする。たとえば，「論理的」という表現は，論理であるといっているのか，論理ではないが論理に似ているものといっているのか，日本語の表現として区別しにくい。法的三段論法について，それを論理的なもの，あるいは演繹的なもの，ディダクション的なものというとき，それは「風」（似て非なるもの）であることを意味することになる。

Ⅸ　裁判所の場合

　原告訴訟代理人が，当事者（依頼者）や関係者から事情を聴き取り，アブダクションやインダクションを経て，最終的にディダクション風の形式に構成した訴状を裁判所に提出し，訴えを提起したとする。すると，裁判所が，まず，見ることになるのは，既に原告訴訟代理人によって法律構成された事実主張などということになる。比喩的にいうならば，既に料理された皿が並んでいるのである。こうして，裁判官は選択された法規範と，主張される事実，そこから導き出される結論（請求）を確認することになる。原告が設定したディダクション風の道筋を追うのである。その道筋に違和感を感じれば，大前提たる法規範の選択についてインダクションを行うかもしれないし，小前提たる事実主張についてアブダクションを行ってみるかもしれない。しかし，多くの場合，まずは被告の反論を見てから考えをめぐらせることになるであろう。
　このように，裁判所の場合，原告訴訟代理人とは思考の順序が変わる。最初にディダクション風の過程を見せられ，そこから法的思考が開始することになる。

Ⅹ　被告訴訟代理人の場合

　では，被告ないし被告訴訟代理人の場合はどうか。被告ないし被告訴訟代理人は，まず，原告訴訟代理人が法律構成した訴状を読むことになる。被告本

X　被告訴訟代理人の場合

人は，法律構成された訴状を読みこなすのは困難であろう。被告訴訟代理人は，裁判所と同様に，まず，ディダクション風に整理された文章を読むことになる。

しかし，裁判所の場合と異なり，被告訴訟代理人は，被告ないしその関係者を介して直接生の事実に接する機会がある。原告訴訟代理人が構成した法律論を否定することもできるし，その法律論を前提として，別の法律的反論を構成することもできる。一応，原告側のディダクション風の法的思考は理解するものの，被告ないしその関係者から事情を聴取し，独自のアブダクションやインダクションを経て，ディダクション風に引き直された反論を用意することもできる。たとえば，次のとおりである。

1　弁護士「この念書は間違いないですか。」
2　被　告「はい。確かに差し入れたことに間違いないです。ですが，厳密には400万円ではないんです。」
3　弁護士「まとめる前の取引自体に何か瑕疵でもあったのですか。」
4　被　告「そうなんです。もともとの契約は商品売買だったのですが，納品数が足りなかったんです。あの業者の納品はいつも少しずつ足りないんです。」
5　弁護士「売買のほかにもあった？」
6　被　告「借入れもありましたが，ずっと借りたり返したりで。」
7　弁護士「残金がはっきりしない？」
8　被　告「返済した金額の合計はわかりますが，先方の金利の計算の仕方がいまひとつよくわからないんです。」

弁護士は，準消費貸借契約に基づく請求に対して，その前提となった旧債務の不存在や契約の目的物の瑕疵の存在を争うことによって，請求棄却を求めることができることを知っている。そのような法規範（たとえば，旧債務が不存在であれば債権は発生しないか，消滅する）(a)を理解しているので，被告が原告の請求を拒絶できる法的根拠を有する(c)とすれば，被告の負っていた旧債務について，その不存在や瑕疵などの問題があった(b)のかもしれない，と推論している。これはアブダクションである。そのほか，事例によってはインダクションを行うこともあるであろう。その上で，最終的にディダクション風に整理して抗弁等を用意するであろう。

第6章 視線の往復

XI 三者の重なり

　原告訴訟代理人のところでアブダクションやインダクションがなされ，最終的にディダクション風に法律構成された主張が裁判所に提出され，その副本を見た被告訴訟代理人も独自に被告やその関係者に対し事情聴取しアブダクションやインダクションを行って最終的にディダクション風に法律構成された反論・抗弁を提出する。裁判所[*151]は原告のそれと，被告のそれに接し，独自にアブダクションやインダクションをするときもあれば（その際は釈明権が行使されるであろう），特にその必要もなく当事者の主張した法律構成に沿って事実認定をする方針をとることもあるであろう。

　原告の主張，被告の反論・抗弁，これに対する原告の主張・再抗弁などが積み重なっていき，最終的に裁判所がディダクション風に法律構成した判決を言い渡すことになる。ここで，原告，被告，裁判所で明示的にやり取りされるのはディダクション風に構成された事実の主張や法律的主張である。したがって，この三者の議論が明示的に重なる（噛み合う）のはミクロ正当化の過程に限られることになりそうである。アブダクションやインダクションの過程はそれぞれ独自[*152]に行っているように見えるからである。

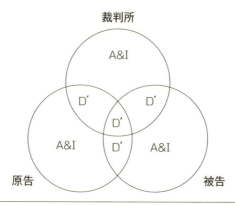

* 151　合議体の場合，裁判官それぞれにマクロ正当化におけるアブダクションやインダクションがなされる可能性も出てくる。
* 152　法的三段論法に直接かかわらない部分は，原告側，被告側，裁判所とが，相互に共有することがなく，いわゆる「たこつぼ」的になってしまいやすいものと思われる。

XII　ディダクション風

(注1) A＆Iは，アブダクションとインダクションを示す。
(注2) D'は，ディダクション風を示す。
(注3) この図式は正確に上述の事態を表現しているものとはいえないかもしれないが，議論が嚙みあう範囲のイメージは伝わるものと考える。

　　しかしながら，法律構成がごくシンプルなもの（マクロ正当化の過程が典型的で判決例も多いなど）であればそうかもしれないが，そうでなければ三者が独自に行っていたアブダクションやインダクションにおける思考を交わしあう必要性が出てくるであろう。とりわけ，困難なケース（法の欠缺と目されるものや過去に判決例がない新しい論点を含むものなど）ではなおさらである。

*ディダクション風の事項は書面で，インダクションやアブダクションは口頭で

　法的三段論法ないしミクロ正当化の場面にかかわる事項は準備書面にしやすい。他方，インダクションやアブダクションをそのまま準備書面に記載するのは困難を伴う。というのは，可謬性を前提としたやり取りとなるので，書面にすると自己の主張の説得力を弱めてしまうように見えるからである（たとえば，インダクションでは，契約は成立していないけれども，契約締結の準備段階でも一定の信義則上の義務はあるはずである，という主張は，端的に契約上の義務の履行を求めるよりも，一歩譲った主張のように見えるため，脆弱な印象を与えやすいように見える）。

　それゆえ，弁論準備期日などで交わされる争点整理のための口頭での議論（といっても丁々発止の激論を交わすイメージではなく，簡単に趣旨説明や意見を交換する程度である）がクローズアップされてくるであろう。準備した書面や書証を前提に口頭でやりとりして各人（原告訴訟代理人，被告訴訟代理人，裁判所）のインダクションやアブダクションの過程を共有する機会が得られるからである。

XII　ディダクション風

　今までのところを簡潔にまとめると以下のとおりである。
　マクロ正当化の過程における視線の往復はアブダクションやインダクションによってなされる事実の聴取と適合的な法規範の選択である。その後，それらがディダクション風（すなわちトゥールミンの図式の一部分）に構成し直され，ミクロ正当化の過程に移行し，法的三段論法として表現される。
　法的三段論法は個体を扱う（例化を問題にする）ので伝統的論理学では捉えきれず述語論理を用いる必要があるが，大前提に当たる法規範（法準則）が「要件⇒効果」の形式をとり，「⇒」が実質含意ではなく覆滅可能性を前提として

第6章　視線の往復

いるため，述語論理でも捉えることができず，結局，トゥールミンの議論図式に依拠するのが相当である。

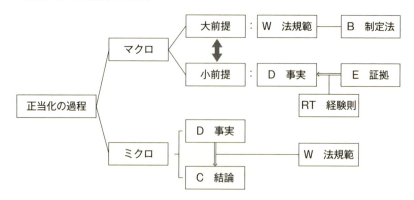

トゥールミンの議論図式によれば，主張・結論（C：claim；conclusion）を導く事実（D：data）との間には，「（そのような）DがあればCと考えてよい」という推論規則があり，それを根拠・保証（W：warrant）と呼ぶ[*153]。法的思考において，このWに当たるものが法規範である。そして，このWに権威を与える「裏づけ」（B：backing）が（主に）制定法である。

裁判所は具体的な事件について法に基づいて判断を下すものと説明されるが，制定法は法源の1つにすぎず，法的三段論法における大前提は必ずしも制定法の条文そのものではない（日本法哲学会編・暗黙知7頁参照）。

大前提を構成する法規範はいかにして法源（主に制定法）から導き出されるのか。その内実は大前提と小前提との間を行ったり来たりする思考であり，これは視線の往復と表現され，具体的にはアブダクションやインダクションの過程を経ていると解される。そして，この過程には，発見の過程における視線の往復が背景として影響を与えていると考える。

　＊権威について
　　「権威」について，「権威に従う理由」「国家が権威をもつとき」「国家の権威の限界

[*153] トゥールミンは，彼の議論図式をすべての分野で通用する分析パターンとして提出しているが，分野に応じて何が異なるかを明らかにしている点で他の論理学者の提出する論証図式より優れているとされる。それは，W（根拠・保証）とB（裏づけ）である。各議論領域において相関的なのはW・Bであり，それが法的議論においては法規範と（主に）制定法なのである（亀本・法的268頁）。

XII　ディダクション風

と個人の選択の範囲」「小括」と順を追ってわかりやすく説明された書籍がある（長谷部・法31〜41頁）。「人は理由に基づいて行動する。その理由は自分で判断するものです。しかし，自分ではなく，権威に従って行動することもあります。国家という権威に従うのも，その一場面です。」という（同書40頁）。

　結局，権威とは他者であり，権威に従うとは他者に従うということである。国家を権威として取り扱う理由は，国家が一般市民より優れた知識をもっている場合を除くと，国家が社会生活の中で人々が行き当たる多くの調整問題（co-ordination problems：たとえば，車道の走行は右側通行か左側通行かどちらかに決まっていること自体が重要である）を解決してくれるからである。人が権威に従うのは，その権威の判断が，自分の判断より適切である蓋然性が高いと考えるからであり，法的権威の場合も変わりはない，と説明される（長谷部・文化142頁）。

＊マクロ正当化の過程と発見の過程の相互関係

　「発見のプロセスと正当化のプロセスを区別することから，法政策学が発見のプロセスに関わり，議論に基づく法律学は正当化のプロセスのみに関わると，法律学的方法論が従来扱ってきた問題領域に二本立てで対応するという分業態勢をとることについては，法学教育・法曹養成の観点からだけでなく，法的議論の合理性・正当性の確保という観点からみても，適切かどうか疑問である」という指摘がある（田中・法理学547頁）。そして，「法的思考における正当化（とくにマクロ正当化）の過程と発見の過程の相互関係は，現実にはかなり複雑に重なり合ったフィードバック関係にあり，法律学的方法論や法学教育においても，正当化の過程を構造化し規制している合理性・正当性基準が，発見の過程にも一定の枠組や指針を提供しているということをも視野に入れた考察と教育が不可欠だと思われる」と述べられている。マクロ正当化の過程と発見の過程との間には相互関係ないしフィードバックの関係があるのである。

第7章

マクロ正当化

I 大前提の正当化

(1) BからWへ

　法的三段論法とは，法規範を大前提とし，事実を小前提として，この2つの前提から判決を結論として導き出す推論形式であり，上述のとおり，これをミクロ正当化と呼んできた。そして，これからマクロ正当化について述べることとする。マクロ正当化とは，大前提たる法規範がいかにして正当化されるかと，小前提たる事実認定がいかにして正当化されるかである。まず，前者からはじめる。マクロ正当化における大前提の正当化の過程，すなわち，たとえば制定法から法規範を導く過程（BからWへ）については次のとおりである。

　裁判は予め存在する実定法に従って行われなければならないという要請がある。何を実定法とするかについては，制定法主義をとる諸国と判例法主義をとる諸国とで若干の違いがある（平野ほか・法哲学198頁）。いずれの主義であったとしても，実定法に準拠することによって国家権力による恣意専断が防止され，予測可能性や法的安定性が確保されると説明される[154]。制定法，慣習法，裁判先例，学説，条理等，実定法の存在形式を法源という（平野ほか・法哲学210頁）。制定法は，わが国では，国会によって制定された法律[155]，法律の授権に基づき内閣及び省庁によって出された命令（政令・省令など），及び条例を指す。法律という語は制定法と同義に使われることもある。

---

[154]　他の同様のケースにも同じように適用されるという平等性の確保という点もあると思われる。
[155]　ここでは憲法も含めて考えることとする。

第7章　マクロ正当化

　わが国の法源制度は制定法主義に立つが，裁判で適用が認められるのは制定法のみなのか，例外的に他の法形式の援用も許されるのか，その判断は難しいとされる。例外的に他の法源を認める場合も，制定法の条文に根拠を求め，制定法が認める限りで他の法源も認めるのであれば，制定法のみの適用を認める主義と変わりがないといえる（平野ほか・法哲学210〜211頁）。

　わが国の「判例」は，確立された判例という言い方があるように，いくつかの先例が積み重なってできる法規範という意味もある（平野ほか・法哲学212頁）。「判例」は，通例，最高裁の判決理由のうち，制定法の解釈をルールとして定式化したものを指す（平野ほか・法哲学214頁）。ただ，判例の法源性に関しては，事実上の拘束力はあるが，法的な拘束力はないという説明がなされることが多い。裁判官は上級審で破棄されないために最高裁判例を考慮するが最高裁判例に反する判断をしてもそれだけで違法なものとはならない。

　制定法から法規範を導く過程は，法の解釈である。法の解釈（平野ほか・法哲学222頁）とは，法文を読んで，その意味を明らかにすることであり，法文の表現を別の表現で言い換えることである。たとえば「解釈に争いがある」とは，ある文Aが別の表現B，C，Dなどに言い換えられ，しかも，B，C，Dの意味が互いに異なるとされている状態である。「解釈」という語は多義的であって，解釈という営為自体をさすことも，その方法又は論法をさすことも，解釈された結果をさすこともある[*156]。

　法の解釈の対象は，制定法の文章，すなわち，法文である（平野ほか・法哲学223〜224頁）。ただし，法文を手がかりにして何を明らかにするのかという意味での解釈の目標については，それを立法者の意思におくもの（立法者意思説）と，法律の客観的意味におくもの（法律意思説・客観説）との対立がある。前者は法律制定時の擬制的立法者の意思の解明を解釈（会話的解釈と考える）の目標とし，後者は法律適用時における法文の合理的意味の探求を解釈の目標とする，と整理することもできる。

　したがって，ここで考察の対象としてきた制定法（B）から法規範（W）を導く過程（BからWへ）は，これを法の解釈と呼び，その解釈の対象は制定法の

[*156] 文脈上，どの意味で使用されているかは明らかな場合が多いので，混乱することはないと思われる。

I　大前提の正当化

法文*157である，ということができる。「判例」「確立された判例」「最高裁判例」からも法規範（W）が導かれうる*158。

　大前提と小前提との間を行ったり来たり*159しながら選択された法規範は，通常それが制定法の法文を解釈の対象として導かれたもの*160とされることによって正当化される。

　　＊大前提は法規範

　　　法的三段論法の大前提は法規範でなければならない。三段論法の大前提が法規範であることによって，それが法的三段論法たる（最低限の）資格を得られることになると思われる。もっとも，実務では，書証として提出された意見書や専門文献の記載をそのまま引用し，あたかもそれが三段論法の大前提を成すかのように述べる書面に出くわすことがある。たとえば，医学文献の一部を引用し，そのままその記載を事実に適用して法律効果を得ようとするなどである。これは法とは何かについて法律家の間に見解の相違があることを示しているのかもしれない。あるいは，わが国の法教育が，あてはめスキルに偏ってしまっていることや，法と法でないものとの識別が不十分になっていることを示すエピソードかもしれない。

　　＊実定法

　　　ここでは，ひとまず，人の行為によって作られた法を実定法と呼ぶこととする。事実として誰かに定められた法という意味である。これについてはたとえば，「……ケルゼンもハートも法実証主義と言われる潮流に属しています。英語でいうと，legal positivism です。この潮流は，法と言えるのは実定法 positive law，つまり特定の誰かが歴史上のある時点で定めた（posit した）法だと考えます。これと対立する潮流として自然法論なるものがあると言われることがあります。」という説明がなされている（長谷部・法130頁）。ちなみに，positive philosophy は実証主義哲学のことをいう。positivism は実証主義のことをいう。

　　　近代以降の商業化・工業化にともなって旧来の自然的秩序（各人のなすべきことは秩序内の各人の位置に応じておのずと決まってくるもので，法や正義についても自明

＊157　本書では，条文，法文とも，ほぼ同様の意味で用いる。
＊158　判例ルールの再解釈を行う場合も，あたかもそれを制定法の条文とみなして，制定法解釈と同様の仕方で行うことが多い，とされる（平野ほか・法哲学214頁）。わが国における最高裁判例の地位については，制定法の可能な解釈のうちで他の解釈に優先するものであり，それを覆すにはそれ相応の強い理由づけが必要なものと位置づけるのが適切と説明されている（平野ほか・法哲学215頁）。
＊159　事実と法規範との間の視線の往復のことであり，アブダクションとインダクションが繰り返される過程である。
＊160　制定法以外から導かれるものもあるとは考えられるが，制定法の法文から導かれるものが多いと思われる。

第7章　マクロ正当化

な了解があるというような世界）が分裂・崩壊し、政治思想としては自由主義が、法思想としては、国家と社会の分離、法と道徳の分離を前提とし、便宜的な秩序の形成と、その適用を通じて計算可能性の確保をめざす法実証主義が生まれた、と説明されている（田中ほか・法思想227～228頁）。

＊条理について

　最判平成26年4月24日（民集68巻4号329頁）は「人事に関する訴え以外の訴えにおける間接管轄の有無については、基本的に我が国の民訴法の定める国際裁判管轄に関する規定に準拠しつつ、個々の事案における具体的事情に即して、外国裁判所の判決を我が国が承認するのが適当か否かという観点から、『条理』に照らして判断すべきものと解するのが相当である」として、いわゆる間接管轄の有無につき条理に照らして判断するとしているが、ここには、民訴法の規定に準拠しつつ、という前提がある。

　最判昭和56年10月16日（民集35巻7号1224頁）は「この点に関する国際裁判管轄を直接規定する法規もなく、また、よるべき条約も一般に承認された明確な国際法上の原則もいまだ確立していない現状のもとにおいては、当事者間の公平、裁判の適正・迅速を期するという理念により『条理』にしたがって決定するのが相当であり、わが民訴法の国内の土地管轄に関する規定、たとえば、被告の居所（民訴法2条）、法人その他の団体の事務所又は営業所（同4条）、義務履行地（同5条）、被告の財産所在地（同8条）、不法行為地（同15条）、その他民訴法の規定する裁判籍のいずれかがわが国内にあるときは、これらに関する訴訟事件につき、被告をわが国の裁判権に服させるのが右条理に適うものというべきである」として、条理に従って決定するが、民訴法の規定から逆推知するという考え方を示している。

　また、明治8年太政官布告第103号裁判事務心得第3条が民事の裁判に成文の法律なきものは習慣に依り習慣なきものは「条理」を推考して裁判すべしと定めているが、これは現在も有効なものなのかどうか明らかでないとされている。つまり、条理の法源性の問題がある。

　東京高判平成21年10月15日（判時2108号57頁）は「『条理』の裁判規範性については、明治8年太政官布告第103号裁判事務心得第3条は『民事裁判ニ於イテハ成文アルモノハ成文ニ依リ成文ナキトキハ慣習ニ依リ成文慣習共ニ存セサルトキハ条理ヲ推考シテ裁判スヘシ』と規定しており、『条理』が裁判規範性を有することを定めているものである。そして、本件においては、相談所の規約に基づいて控訴人と被控訴人が結婚を前提とした交際を開始し、控訴人が被控訴人とのデートの後で控訴人宅に誘い、双方合意の上で性行為を行い、その結果被控訴人が控訴人との間の子を身籠もったが、被控訴人と控訴人との交際が結婚に至らなかった等の事情から子を中絶することに被控訴人と控訴人は合意して被控訴人は人工妊娠中絶手術を受けたとの上記認定の事実及び判断のもとでは、控訴人は、条理上の義務に基づき、被控訴人に係る人

I 大前提の正当化

工妊娠中絶に要した費用に関して，一定の範囲でその費用を負担すべき義務を負うものと考える余地はある。しかしながら，本件では，被控訴人が費用として計上する費目は選択的請求に立つ不法行為による損害賠償請求における損害を構成するものとしてもすべて計上されており，当裁判所は，後記のとおり控訴人に対して不法行為責任を認めるものであるから，条理上の費用負担責任の主張についてはこれ以上の検討をしない。」とする。つまり，上記太政官布告は条理が裁判規範性を有することを定めているものの，本件事案の判断としては不法行為責任を認めることで足りているとし，上述の太政官布告についてはコメントしないという態度をとっている。

(2) **法の欠缺**

制定法から法規範を導く過程（BからWへ）を法文の解釈と考えるとして，適用すべき法規範が既存の法源，とくに制定法の中に見出せない場合，どうするか。いわゆる法の欠缺の場合である。この場合，適用すべき法について，たとえば「（何年何月何日の議会で可決された）平成〇年法律第〇〇号」という形でいわばその由来を経験的に[161]確認することはできないことになる。この由来テストにパスしたものの総体がその社会の法であるとすれば，これにカバーされない領域については，裁判官は法の適用によってではなく，何らかの裁量によって裁判（紛争解決）をしているという説明になる[162]であろう。もし，そうだとすると，その場合，事実に対して法を適用するという過程がなくなってしまうので，マクロ正当化における大前提の正当化，すなわち，裏づけ（B）から法規範（W）を導くという過程もなくなってしまうことになる。

しかしながら，法実務としては，法の欠缺に当たるような場合でも，できるだけ制定法に基づくよう，制定法の解釈として（少なくともその外観を伴うものとして）法規範を定立し，その適用をしているように思われる[163]。

---

*161 ここで「経験的に」とは，経験できる事柄として，という意味で，たとえば，形而上学的なものではない，あるいは，沈思黙考して理性的に了解できる，という類いのものではない，という趣旨である。

*162 ある種の法実証主義的な見方によれば，このような見解をとることになりそうである。

*163 いわゆる形式的形成訴訟のように，伝統的に訴訟手続によって処理されてきた訴えの中にも，要件事実が具体的に規律されていないため，どのような結論の判決を下すかが裁判官の健全な裁量に任されているものがある。境界（筆界）画定の訴えや共有物分割の訴え（民258条）などである。もっとも，これは，その実質において事実に法を適用するという司法作用の性格が薄く，実質は非訟事件に属するものと思われる（高橋・重点民訴上81頁参照）。そこで，これらはここでの検討対象から除外する。

第7章 マクロ正当化

　たとえば，最高裁大法廷は行政処分の取消の場合に限定されることのないという意味で一般的な法の基本原則（事情判決の法理）を定立し，この法理に従って，憲法に違反する議員定数配分規定に基づいて行われた選挙を違法と宣言するにとどめ，選挙自体を無効にはしないという判決を下したことがある（最大判昭和51・4・14民集30巻3号223頁）。これは法文の解釈には求めえない法規範を適用したことになるであろう。本来，このような法理は上記の由来テストにはパスしないはずだからである。

　しかしながら，最高裁は，この「基本原則」ないし「法理」を（公選法の選挙効力の訴訟に準用が排除されているはずの）行政事件訴訟法31条1項前段から導き出して当該事案に適用している。いわゆる事情判決の法理である。つまり，本来，上記の由来テストにパスしないようなものでも，制定法の解釈によって導き出された法理（原理）として（そのような外観を伴うことにより）適用されているのである。

　これは，適用すべき制定法が見つからない場合でも，司法の裁量によって裁判がなされているのではなく，そのような困難なケースであっても，制定法の法文の解釈が行われ，法適用がなされている（少なくともその形式をとっている）ことを示している。つまり，法規範の定立は，法文による機械的な制約に服しているものでも，逆に，無制約な法創造的行為でもなく，制定法や先例など過去の諸判断との原理的なレベルにおける整合性を確保しつつ「構成的[*164]な解釈」が行われているものと考えられる。

　たとえば，特許法105条の4は特許権侵害[*165]「訴訟」における営業秘密についての秘密保持命令を定めているが，この規定が訴訟ではない「仮処分」命令申立事件にも適用されるかどうかが争われた事件[*166]で，東京地裁も知財高裁もこれを条文上明確に「訴訟」と定めていることなどから，仮処分手続への適用を否定したところ，最高裁はこれを覆し原々審に差し戻している[*167]（最判平

[*164] 法規範は訴訟手続内で構成されて定立されるに至り，事実は訴訟手続外に存在するものが認識されて認定されるに至ると考えられる。マクロ正当化における大前提の正当化は訴訟手続内で構成され，小前提の正当化は訴訟手続外の存在が認識される，と対比して理解することができるであろう。

[*165] 専用実施権侵害を含む。

[*166] つまり，仮処分手続への秘密保持命令の適用を認める制定法はなく，いわば法の欠缺といえる状態にあると考える。

Ⅰ　大前提の正当化

成21・1・27民集63巻1号271頁）。確かに，営業秘密の訴訟目的外使用や第三者への開示のおそれがある場合，事業活動への支障を危惧して十分な主張・立証活動がしにくくなるという事態は仮処分手続でも本案訴訟の場合と異なるところはなく，法があえて仮処分手続においてはこれを放置しているとは解することができないであろう。そういう意味で，仮処分手続における秘密保持命令の申立ての許容性については原理的な整合性が確保される。そのうえで，特許法においては「訴訟」という文言が本案訴訟のみならず民事保全事件を含むものとして用いられる場合もある[168]（同法54条2項・168条2項）ことを指摘して，あくまで法文の（構成的な）解釈として，105条の4第1項柱書本文の「特許権又は専用実施権の侵害に係る訴訟」に特許権又は専用実施権の侵害差止めを求める仮処分事件が該当すると判断している。仮処分手続について法の欠缺から適用すべき制定法がないため司法的な裁量により秘密保持命令の申立てを許容することにしたというのではなく，あくまで法文の解釈という枠内にとどまった上での法規範の適用という形式をとっているのである。

＊法の欠缺

　　法の欠缺とは，事件が裁判所に提起されたのに，適用すべき法規範が既存の法源，とくに制定法の中に見出せない場合を指す，法解釈学上の専門用語である，と説明されている（平野ほか・法哲学228頁）。

＊制定法を借用して判例法理で創設された訴訟

　　投票価値の平等を問題とする定数訴訟ないし選挙無効訴訟自体が，もともと，司法部において，公職選挙法204条を借用適用して，判例法理で創設されたものである，という理解もある（最判平成27・11・25民集69巻7号2035頁，千葉勝美補足意見参照）。なお，千葉補足意見は，「我が国の人口変動の動向を踏まえると，較差の速やかな是正のためには，頻繁に選挙区割りを変更する改正法の制定を繰り返すのではなく，人口の大都市への流入が続くことを前提に，人口変動に対応して，常時，較差が過大とならないよう選挙区割りがほぼ自動的に変更・修正されるようなシステムの構築が望まれるところであり，そのような較差是正システムが制定されれば，今後，衆議院議員総選挙が行われるたびに，投票価値の較差の違憲性を理由に選挙の効力を争う選

---

[167]　地裁・高裁と最高裁との間には，「法とは何か」をめぐって意見の対立があるように見える。法とは何かについて法律家の間でも同一の基準（たとえば上述の由来テストのようなもの）を共有しているとは限らないということになる。
[168]　特許法上の「訴訟」という法文が民事保全手続も含む意味で用いられている例があることを指摘している点で，あくまで法文の解釈の枠内にあることを示しているともいえる。

第7章 マクロ正当化

挙無効訴訟が提起されるという事態は，解消されることになり，そうなれば，司法部において，公職選挙法204条を借用適用して判例法理で創設した投票価値の較差を問題とする定数訴訟ないし選挙無効訴訟は，衆議院議員の選挙についてはその目的を達し，役割を終えることにもなろう。」と述べている。

　もし，人口変動に応じて自動的に定数配分を算出するシステムが構築されたとすれば（たとえばコンピュータによりマイナンバーなどをビッグデータ的に追跡し計算処理することなどができるようになるかもしれない），あえて法実証主義的な考え方とは緊張関係を有する構成的な解釈をしてまで定数是正訴訟などを認めなくともよくなるかもしれない。最高裁判所のホームページの千葉裁判官の「好きな言葉」の欄には在任時「観念論ではなく，実証的に物を見ること……」という記載があった。

　確かに，実証的な観点からは，投票価値の平等を求める選挙無効訴訟自体や，事情判決の法理なども，ごく例外的な事柄に属するものとも思われる。もっとも，本来，正面から投票価値の平等を求める手続（事後的に無効を求める訴訟手続や，是正がなされるまでの一定期間，事前に差止めが可能とする仮処分的な手続）が法定されてもよいところである。

＊商標機能論や商標的使用論，寄与率

　たとえば，商標法では，商標法の目的に照らした解釈法理として，商標機能論や商標的使用論がある（金井ほか・商標3頁・530頁）。たとえば，前者では，商標権の侵害に形式的に該当する行為であっても商標の機能（たとえば，出所表示機能や品質表示機能）が害されない場合は実質的な違法性を欠き商標権侵害が否定される，と説明される。これを認めた最高裁判決がある（最判平成15・2・27民集57巻2号125頁，フレッドペリー事件）。しかし，並行輸入の抗弁（権）について商標法に定めはない。他方，後者は，判例上蓄積されてきた商標的使用論については，平成26年改正により同法26条1項6号として明定されたと説明されている。そこで，今後は，同号にも該当しないが侵害を否定すべき場合があるかが問題になってくる（金井ほか・商標420頁注1）。その場合，同号の解釈として法理を導き出して，これを事実に適用することになるかもしれない。また，特許法では，損害論において，寄与率によって損害賠償（額）の減額が主張されることがあるが，102条各項には寄与率の定めはない。

　このように，適用すべき制定法が見当たらない場合でも，制定法や先例などと（政策的ではなく）原理的な整合性を保ちながら，構成的な解釈がなされ，それが適用されている場面は多数あるように思われる。

(3) 容易な事例

　それでは，制定法の文言のとおりに適用される場合も法文の解釈，すなわち，制定法から法規範を導く過程（BからWへ）を経ているのであろうか。先の例

I 大前提の正当化

でいえば（本案）訴訟において特許法105条の４の秘密保持命令の申立てを行うような事例である。

たとえば，制定法の文言が一義的で明確な場合（「容易な事例」）は，法規範（とくに要件・効果が明確に規定されている法準則）はそのまま適用され，一般的で抽象的な場合は，法解釈により法規範が定立されてそれが適用され，さらに，立法時には想定しておらず制定法に定めがないような事例が裁判所に持ち込まれた場合（「困難な事案」）には司法裁量により裁判がなされる，と解する[169]こともできるであろう。

あるいは，制定法は，立法技術として一般的・抽象的な形で表現せざるを得ないという（内在的）制約があり，かつ，制定時には将来を予見することに能力的な限界があり，適用範囲がはっきりしている「確実な中心部分」と，適用範囲がはっきりしていない「曖昧な周辺部分」があり，後者においては解釈が働き，さらにそれが法の欠缺にまで至れば法創造ないし司法裁量が働かざるを得ないと解することもできる。そうすると，上述の容易な事例，あるいは，確実な中心部分においては，制定法から法規範を導く過程は不要なようにも見える。しかも，多くの場合は，容易な事例，確実な中心部分に関する事例であって，制定法の定める法準則に依拠した裁判が行われていると思われる。

しかしながら，容易な事例，確実な中心部分においても，事案を解決するときには，いつも法解釈は行われている，と考えるのが相当と思われる。制定法の用いる文言が，一義的でなく，あるいは，明確ではないから（やむを得ず）「解釈」というものが行われているのではなく，たとえその文言自体は明確であっても，その制定法の適用される射程[170]を広狭調整する論拠があるからこそ，それが不明確なものとして捉えられる事態になってきているのではないかと考えられるからである。

たとえば，上述の特許法105条の４の「訴訟」という文言は，文言自体は明

---

[169] ある種の法実証主義的な見方によれば，このような見解をとることになるであろう。法（システム）が法準則の総体であるとすれば，要件・効果という形式で処理することができない（いわば要件・効果という形式の法準則の総体にも間隙や空白地帯があり，その隙間にたまたま入り込んだ「困難な事案」の）場合は，司法的な裁量で裁判がなされる（法の適用ではなく，紛争解決そのものがメインとなる）と説明せざるを得ないであろう。

[170] 視線の往復が行われているからそのような射程に気づくことになると思われる。

確であるといえる。しかし，営業秘密の訴訟目的外使用や第三者への開示のおそれがある場合に事業活動への支障を危惧して十分な主張・立証活動がしにくくなるという事態は本案訴訟でも仮処分手続でも異なるところはないはずであり，同法があえて仮処分手続においては手続保障が不十分になっても致し方ないという判断をしているとは考え難い，という論拠があるから，同条項の「訴訟」という文言が不明確なものになってくるのではないかと考える。

すなわち，容易な事例や確実な中心部分においても，それが文言のとおりの適用を許容するという範囲で，これを制約する論拠はないという解釈が行われていると考えるのである。制定法の文言のとおりでよい，という解釈がなされているのであるから，制定法から法規範を導く過程（BからWへ）を経て規範が定立されていると考えることができる[*171]。すべては解釈を経ているということになる。

II 小前提の正当化

(1) E ⇒ D

次に，もうひとつのマクロ正当化である，小前提たる事実認定がいかにして正当化されるかについて述べる。すなわち，ここでは，証拠から事実を認定する過程（E ⇒ D）について述べることとなる。もっとも，この過程にはある事実から他のある事実が推認される過程[*172]も含まれる。たとえば，間接事実から主要事実が推認される過程などである。

主要事実を直接証明する証拠を直接証拠といい（たとえば，契約の成立ないしその内容が立証の対象となった場合の当該契約書など），主要事実を間接的に証明する，すなわち間接事実・補助事実を証明するための証拠を間接証拠という。

[*171] 制定法（の文言）それ自体が法規範ではないと考えられる。制定法は法源，制定法を根拠に導き出される解釈が法規範と考えることもできるであろう。

[*172] 間接事実による要件事実の推認は，強いていえば「すべての経験的事実相互の間に存する因果関係の法則を理解し，これを具体的事実関係に適用して，既知の事実から未知の事実を推認するという方法である」とでもいうほかないとし，証拠から直接に事実を認定する方法も，厳密にはこれと同様の性質をもつものであると考えられ，ただその推認の過程が直接的であるというにすぎない，と述べられている（伊藤・事実83頁注(1)）。なお，この説のいう要件事実は具体的な事実のことを指している。

Ⅱ　小前提の正当化

　直接証拠から主要事実を証明する過程は，間接証拠から間接事実を証明する過程と同じ[*173]である。この証明の対象とされた事実の認定に証拠資料が役立つ力を証拠力（証明力・証拠価値）という。

　争点とは，法適用に意味ある主張事実の不一致である。したがって，争点となりうる事実は，主要事実，間接事実，補助事実である。争点整理の結果，争点がひとつの主要事実に絞られることもあれば，複数の主要事実が争点とされることもある。あるいは，間接事実が争点となることもあれば，補助事実が争点となることもある。それらの組み合わせもある。

　争点整理により，ある主要事実が争点とされた場合，その主要事実が証明の対象（立証命題）として選ばれたことになり，この事実の認定[*174]は証拠資料の証拠力に依存することになる。すなわち，この場合，小前提の正当化の過程（E ⇒ D）は，証拠力の問題となる。

　他方，争点整理により，ある間接事実が争点とされた場合[*175]，その間接事実が証明の対象（立証命題）として選ばれたことになり，この場合，事実認定は証拠資料の証明力のほか，当該間接事実から主要事実を推認する過程も含む。すなわち，この場合，小前提の正当化の過程（E ⇒ D）は，証拠力の働く場面と事実から事実への推認が働く場面の両方が含まれる。

　また，補助事実が争点とされた場合，補助事実は，証拠力の判断に影響を与える事実であるから，小前提の正当化の過程（E ⇒ D）は，その補助事実が直接証拠に関する補助事実であれば証拠力の，それが間接証拠に関する補助事実であれば証拠力と事実から事実への推認の，それぞれの場面を含むことになる。

　なお，事実から事実を推認する過程において，その推認に利用される事実

---

*173　間接証拠による間接事実の認定というものも，その段階（間接事実による要件事実の推認の問題を離れて，間接事実による間接事実の認定自体の段階）のみを考えると，その認定の過程は，直接証拠による要件事実の認定と，その構造を同じくするものであることに留意すべきである，と述べられている（伊藤・事実29頁参照）。なお，この説のいう要件事実は具体的な事実のことを指している。

*174　ここでは説明のために，間接事実から主要事実を推認するという過程は含まない意味で，認定という用語を使用している。そのような区別なしに，単に認定ないし事実認定と呼ばれることも多い。

*175　間接事実が争点とされた場合でも，その間接事実によって推認される（あるいは推認されない）主要事実も争いの対象となっている。ただ，その主要事実に関する主張の真偽が，ほぼ当該間接事実に関する主張の真偽にかかっているものである。

第7章 マクロ正当化

（その推認を後押しする事実や，逆にその推認を妨げる事実）も考えられるが，この事実には（証拠力に影響を与える補助事実のように）特に別個の名称はあてられておらず，これも間接事実といえる*176。また，補助事実を立証する間接証拠もある。理論的には，補助事実を推認させる事実もありうる。

　上述した主要事実，間接事実，補助事実，直接証拠，間接証拠，推認，認定の関係を図示すると，次のとおりである。

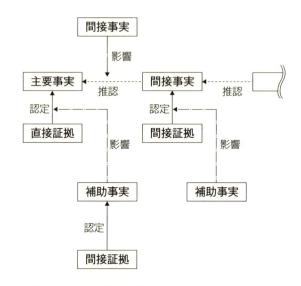

　ところで，裁判官の心証形成過程において用いられる証拠方法の種類，証拠資料の証拠力，事実から事実への推認に関して，法が法則を定めて裁判官をこれに拘束させる建前を法定証拠主義といい，法が法則を定めず裁判官の自由な判断に任せる建前を自由心証主義*177という（高橋・重点民訴下38頁）。

　したがって，小前提の正当化の過程（E⇒D）は，法定証拠主義や自由心証主義が問題になる場面ということになる。

　　＊証拠資料，証拠方法，証拠能力，証拠原因
　　　証拠資料とは証拠方法を取り調べることによって感得された内容のことをいう。証

＊176　間接事実の補助事実的機能に触れるものとして司研・事例14頁。
＊177　自由心証主義は，しばしば，証拠能力の無制限と証拠力の自由評価と要約されて説明される。民事訴訟法247条は，証拠調べの結果だけではなく，弁論の全趣旨もしん酌して，自由に心証を形成することを認めている。

Ⅱ 小前提の正当化

拠方法とは，証拠調べの対象であり，裁判官が五官の作用により取り調べることができる有形物（物だけでなく人も含む）である。証拠能力とは，ある有形物が証拠方法として用いられうる適性のことであり，証拠能力のない証拠方法は適法に取り調べることができず，事実認定の資料とすることができない。証拠原因とは，裁判官の心証形成（事実認定）の原因となった資料や情況をいう。証拠原因は証拠資料だけではなく，弁論の全趣旨も含まれる（刑訴法とは異なるところである）。

＊争点選択

　争点は双方当事者の争い方によって決まってくる。裁判所や一方当事者が，本件訴訟の争点はこれである，というように争点を選択するのではない。たとえば，原告が，本件の争点はこれだと，たとえ指定したとしても，被告が他の点を争うならば，それも争点となってくる。また，裁判所が争点ではないかと思っている点があったとしても，双方当事者がこれを争っていなければ，それは争点とはならないことになる。

(2) 法定証拠主義

わが国の民事訴訟法は自由心証主義を採用している[178]（民訴247条）。自由心証主義とは，事実の認定を，弁論に現れた一切の資料（証拠調べの結果・弁論の全趣旨）に基づいて形成される裁判官の自由な心証に委ねる建前であり，法定証拠主義に対する。

歴史的には法定証拠主義が先行しており証拠法則が定められていた，と説明されている。「証拠方法の制限」や「証拠価値（証拠力）の法定」である。証拠方法の制限とは，たとえば，契約の成立は必ず書証により証明されなければならない，などのような定めである。証拠価値の法定とは，たとえば，5人の一致した証言があれば必ずその事実を認定しなければならない，というような定めである。

これは，社会関係が比較的単純であり，かつ，裁判官職が売買の対象ともなったように裁判官の資質・能力が十分でない時代にはそれなりに合理性があっ

---

[178] 「自由心証主義とは，裁判所が判決の基礎となる事実を認定するに当たり，当該審理にあらわれた一切の資料に基づいて，裁判官が自由な判断により心証形成を行うことを承認する原則である。すなわち，裁判所は，当事者間に争いのある事実の真否を認定しなければならないが，その場合に，斟酌すべき証拠方法を限定せず，また，証拠力についても何も定めず，裁判官の自由な判断に基づいて，証拠の採否と証拠力を判断することができるというのが，自由心証主義である。」と述べられている（加藤・認定154頁以下）。自由心証主義とは，証拠方法を限定しないこと，証拠力について何も定めないことが中心的なものと解される。

第7章 マクロ正当化

たとされる。裁判の形式的な公正を維持し，裁判官の恣意的な事実認定を排することもできたであろうと思われる。裁判官の心証を客観化し，第三者が裁判官の心証形成の過程を検証することができるというメリットもあったと考える。

このような法定証拠主義が採用されている場合であれば，小前提の正当化の過程（E⇒D）も法定されていることになり，第三者による客観的なトレースもしやすいので，小前提の正当化の過程は明瞭なものになると思われる。

しかし，わが国の民事訴訟法は法定証拠主義を排除している。それは，社会経済生活が発展し複雑化するにつれて，このような数少ない形式的かつ素朴な証拠規定では，多種多様で複雑な法的紛争に的確に対応することが困難になったからであると説明される。法定証拠主義は，かえって実体的真実発見の足かせにしかならなかったとされる。同時に，近代的な裁判官制度の確立により，裁判官に対する信頼が増してきた（裁判官の資質・能力が国民の信頼を得られる水準を充たすようになった）という説明もなされる。

歴史的にはそのような説明が説得的と考えるが，法定証拠主義が排除された理由，すなわち，自由心証主義が採用されている理由は，言語化されない「何か」（非言語的なもの）も心証形成について有効な働きがあって，これも事実の認定に自由に斟酌できるようにすべきであるという判断がなされているからではないかと考える。

(3) 自由心証主義

法定証拠主義を排し自由心証主義を採用する重要な意義は，言語*[179]化されない「何か*[180]」（非言語的なもの）についても事実認定の基礎に採り入れようと

---

*[179] たとえば，翻訳可能であれば，日本語も英語もそのほかも，みな一つの言語と考えることができる。
*[180] センスデータという考え方がある。センスデータはじかに感覚によって知られるものと説明される。センスデータ（sense-data）については，バートランド・ラッセルの「The Problems of Philosophy」において定義されている。It will help us in considering these questions to have a few simple terms of which the meaning is definite and clear. Let us give the name of 'sense-data' to the things that are immediately known in sensation ; such things as colors, sounds, smells, hardnesses, roughnesses, and so on. 訳：「これらの問題を考察するにあたって，意味するところのものが明確に定義されたシンプルな用語があると，我々を助けてくれるだろう。じかに感覚によって知られる，というものに'sense-data'という名を与えよう。そのようなものとして，色，音，臭い，堅さ，ざらざら感，などがある。」

一般的に，sense-dataは，感覚与件，感覚所与などと訳されているようである。

Ⅱ 小前提の正当化

することにある*181，といいたい*182。法定証拠主義は，証拠法則が法定されているのであるから，その法則は言語化されている。言語の限界が法定証拠主義の限界である。この世界を拒否したのが自由心証主義である*183。

ところで，上述のとおり，小前提のマクロ正当化については，トゥールミンの議論図式に依拠して，DをCに代入することによって，大前提のマクロ正当化と同様に説明できるとされた（日本法哲学会編・暗黙知6頁参照）。次のとおりである。

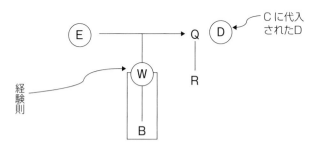

Dという事実は，Eという証拠（あるいは事実）から立証（あるいは推認）されると解することができる。EからDへの移行を支えるのがWである。自由心証主義を採用している場合，このWに相当するのが経験則ということになる*184。そして，予め述べていたとおり，経験則を支えるB（裏づけ）とは何かが問題

---

*181 言語化されているものはもちろん，言語化されていないものも含め証拠価値が自由に評価されると解したい。言語化されていないものには，いずれ将来言語化していくであろうものもあれば，言語化することがそもそも難しいものもあるであろう。
*182 「どうやら，ある発言が真実だと認識するということは，言葉として口にできる以上のことを認識することらしい」と述べられている（ポランニー・暗黙知49頁）。ポランニーは，人間の知を再考するにあたって「私たちは言葉にできるより多くのことを知ることができる」という事実からスタートさせている（ポランニー・暗黙知18頁）。
*183 民事訴訟法247条は，言語化されていないものからも心証をとることを認めたうえ，その斟酌できる範囲は，証拠調べの結果と口頭弁論の全趣旨に限定されているという点に意義があるという解釈になる。このようにして，自由心証主義は法定証拠主義を排するという消極的な説明から，言語化されていないものも心証形成の基礎にできるという積極的な説明ができるようになるように思われる。
*184 「Dの正当化プロセスも，DをトゥールミンS図式におけるCに代入することによって『大前提』のマクロ正当化と同様に説明しうる。この事実認定プロセスにおいてWに相当するのが経験則であり，経験則もまた例外を許容する蓋然的な法則であるから，やはり一種の阻却可能なルールとして捉えることができる」と述べられている（日本法哲学会・暗黙知6頁）。なお，証拠法則が法定されている場合にあてはまるときは，Wに相当するのは，当該証拠法則ということになる。

第7章　マクロ正当化

になる（日本法哲学会編・暗黙知153頁参照）。

現行法上も法定証拠法則はある*185。たとえば，口頭弁論の方式に関する規定の遵守は調書によってのみ証明することができる，と定められている（民訴160条3項）。そのほか，疎明のための証拠方法は即時に取り調べることができるものに限られ（民訴188条)，少額訴訟についても同様の定めがある（民訴371条）。これらは証拠方法を制限するものである。

また，経験則の法定として文書の真正の成立についての推定規定（民訴228条2項・4項・5項）が掲げられている。もっとも，これは推定を覆すことができるものであり，自由心証主義を完全に排除するものではないと説明される（加藤・認定157頁）。

こうして，証拠法則について法律に定めがある場合，当該証拠法則がWで，それを支える裏づけ（B）は制定法であるといえる。

では，証拠法則が法定されていない場合*186はどうか。この場合，裏づけ（B）はない，というほかない。むしろ，当該事実認定に用いられる経験則についてあえて裏づけを求めないという選択をしたのが，自由心証主義の内実であると考えられる。すなわち，小前提の正当化の過程のうち，証拠法則のない場合の事実認定において，代入後のトゥールミンの議論図式における裏づけ（B）は欠けることになるのである。そして，それはあえて欠けさせた結果のものな

---

*185　その意味で，自由心証主義は，一切の法定証拠法則を排除するというものではなく，例外を認める。現行民事訴訟法が採用する自由心証主義は，法定証拠法則とそれ以外のものとの，いわばハイブリッド・システムともいえる。自由心証主義は大原則であるが例外もある（高橋・重点民訴下39頁参照）。

*186　証拠法則が法定されているものではないが，解釈上，証拠法則として認められているものもある。違法収集証拠に証拠能力が否定されるのは，解釈上の証拠法則といえる。この場合の裏づけ（B）は民事訴訟手続の公正さの要請と考えられる。違法収集証拠が証拠として用いられることになれば違法な行為を助長・誘発させかねないからである。

　また，反対尋問を経ていない供述・証言については，特に反対尋問を経ないことについてやむを得ない事情がない限り証拠能力は否定される。これも解釈上の証拠法則といえる。

　反対尋問を経ていない人物の陳述書の証拠能力は事実として肯定されてきているが，結論としては疑わしいのではないかと考える。証拠力が減殺されるだけにとどめておくことが果たしてふさわしい民事訴訟法の解釈・運営なのか疑問を感じる場面はある。

　そのほか判例（法理）により証拠法則が確立されていると説明されるものがある（加藤・認定157〜158頁参照）。

　法定されていない証拠法則として，解釈上の証拠法則や判例法理による証拠法則が挙げられる。これらの場合の裏づけ（B）は，解釈の対象となるたとえば民事訴訟制度の公正さであったり，判例法理であったりする。

II 小前提の正当化

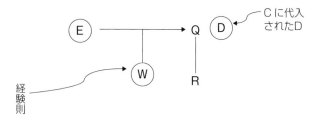

のである。

ここにおいてトゥールミンの図式の意義はWに当たる経験則が，Rという例外を許容するものであるという点にある。経験則には例外[187]がある。

*非言語的な何か

訴訟代理人として実務に携わってきた者であれば，証人（本人）尋問の際，はじめて相手方の証人（本人）と顔を合わせ，その立ち居振る舞いや受け答えの様子などから，自然に質問の仕方を工夫するという経験をしたことがあると思われる。それは，おそらく裁判官も同様と考える。この経験のイメージは，言語化されていない経験，概念化されていない経験，非概念的な経験といってもよいかもしれない。

*文書の真正の成立についての推定規定

これは自由心証主義の例外をなすもので法定証拠法則と呼ばれる（伊藤・民訴333頁）。たとえば，民事訴訟法228条4項では「私文書は，本人又はその代理人の署名又は押印があるときは，真正に成立したものと推定する」と定め，推定という用語が使用されているが，法律上の推定とは異なる。第1に推定される事実が，実体法の法律要件事実ではないこと，第2に推定事実についての証明責任，及びその転換を考える余地がなく，相手方は推定を覆すために本証の必要がなく反証で足りること，である。もっとも，争いがあり，真の法律上の事実推定とする説や，証明度と解明度が低く設定されていると説明する説がある（高橋・重点民訴下136頁注143の第3段落参照）。

なお，民事訴訟法228条4項は印影があるだけでも真正を推定するが，本人の意思による押印行為が必要とされるべきである。つまり「私文書は，本人又はその代理人が署名又は押印をしたものであるときは，真正に成立したものと推定する」と定めるほうがよいと考える。署名はともかく，単に押印（印影）があるということだけでは，本人がその意思で押したとまでは判断できないのではないかと思われる。他人が承諾なく押したかもしれないからである（高橋・重点民訴下130頁参照）。

---

[187] たとえば，自然科学法則として必然的で確実なものに見える「太陽は西に沈む」という経験則にも，極地方では白夜（太陽は沈まない）という例外がある。

第7章　マクロ正当化

(4)　経験則の体系？

経験則は推論根拠たる W に相当する。経験則とは，経験から帰納される事物に関する知識や法則であり，事実認定において論理則と同じような役割を果たすからである。経験則は一般常識的なものから高度に専門科学的なものまで幅広くかつ多様である。その内在する蓋然性にも強弱（高低）*188（加藤・認定186頁参照）があり，かつ，例外も随伴する。

これらの経験則を体系化しようという試みがある。基本命題を提示し，そのうえで，それから導かれる具体的な派生命題を整理して，体系的な位置づけを試みようとするものである*189（加藤・認定216頁参照）。もし，このような経験則の体系が完成すれば，それは推論根拠を支える裏づけ（B）になりうるであろう。

しかしながら，まず，この経験則の体系は，言語化されていないものを取り扱うことができない。自由心証主義が言語化されていないものも事実認定に採り入れるという趣旨を含むものであれば，経験則の体系は常に不満足*190な内容のものに終わるであろう（日本法哲学会編・暗黙知159頁参照）。

次に，経験則は，経験から帰納して得られることから，上述のとおり，その内容は幅が広く，多様で，その蓋然性に強弱（高低）もあり，かつ，例外を随伴する。そのため体系化にはなじみにくいといえる。蓋然性の強弱と各例外とが交錯*191するからである。

たとえば，経験則として，①人の財産的行為は原則として経済的利益を追求するものである，②人の財産的行為は原則として自己防衛的なものである，③財産的行為においても特別の事情のある場合には，人は経済的利益の追求や自

---

*188　①必然性的で確実なもの，②高度の蓋然性があるもの，③相当の蓋然性があるもの，④社会事象として可能性がある程度のもの，などに分けて説明されている。

*189　「経験則の体系化は，事実認定過程を明晰にする方向に導くものであり，裁判官の事実認定において，弁護士の証明活動において，定型的事象経過の何たるかを自覚的に反芻させるという意味で，有用である。」とされる。

*190　「命題化された経験則は不満足なものにしかならない」「非言語的なデータを使って推論する場合，言語化することは難しい」（嶋津会員による加藤コメントへの応答）

*191　たとえば，蓋然性の弱い（低い）事柄についての例外とはどのようなものだろうかと考えてみると，体系化の難しさに気づくことができると思われる。たとえば，「確率の低い事象の例外」とは，その確率の低い事象の反対の事象の確率がむしろ高いということと意味が裏腹であり，また，確率がフィフティフィフティに接近している場合（たとえば，55％：45％など），原則と例外との区別自体が曖昧になるであろう。

Ⅱ　小前提の正当化

己防衛的であることをやめる，というものが基本命題として提示されている。このような基本命題である①や②も「原則として」と記され，その例外を認めつつ，さらに③で特別な事情によって①と②の原則自体を覆すという構造になっている（加藤・認定211頁参照）。

このように体系化を試みようとしても，ほぼ常に例外や特別の事情が随伴し，かつ，その蓋然性にもそれぞれ強弱（高低）があることになる。ここからさらに派生的な命題を整理していこうとすれば，ほぼ事案ごとにきめ細かな対応をすることと同じことになりうる。それは体系化とは反対の方向性（ベクトル）を有している。労多くして功少ないという結果に陥るおそれがある＊192（土屋・裁判過程120頁）。

次に，経験則が命題化されると，「日本刀で髭を剃る」ようにやるべき仕事に対して大きすぎる一般化が行われるおそれがある＊193（日本法哲学会編・暗黙知159頁参照）。確かに，卸業者による当該転売行為が利益を得る目的であったかどうかについて，人の財産的行為は原則として経済的利益を追求するものであり，その例外に当たるような事情は認められず，かつ，人の財産的行為は経済的利益を追求するものであるとの原則自体を覆す特別な事情もない，という体系化された経験則の一部を用いて，当該卸業者には転売利益の獲得目的があったと認定するのは，不必要に大げさな（一般化された）経験則が用いられているように思われる＊194（ラッセル・哲学99頁参照）。

次に，経験則の体系のマニュアル化は，かえって法定証拠主義を排すること

＊192　経験則の体系化あるいは類型化の試みについて「社会経済生活における蓋然性に基づく仮定的法則は，ほとんど無限であり，ある程度の類型化にとどまるのではなかろうか。いずれにしても，経験則を抽出する場合にも，それは具体的事案と無関係ではありえないし，類型化された経験則自体もそれが独り歩きをしないように，限界を意識して用いることが重要なのではなかろうか」と述べられている。
＊193　嶋津会員による田中コメントへの応答参照。
＊194　端的に卸売業者（による日常的な取引のひとつ）であったというだけで足りるであろう。「すべての人は死ぬ。ソクラテスは人である。それゆえソクラテスは死ぬ。」という例のように，わざわざ「すべての人は死ぬ。」を経た上で，おそらくソクラテスは死ぬと推論することは，不必要な寄り道をしており，いかにも大袈裟である。もっと身近な人々の死を知り，そのことから，直接，ソクラテスについて論を進めるほうが，「すべての人は死ぬ」という一般命題に寄り道するより，むしろ確からしいであろう。より確実な結論として「ソクラテスは死ぬ」を手にするには，わざわざ「すべての人は死ぬ」を経由してから演繹するよりは，単純に帰納的に論じたほうがよいと思われる。ここにア・プリオリに知られる一般命題と経験的一般化との違いを見てとることができる。

第7章 マクロ正当化

とした事情（実体的真実発見への足かせなどの立法事実）を再現させる[195]おそれがある[196]。

　現実（の世界ないしリアルというもの）は，自然科学的な事実を含め，言語[197]によって語り出された概念的世界から少しずつはみ出していく。仮に，体系化された経験則に反する事態が起きるようになれば，その体系を維持するため部分的な修正を施すことになるであろう。それは，いわばパラダイム・シフトが起きていることを見逃すことにつながるであろう。たとえば，高精度の検査技術が開発されると，従来の低い精度の検査ではもはや証明力がないというところまで経験則が反転するであろう（たとえばDNA鑑定の精度など）。また，想定外とされた事情がむしろ想定すべき事情として考慮されるようになり，特段の事情とされていたものが原則的なものに含まれるようになることもあるであろう（たとえば地震を原因として惹起された原子力発電の炉心溶融は，事故前には想定外のものであっても，事故後は想定内のものとなっているなど）。

　経験則を身につけていくことは，言語実践に似ている。たとえば，子供が「鳥」という語の使い方を習い，典型的な鳥とは何かを例示され，あるいは，直感的に「鳥」という言葉の使い方を身につけていく。そうすると，初めて見る鳥を見ても，それを鳥だということができるようになる。しかし，ダチョウを見たときそれを鳥だといえるかどうか迷いが生じるだろう。ペンギンもそうかもしれない。そういう例外的なものに出会い，少しずつ用語の使い方を修正し身につけていく。言葉を覚え始めた子供は何度も迷いや誤解に直面するであろう。しかし，一人前の大人になれば，もうたまにしか言葉遣いの評価を受け

---

[195] たとえば，若手の裁判官によるそのようなおそれ（加藤・認定212頁は「悪しきマニュアル的に使われ」るおそれを指摘している）だけでなく，民事裁判制度の利用者である当事者にとっても，ネット上にアップされた説明を自己の体験したケースにも当てはまると思い込み，頑に譲歩を拒否する（ネットでは同じ情況で○○という事実が認められたとされているので，この件でも○○という事実が認められるはずだという態度をとるなど）という同様の問題が起きてくることを指摘できる。

[196] 社会経験の乏しい若手裁判官による事実認定に対し不安を感じる声があることは承知している。したがって，そのような若手にとってみれば経験則の体系は有用であるという見方も可能である。ただ，そのような若手にこそ経験則の体系が悪しきマニュアル化する危険性が高まるということもまた経験則ではないかと思われる。底辺を引き上げるためのマニュアルが発展の足かせになる例は他にも指摘できる。

[197] ここでは，翻訳可能であれば，日本語であろうと，英語であろうと，それ以外であろうと，ひとつの言語と考えることにする。

Ⅱ 小前提の正当化

ることはなくなるだろう。経験則もそのようなところがあると考える。不動産の取引をする際は取引の相手や物件自体をよく調査して決めるはずであるという経験則は，不動産取引をする際は不用意に調査して権利の瑕疵につき悪意になることを避けるであろうという経験則によって修正を迫られる。後者の経験則を身につけることによって，作出された善意に気づくことができるであろう。

進むべき方向は経験則の例外に関する事例研究[*198]ではないかと思われる。経験則の例外と思われるケースに着目することによってみずからが有する経験則を試し，修正する機会が得られる。経験則違反に関する判例などが好例と思われる[*199]。

> **＊端的に無視された可能性という想定外**
>
> 論理的にはありうることであるが，普段の日常生活（行為空間）の中で，端的に無視されていた可能性が，ある出来事をきっかけとして，改めて日常生活（行為空間）内に取り入れられるようになることがありうる。メルトダウンの危険などほとんどありえないと説かれ，端的にその可能性を日常（の行為空間）から排除していたところ，実際に事故が起きてみると，改めて，その危険性を日常的に考慮しながら行動するようになるであろう。そして，その後，しばらく事故が起きなければ，これを再び行為空間から排除することになったり，あるいは，あえてこれを排除しようとする動きが起きてくるかもしれない。

> **＊作出された善意という経験則**
>
> 例えば，ゼネコンが関与するような大型建築工事などにおいて，下請会社のある調査データの提出が若干早いような気がしても，そのことに疑問を抱いて詳しく調査しデータの流用の事実が明らかになるより，工期を守って建物を完成させるほうが優先事項であり，必ず不具合が出るとも限らず，その後，何かのきっかけで事実が明るみに出ても，その当時は気づかなかったという態度をとることもでき，そういうことを計算に入れて行動することもありうる，というそのような経験則もある。

＊198 経験則に合致している事例であれば，特に研究するまでもなく普段から使っている経験則をそのまま使えばよい。そうではなくて，普段使っている経験則が使いにくい場合を多く知ることによって，自己の有している経験則の内容やその限界が試されることになる。裁判官も，訴訟代理人弁護士も，当事者も，同じ社会に属して生活しているので，通常有している経験則にそれほどの差はないはずである。そこで，あえて，そうではない例外的な事例に着目することによって，普段，それほど自覚的に意識していない経験則を改めて見直し，かつ，その限界（適用できない領域との限界線）を意識するのに役立つと思われる。

＊199 最判平成11・3・23判タ1003号158頁（医療），最判平成16・2・26判タ1147号157頁（公正証書），最判平成17・1・17判タ1174号248頁（脱税意図），最判平成18・1・27判タ1230号88頁（医療），最判平成18・11・14判タ1230号88頁（採証法則違反），最判平成22・7・16判タ1333号111頁（借地借家書面交付）など

第7章　マクロ正当化

　そのほか，廃棄食品の問題も挙げられるであろう。以前，冷凍カツが横流しされ弁当として販売されたという報道があった。これについては「卸に出どころは聞かない」という暗黙のルールがある，という経験則が，あえて規格外品という形をとった廃棄食品が流通する土壌を形成していることを推認させ，買い取り側は規格外品なので安いと思ったという言い訳を用意しながら行動する。規格外品という名目で廃棄食品が紛れ込むことがあり，あえてそこを聞かないで取引をすることがある，という経験則が成り立つ。

(5)　言語化されない経験則

　自由心証主義のもとでは「言語化されない何か」も事実認定に役立たせることができる。「言語化されない何か」とは，その時点ではまだ明確に言語化まではされていないものの，いずれ時を経て言語化されるであろう「何か」のほか，おそらく言語化は困難であろう「何か」も含まれる。

　たとえば，公害問題や薬剤問題では，被害が起きたばかりのころは，そのメカニズムまでは解明されていなかったとしても因果関係などの判断は必要になるであろう。これはいずれ言語化されるであろう「何か」を事実認定に利用しているといえる。

　他方，顔の認知，より一般的にパタン認識と呼ばれるものは，おそらく言語化するのは困難であろう「何か」のひとつである。目や鼻や口などの諸要素を感知し，それに依拠しながら，目鼻立ち等の意味の合計，すなわち人相に注目する。顔の諸部分を個別にはっきりと言えなくても，人相は認識できている。たとえば，知人の昔の写真を見せられたとき，その諸部分は現在とはかなり異なっているはずであるのに，それをその知人の写真であると認識することができる。しかし，なぜ，その人の写真とわかるのか，という質問に言葉で答えるのは難しい（日本法哲学会編・暗黙知75頁）。言語的に説明することは困難であるにもかかわらず，実践的には苦もなく実行されていることも多い。人は，そのような経験則を対象として命題化しないまま使うことができるし，実際に使っている（日本法哲学会編・暗黙知79頁）。われわれは語ることができる以上のことを知りうるのである。

　一般論として，人は自分の体験した生活事態をそのまま個別的具体的な知識として蓄えるのではなく，何らかの一般化・抽象化をするなどして，それなり

Ⅱ　小前提の正当化

に統合された形の知識として捉え蓄えている。その統合的な認識の枠組みないし単位のことをスキーマ（schema）と呼びたい[*200]。このようなスキーマも非言語的なまま事実認定に役立たせることができる，ということも，自由心証主義は包含していると考える。

　言語化が困難な例を言語をもって説明するのもパラドキシカルであるが，たとえば，ある建築紛争において，当該建造物の設計図には記載されていなかった手洗い設備についてそれが未施工なものかどうかが争われたとする。設計図に記載のない工事をもって未施工（契約上予定された工程は終了しているが施工漏れがある）であると主張するのも法的根拠がなさそうに思われるが，その建造物の用途が医療施設であった場合，その実績のある請負会社であれば手洗い設備の位置によっては保健所の許可がおりないことを知っており，したがって，もともとふさわしい位置に手洗い施設がついていることも当該請負契約の内容に含まれ，そのような合意がなされていたという事実認定がなされることになるであろう。この建築紛争では，建造物の用途という観点から統合的な認識（スキーマ）が生まれており，欠けた要素を埋めている[*201]ことになる。

　設計図に記載されていない事項，その意味で契約書に記載されていない事項まで，契約上，合意に含まれていたと認定されるというのは意外に思うかもしれない。しかし，その契約が，その時期，その当事者間で，その内容で締結されたという趣旨から，契約書には明記されていなかった事項も合意されていたと認定されることは十分ありうることである。言語によって語られた内容（契約文言等）は語られない事態（たとえばスキーマなど）によって支えられているのである。

　[*200]　スキーマに触れる元裁判官によるものとして土屋・裁判過程105頁参照。同頁の注10)には山本・民法236頁が引用されている。次のとおりである。「事実認定においては図式が決定的な意味を持つ。つまり，図式を通じて『事実』はある形，ある方向に切り取られることになる。図式はどの『事実』に注意を向け，それをどのように解釈するのかについての制約要因となるだけでなく，それがプロトタイプとしてあらわれるときには『事実』を補ってしまうことすらあるのである。」
　[*201]　この事例の場合，理由中の判断として，建造物の用途が何であったのかを述べる必要はある。しかし，それを超えて，なぜ，そこから設計図面にも記載のなかった施設を設置するということまで契約の内容であったと認定できるのか，これを言語的に表現するのは難しいところがあるかもしれない。あるいは，そのような表現をしないままその趣旨が通じるような判決理由になっているのかもしれない。

第7章　マクロ正当化

＊言語化されていない「何か」（将来言語化可能性あり）

　　経口摂取も可能な物質を配合した石けんがアレルギーを発症させたという事件があったとして，そのメカニズムまでは解明されていなくとも（言語化されていなくとも），同時期に同様のアレルギーを発症した患者の多くが当該石けんを使用していたとすれば因果関係を認めるのに障害はほとんどないであろう。その後，研究が進み，免疫系は消化管より吸収されるものには反応しにくく，皮膚より吸収される抗原は除去する方向に働きやすい，というメカニズムが判明したとする。洗顔などで肌（皮膚）から吸収された物質について，免疫はこれを敵とみなして攻撃するので，同じ物質を食したときも，同様に免疫系が活動的になり，アレルギーを発症させるおそれがある，ということになる。当該石けんには経口摂取される物質が含まれており，それを皮膚から吸収したことで，経口摂取したときにも免疫系が反応したという一歩進んだ（言語による）説明が可能になる。

　　もっとも，もし，そうであったとすると，食べることによって免疫系を抑えることができる，という説明も可能になる。ここには経験則の反転を帰結する契機がある。通常（現時点では）アレルギーのあるものは食しないようにとされているからである。

　　実際，the NEW ENGLAND JOURNAL of MEDICINE には，Randomized Trial Peanut Consumption in Infants at Risk for Peanut Allergy という研究がある。
　　http://www.nejm.org/doi/full/10.1056/NEJMoa1414850

　　同研究では，ピーナッツアレルギーのリスクのある子供が，早期にピーナッツを摂取することによって，ピーナッツアレルギーの発症頻度が有意に低下し，ピーナッツに対する免疫反応が調整されたという結論が導かれている。

　　このように自由心証主義のもとでは（経験則の反転可能性も含め）言語化されない何かもスムーズに事実認定に利用することができることになる。

(6)　真と偽

　民事訴訟の判決は，事実に法を適用してなされる。法適用の前提として，事実が認定される。事実は当事者[202]によって主張される。

　当事者の主張する事実は真か偽かのいずれかである。たとえ，審理のうえ最終的には真偽不明に陥ってしまったとしても，当該主張事実自体は真か偽かのいずれかのはずである。たとえば「原告と被告とは平成27年12月9日売買契約を締結した」という立証命題があったとすれば，それは両者が同日売買契約を締結したか（真），又は，しなかったか（偽）のどちらかである。それが訴

＊202　民事訴訟では，判決の名宛人のことを当事者という。通常，原告又は被告のことである。

Ⅱ 小前提の正当化

訟上立証されるかどうかとは一応別個の問題である。現に，日常，事実であるのに後に立証することは難しいであろう出来事に出くわすことも多い[*203]。このように，本来，立証の成否と主張事実の真偽とは区別されるべきものである[*204]（日本法哲学会編・暗黙知72頁参照）。立証に失敗しても主張事実が真であることはあり，その反対もあるのである。

真偽は事実主張の性質である。事実が主張されなければそもそも偽はない。真が偽と相関的であるという意味において事実が主張されなければ真もまた存しえない。（言語的な表現がなされない）物質だけからなる現実世界を想像してみれば，偽は，そこに居場所がないことがわかる。主張は言語を用いてなされるが，言語がなければ嘘をつくこともできないであろう。物自体の世界（があったとしてそこ）に真偽はないのである。

真偽は事実主張の性質であるが，真偽は事実主張そのものの外にある何かに依存している。真偽は事実主張とそれ以外のものとの関係に依存するが，事実主張がそれ自体として有する性質には依存しない。ここから，真偽は，事実の主張と実際の事実との間の何らかの形式における対応関係から成り立っている，という結論を導くことができる。

> *判決書に明記される争点
>
> 争点は，判決書に明記される。たとえば遺言無効確認訴訟においては，争点として「被相続人の遺言能力の有無」などと記される[*205]。原告は遺言能力を欠いていたという事実を主張し，被告は原告の主張を否認して遺言能力を有していたという理由を

[*203] 渋滞で停車していた自動車に接触して倒れそうになりながらそのまま走り抜けていく単車を目撃したことがあるが，おそらく後に接触の事実を立証するのは難しいだろう，と思ったことがある。この場合，その単車がその自動車に接触した，という主張事実は，接触したか，又は，しなかったのどちらかであるといえる。

[*204] 「裁判を純粋なゲームと考えることは事実の描写としても誤っている。まず，訴訟の当事者（刑事事件の被告人，民事事件の当事者たち）は普通，立証（刑事事件では検察官による立証の阻止）に成功しようが失敗しようが，事実を知っている。これを無視して立証の成否の問題と認定の真偽の問題をあえて混同する立場（ごく大まかにいえば，実証主義とはこのような立場である）は，この点で困難に直面するとともに，訴訟の手続を訴訟外の世界と完全に切り離す点で，不健全な立論となる。認定の外にある事実を想定しないと，結局のところ，その認定の真偽は問題にできない。これでは，目の前の証人が，本当のことを言っているのだろうか，それともウソだろうか……と思いを巡らせながら精神を集中して証言を聴く，という，裁判官が法廷で毎日行っていることも，無意味となってしまうのである。」と述べられている。

第7章　マクロ正当化

主張する*206。

　また，たとえば特許権侵害差止請求訴訟であれば，争点は判決書に「構成要件Cの充足性（被告製品は○○を含有するか）」（請求原因の一部），「本件特許は特許無効審判により無効にされるべきものか」（抗弁）などと記される。原告は被告製品に含まれる□□は本件特許発明の○○であるという事実を主張し，被告はこれを否認して被告製品の□□は○○には当たらないという理由を主張する*207。そして，被告はある公報に本件特許発明の構成要件がすべて開示されているという事実を主張し，原告はこれを否認して当該公報には○○についての開示はないという理由を主張する。

(7) 真実説と合理説

　事実認定の過程について次のように述べる考え方がある（西野・裁判126〜127頁）。「裁判過程としての事実認定の性質については，理念上二通りの見解を区別できると思われる。即ち，その一は，事実認定を訴訟外の客観的真実を発見し，又は発見しようとする過程と考え，従って真実に反する認定は過誤，誤判*208であるという立場（実体的真実説，真実説と呼ぶことができようが，以下では仮に『真実説』ということにする。）である。……（中略）……その二は，認定事実が真実であるかどうかということは度外視して，提出された証拠のうちで，確かな根拠を欠いたり，前後矛盾があったり，明白な事実に反するなど信用できない証拠を全部排斥し，信用できる証拠にはそれぞれの証拠力に応じた評価を加えた上で，これらの証拠の内容と当事者間に争いのない事実の全部を無理なく説明でき『こうとしか解されない』という合理的なストーリー*209（又は仮説。これは裁判官の主観的確信であっても，客観的な蓋然性であっても差し支えない。）を再構成する過

---

*205　判決書に記載される「争点」という段落には，いわば争点の見出し，主要事実レベルの概括的なものが記載されるのが通例である。そして，その争点に対する「当事者の主張」という段落において，主要事実のほか，判断の分かれ目となる重要な間接事実が明らかにされることが予定されている（判タ1405号10頁）。
*206　民事訴訟規則79条3項は，相手方の主張する事実を否認する場合には，その理由を記載しなければならない，と定める。これは，規則に基づく義務であるが，法律レベル，すなわち民事訴訟法で定められてもおかしくない条項ではないかと考える。
*207　特許法104条の2は，特許権者が，侵害行為を組成したものと主張する物又は方法の具体的態様を否認するときは，相手方は，自己の行為の具体的態様を明らかにしなければならない，と定める。これは法律が要求する義務である。
*208　ここではあるべき認定ではなかったというだけの意味であって非難の含みはない。
*209　これは事実認定のあり方についていわれることのある「物語式認定」とは全く無関係である，とされる。

Ⅱ 小前提の正当化

程であるとする立場（合理的認識説，又は合理説と呼ぶことができようが，以下では仮に『合理説』ということにする。）である。」

このように，ここでは明確に真実説と合理説が対比されている。民事裁判において，真実説は訴訟外の客観的事実との対応関係を，合理説は証拠調べの結果及び弁論の全趣旨内での合理的な整合性を事実認定の性質として捉えているものと解される。合理説は，採証の判断，経験則の適用，論理の構成が合理的であるかどうかで判断するのであるから，そこで認定された事実が客観的にも存在したかどうかは問題ではなくなる。たとえば，自由心証の範囲内で2つのそれぞれ合理的な，しかし両立はしない認定が成り立つとき，合理説によれば，いずれも認定として誤りではないことになる。

この合理説によれば，排中律が使えなくなると思われる[*210]。排中律すなわち「A∨￢A」は，「〈A〉が真であるか，又は〈Aではない〉が真である」という意味である。たとえば，AさんとBさんは当該契約を締結したか，又は，しなかったかのどちらかである，と考えられる。排中律は，Aが真であるかどうかは知らなくとも「〈A〉が真であるか，又は〈Aではない〉が真である」ということまでは確定している，という考え方[*211]である（野矢・論理学164頁）。

排中律が成り立っていることを前提とすれば，当該契約を締結していなかったと仮定して矛盾が出ること[*212]を示せば，そこから契約の締結という事実を導くことができる。合理説によれば，契約を締結したか，又は，しなかったかは，いずれも認定として誤りではない，という可能性を認めるので，この否定除去型の背理法（「￢Aを仮定して矛盾が出る，それゆえA」という論理）が使用できなくなると思われる[*213]。

[*210] 代理人として立証活動を行う弁護士の立場からみると，排中律が奪われるのは困ると思われる。

[*211] 世界の在り方はわれわれの認識とは独立であるという考え方であり，実在論的態度といえる。

[*212] たとえば，捺印のある契約書は存在しないものの，請求書を受け取り，支払の準備（借入れ）を済ませ，目的物の引渡場所や段取りを指示するメールを送っていることなどの事実があると，契約はまだ締結には至っていなかったという仮定では矛盾なくこれらの事実を説明することは難しくなるであろう。

[*213] なお，否定導入型の背理法は使用可能と考える。すなわち，合理説のもとでも，「Aを仮定して矛盾がでる，それゆえ￢A」は使えると考える。

第7章 マクロ正当化

(8) 排中律と条件関係の公式

　排中律を失うと事実認定において法的な因果関係（論）における条件関係の公式（『あれ』なければ『これ』なし／conditio sine qua non）を利用することが困難になるであろう。たとえば、Aという事象の後にBという事象が起きたとして、それらが原因と結果の関係にあるかどうか、すなわち、事象Aと事象Bとの間に事実的因果関係があるかないかを判断する際、まず条件関係の有無がテストされる。

　この条件関係の公式は、事象Aと事象Bとの間には事実的因果関係があるか、又は、ないかのどちらかである、ということを前提にしている。というのは、ここでは「条件関係がないと仮定すると、事象Aがなくとも事象Bが起きたことになるが、その結論はおかしい、だから、事象Aと事象Bとの間には事実的因果関係がある」という推論がなされているからである。これは、否定除去型の背理法（「¬Aを仮定して矛盾が出る、それゆえA」という論理）のパターンである。

　事実的因果関係があるかないかのどちらかであるという考え方が成り立たないとすれば、条件関係がないと仮定して矛盾が生じることを証明しても、事実的因果関係があるということを証明したことにはならない。そこで、事実的因果関係があるということを積極的に立証するしかないが、条件関係の公式を使わずにそれを立証するのは困難であろう。

　わが国の民事裁判において損害賠償請求がなされることは多く、もし、条件関係の公式が使えなくなれば、その影響が及ぶ範囲は広範囲に及ぶことになると思われる。たとえば、民法709条は「故意又は過失によって他人の権利又は法律上保護される利益を侵害した者は、これによって生じた損害を賠償する責任を負う。」と定め、行為と侵害との間の「よって」と、侵害と損害との間の「よって」と、ふたつの因果関係をその損害賠償請求権の発生の法律要件としている。この「よって」が法的な因果関係の要件を定めるものであり、この因果関係の有無の判断には条件関係の公式が使われる。そのほか、債務不履行について民法は「債務者がその債務の本旨に従った履行をしないときは、債権者は、これによって生じた損害の賠償を請求することができる」（民415条前段）と定め、債務不履行と発生した損害との間に「よって」という因果関係を要件と

Ⅱ　小前提の正当化

して要求している。不当利得返還請求権の発生についても利得と損失との間に因果関係の存在を求めている（民703条）。特許法102条や商標法38条，著作権法114条なども損害の額の推定等を定める条文において「により」という因果関係の要件を定めている。このように因果関係を法律要件として要求する条項は多数ある[214]。

(9)　訴訟手続の内と外

　民事訴訟における主張の真偽は事実との対応関係からなる。主張には，真とその反対の偽があり，真偽は主張の性質ながらも，それは主張とその外部のものとの関係に依存する。主張は，それに対応する事実が存在するなら真であり，それがなければ偽である。

　訴訟手続を訴訟外の現実世界と切り離し，事実は裁判の中で構成されるものと解するのであれば，本物の裁判と緻密に用意された模擬裁判との区別はつかなくなるであろう。これでは，あたかも，人生は一続きの長い夢であり，外界は夢と同程度の実在性（リアリティ）しかもたない，といわれているようなものである。つまり，我々は生まれながらにして決して覚めることのない夢を見ているという仮説が，たとえ知られている事実と矛盾しないとしても，我々の認識とは独立に現実の世界があるということを受け容れる態度[215]こそ裁判過程の理解に資するものと考える。

　事実は裁判で構成されるものとする反実在論的態度と，上述の実在論的態度との間の明確な相違点が排中律にほかならない。おそらく，事実は裁判で構成される（存在するとは構成されること）という考え方は，従来の実在論的な考え方を否定し，あらためて一から出直しを迫るものになるであろう。主張の真偽と立証の成否を同一視するならば，真偽不明への対処の仕方としての証明責任論についても一から構築し直さなければならなくなるものと思われる。

---

　[214]　不正競争防止法4条もそうである。
　[215]　いわゆる実在論的態度といえる。

第 8 章

発見の過程

I　オーバーラップする視線の往復

　裁判過程は，上述のとおり，正当化の過程と発見の過程とを区別するのが相当である。
　この点，正当化の過程を批判的にみる考え方がある。判決内容に決定的な影響を与えるのは，裁判官の勘・パーソナリティ・信条・社会経済的状況などであり，判決三段論法（正当化の過程）は，むしろ，それらを隠蔽する機能を果たしているという批判[216]である。
　しかし，それは，正当化の過程を不当に軽視しているように思われる。正当化の過程は，大前提として（主に）制定法から解釈される法規範の定立，小前提として弁論主義や自由心証主義が妥当する審理手続における証拠に基づく事実認定，そして，この大前提と小前提から結論が導かれるという法的三段論法により構成されている。正当化の過程はこのように制度的な限定を受けており，裁判官のパーソナリティ等による影響は制限されている。そもそも，判決形成に至る動機（心理的な過程）がそのまま判決の正当化の理由となることなどは制度的に認められていない。おそらく社会的にも判決に対しそのような正当化を

---

*216　もっとも，そのような批判が全面的に間違っているとも思えない，というのが正直なところである。事件の複雑さ困難さが担当裁判官のスキルを上回るような場合，判決理由が主文を実質的に基礎づけられておらず形式的な文字列の組み合わせにしか見えない，ということはありうる話と思われる。また，最判昭和51・4・14の天野武一裁判官の反対意見は「いま，私は，現に定着しているかにみられる同種の判例の積み重ねの中で，独りこれに逆らうごとき立場をとることについて，われながら内心の抵抗を覚えざるを得ない。」と述べ，自身の内心と積み重ねられてきた判例との間の葛藤を吐露している。もし，反対意見を述べる機会がなければ，この内心の事実は表に出なかったであろう。

第8章 発見の過程

求めてはいないであろう。

　他方，発見の過程と正当化の過程を区別し，発見の過程を「ある結論にいかにして達したのか」という心理的なプロセスとのみ捉え，正当化の過程を中心に据えて発見の過程を排除（軽視）するのも，おそらく妥当ではない[*217]（田中・法理学547頁）。発見の過程と正当化の過程を分けて考えるのは，発見の過程を切り捨てるためではない。マクロ正当化の過程で起きる視線の往復は，大前提と小前提の間を行ったり来たりする思考であり，その内実はアブダクションとインダクションの繰り返しと考えられるが，同時にそれは，発見の過程における視線の往復の影響を受けていると考えられるからである[*218]（田中・法理学547頁）。

　発見の過程における視線の往復は，マクロ正当化における視線の往復とオーバーラップしている。発見の過程での視線の往復とマクロ正当化における視線の往復とはどのような関係にあるのか，検討してみたい。

＊裁判過程
　　ここにいう裁判過程とは，法の適用に関する場面を指し，ここでは民事裁判手続ないし民事訴訟手続を前提にすることとする。裁判における法の適用の過程は法的三段論法という方式によって理解されてきているが，前述のとおりリアリズム法学による批判にさらされている。もっとも，この批判には，判決の正当化の過程と発見の過程について区別することによって反論することが可能になると思われる。

II　内面化と暗黙知

　発見の過程における考察の対象は法と事実である。前者は法規範の定立にかかわる法的問題であり，後者は事実の認定にかかわる事実問題である。法的問題を意識しているときも，事実問題の枠で検討しなければならない。事実のほ

[*217] 前述した平井教授の見解について，正当化の過程と発見の過程の区別の重要性を強調する反面として，その相互関係の解明への問題関心が弱いように思われる，という批判がなされている。
[*218] 法的思考における正当化（とくにマクロ正当化）の過程と発見の過程の相互関係は，現実にはかなり複雑に重なり合ったフィードバック関係にあり，法律学的方法論や法学教育においても，正当化の過程を構造化し規制している合理性・正当性基準が，発見の過程にも一定の枠組や指針を提供しているということをも視野に入れた考察と教育が不可欠だと思われる，と述べられている。

Ⅱ　内面化と暗黙知

うを法に合わせようとする思考（法規範に適合するように事実認定を操作すること）は妥当なものではない。他方，事実問題を意識しているときもそれが法の適用の対象として意味あるものを抽出・選択していなければならない。単にそれが事実であるからという理由だけで裁判過程における事実問題として取り上げることはできない。

法的問題と事実問題は別個独立に検討されるのでなく，法的問題に着目しているときも暗黙のうちに事実問題を内面化しており，事実問題に取り組んでいるときも暗黙のうちに法的問題を内面化している。

ここで，内面化とは，自らに取り込んでしまうこと，あるいは，自らのほうを延長し膨らませることによってそれを包み込んでしまうというイメージである。

例を掲げる。顔の認識である。ある人の顔を知っているとすれば，たとえ，百人，千人の中からでもそれを見分けることができるであろう。しかし，通常，どのようにして自分が知っているその顔を見分けられているのか，言葉で説明することは難しい。こうした認識の多くは言語に置き換えることは容易でない。つまり，私たちは言葉にできるより多くのことを知ることができている。顔の個々のパーツ（目，鼻，口など）を感知して，その感覚に依拠しながら，目鼻立ちの意味の合計，つまり，人相に注意を払っている。顔の個々のパーツから人相に向かって注意を移し，人相というものの中に顔の個々のパーツを感知する。うまく説明できないかもしれないが知っているというのは，顔の個々のパーツのほうである。ここにおいて人相についてはなんとか言葉にすることができても，目，鼻，口などを個々的に表現することができなくなっている。

このように人は注意を向けている様相（人相）を介して，その細部（目，鼻，口など）の特徴を感知することがあり，ここに暗黙知が働いている。個々の諸要素のことを近位項と呼び，個々の諸要素が相俟って構成する包括的なものを遠位項と呼ぶとすれば，内面化とは，何かを暗黙知における近位項として機能させるための手段（ポランニー・暗黙知40頁参照）といいうる。

　　＊内面化のイメージ
　　　　内面化のイメージとしては，たとえば「人馬一体」などである。騎手があたかも馬とひとつのからだになったような乗りこなしをすることがある。馬の動きも自己の

動きに取り入れている状態といえる。また，自動車の運転にも共通のイメージがある。ドライビング・フィールという包括的なものの中にその自動車のもつ個々の諸要素（道路と接しているタイヤやそれを支えているホイル等各部品，そのほか，ミッション，ハンドル，シート，ボディなど）を感知するというイメージである。

＊近位と遠位のイメージ

たとえば，テニスを例にとって説明すると，初心者のうちはテニスラケットの柄の部分を握っている自己の手でボールを打ったときの感触を感じるであろうが，だんだんなれてくると，テニスラケットと自分の腕が一体化し，あたかも，自分の腕の感覚をテニスラケットの先まで延長して包み込んでしまったかのように感じる。本来は手の平で感触を感じているはずなのに，ラケットの先に触れたボールの感覚を直接認識するようになる。手の平が近位，ラケットの先（ボールを打つフェイス部分）が遠位である。

Ⅲ　発見の過程における視線の往復

　事実問題を内面化し，それを近位項として機能させ，法的問題（遠位項）の中にそれを感知する。法的問題，すなわち，規範の定立について，実定法から離れたうえ，ありうる仮説を立てる。これを規範仮説と呼ぶこととする。複数の規範仮説を比較してみて，それらのうち，どれが最も基底的ないし普遍的な価値に奉仕するか（普遍化可能性，法政策的合理性など[219]）を検討し，既存の秩序にも一定程度適合的な規範仮説を発見する。

　他方，法律問題（規範仮説）を内面化し，それを近位項として機能させ，事実問題（遠位項）の中にそれを感知する。事実問題，すなわち，事実の認定については，まずはありのままの事実をみる。ここにいう，いわば生の事実群のことを生活事態と呼ぶこととする。生活事態の中から規範仮説にあてはまる事実を抽出し，実際にあてはめてみてそこから導かれる諸帰結を比較し，どれが最も基底的ないし普遍的な価値に奉仕するかを検討し，事実認定の目標となるものを発見する。もちろん，ここで目標とされた事実が，手続上，証拠から認定できないという結果に終わることもある。

＊219　ここでいう法政策的な合理性には，わが国でいう「常識」や「落としどころ」と呼ばれるものも含まれてくるように思われる。

これが，発見の過程における視線の往復の内実と考える。

Ⅳ　生活事態と規範仮説

　発見の過程における視線の往復は，生活事態と規範仮説との間を行ったり来たりするものである。そして，これと並行しながら，当該規範仮説に適合的な法規範（W）を導くことが可能な裏づけ（B）を（主に）制定法の中から索出する。この，規範仮説と法規範との間の往復，並びに，法規範と（主に）制定法との間の往復の過程は，いわば第2段の視線の往復というべきものであり，これが発見の過程から正当化の過程への移行であり，マクロ正当化の過程とオーバーラップしてくるものである。

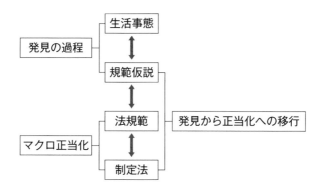

　そして，判決理由に現れるのは（主にミクロ）正当化の過程であって，発見の過程は現れてこないであろう。しかし，判決の結論に対して決定的な影響を与えているのは，この発見の過程における視線の往復にあるのではないかと考えられる。

　発見の過程と正当化の過程の全体像を図にすると，以下のとおりと考えられる。

第8章　発見の過程

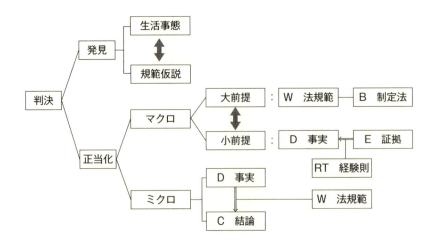

V　探求のパラドクスの解

　問題を検討するということは，隠れた何かを発見するということである。いずれの結論をとるべき悩ましい事案が持ち込まれたときでも，法律家は，実定法秩序の中に，これを正当に結論づけられる法規範がきっとあるはずである，と考えてしまう*220。それはなぜなのであろうか。

　ここにおいて探求のパラドクスが想起される。それは，プラトンの「メノン」に触れられている。「探求するものを知らないなら何を探求してよいか決まらないし，探求するものを知っているなら探求の必要性はもともとない」というものである。これではそもそも問題の解決を求めること自体が矛盾をかかえてしまっているということになる。確かに，もし，何を探し求めているのかわかっているのであれば，問題は存在していないということであり，逆に，もし，何を探し求めているのかさえわかっていないのだとしたら，何かを発見するなど到底期待できないということになるであろう。

　しかし，語りうる以上のことを知りうるとすれば，メノンのパラドクスを回避することができる。知識はすべて明確に記述することができると考えるから，問題を知ることも，その答えを探し求めることも，できなくなってしまうので

*220　序章Ⅰ「できるはずです」参照。

ある。言語的に表現できないものも知りうるとすれば，困難なケースに直面したときにもこれを解決に導くものが（きっと）あると考えることができる。発見されていない規範を明示的に認識することなどできるはずはないが，それがあるということを暗黙のうちに予期することは可能なのである。

　こうして，発見されるべき法（規範）が必ずある，との含意（インプリケーション）に積極的に関わり合いをもとうとする意思こそ，法律家のアイデンティティというべきものと考える（序章Ⅰ「できるはずです」参照）。

Ⅵ　束縛する正当化の過程

　迫り来る発見への予期は，しかしながら，妄想に終わることもある。ある規範仮説を立ててみたものの，これに適合的な法規範が見つからず，あるいは，そのような法規範を導く制定法などがどうしても見つからない場合[*221]もありうるからである。この発見への予期が裏切られる可能性がある[*222]ということが，裁判が裁判官の思いつきや思い込みでなされているのではないということを担保している。つまり，正当化の過程が発見の過程に箍を嵌めているのである。発見の過程で働く（合）理性は，正当化の過程によってその自由が束縛されている。これが，裁判が法に基づいてなされていることの内実であると考える。

　もっとも，正当化の過程を限界まで使うことができているか，縦横無尽に正当化の過程が用意したフィールドを走り回れるか，その一部のみにとどまるか[*223]は，弁護士や裁判官のスキルや意欲に関わるところなのかもしれない。法律家が実務経験を重ねれば，おのずと得意な領域や専門領域が形成されてくる。その領域の範囲内であっても，それを限界まで使い切っているか，それとも，余らせているか，ということである。余らせていることに気がついていな

---

*221　法解釈をして欠缺を補充しようとしても，それが難しいと判断される場合もありうるであろう。
*222　これが，判決内容に決定的な影響を与えるのは裁判官の勘・パーソナリティ・信条・社会経済的状況などであって判決三段論法はそれらを隠蔽する機能を果たしている，という批判への反論となると考える。
*223　自分の気に入った校庭の片隅だけで遊ぶ子供となるか。運動場の全部を使って遊び回るか。

第8章　発見の過程

かったとすれば，本人にとってはそれはそれで仕方がないことかもしれない。誰もが自身で考えられる以上のことは考えられないからである。しかし，余らせていることに気づいたうえ，それをあえて正当化してしまうような理論があったとすれば，それには光をあてておく必要がある[*224]。

Ⅶ　法律相談における発見の過程

　発見の過程は，法律相談においても現れる。弁護士は，相談者（依頼者）の提示する話題について判決内容を予想するからである。
　そして，ここでもメノンのパラドクスに類するものが克服されている。相談者は自身の要求を基礎づけてくれる重要な事実が何なのか，わからないことが多い。他方，弁護士は，相談者の体験した事実群（生活事態）を広く詳細に知ることはできない。本来，請求を基礎づける要件となる事実あるいはそれに役立つ事実が何なのかということと，現に発生した事実が何なのかということを両方知っていなければ，法的な請求を基礎づける事実主張はできない。相談者も弁護士もその両方を詳らかに知ることはできないはずなのである。
　しかしながら，実践的には難なくこの問題は克服されている。現に多数の法律相談等がなされ，多数の訴訟が提起されている。ただ，いかにしてそれが克服できているのかを語るのは容易でない[*225]（日本法哲学会編・暗黙知75頁）。相談者も，弁護士も，双方あてずっぽうで話題を出し，それがたまたま嚙みあうことがある，と説明するのは不自然であろう。現実の法律相談では，もっと嚙みあうべくして嚙みあっているからである。
　相談者は，法律的な問題については詳しく知らないながらも，きっと，これらの事実が重要なもののはずだと思って語り，そこから法的に重要な事実が発

[*224]　法的思考をミクロ正当化に縮減し，これを要件事実論と直結させ，事実は裁判過程で構成されるものという理論があれば，それである。
[*225]　「法律相談の場面でいうなら，法律家は当該事件の事実を知らないから事実命題は作れないし，当事者は法律を知らないから，何が語るに値するかがわからず，やはり必要な事実命題は作れない。しかし両方ないと，当該事件についてレレヴァントな事実命題は構成できないのである。実践的にはわれわれは，この問題を解決しているのだが，いかにしてかを語ることは必ずしも容易ではない。一般に，言語的に説明することはできないのに苦もなく実行していることは多いのである。」と述べられている。

見されることを予期している。弁護士は，相談者が体験した事実を詳しくは知らないながらも，相談者が求めているものが「それ*226」だとすれば，そのために必要な事実が何であるかを知っているから，その事実の存否を予期して質問をする。もし，その事実が見つからなければ相談者が求めている「それ」は法的請求としては認められないという結論を述べることになるであろう。そして，その事実が見つかり法的請求として成り立つという判断をした後でも，弁護士は，相談者は当然権利の実現を目指すことを予期しているから，権利としては認められてもそれが実現できないというリスクについても（質問されてもいないのに）説明するであろう。たとえば，金銭支払請求権が認められたとしても相手方の支払能力が乏しいとすれば弁済を受ける実現可能性が低いことを説明するであろう。こうしたやり取りには暗黙知が働いていると思われるのである。

Ⅷ 三者の重なり

　法律相談においても発見の過程があるとすれば，その後，それが裁判に至れば，原告訴訟代理人，被告訴訟代理人，そして裁判所*227において，それぞれに発見の過程がある（あった）ということになる。マクロ正当化の過程におけるインダクションやアブダクションは，ごくシンプルな事案では，三者三様で独自になされており訴訟審理に現れることは少なくなるであろう*228。そうすると，発見の過程もマクロ正当化の過程もいずれも訴訟審理には現れてこないことになる。

　簡易に図式化すると，次のとおりである。1が発見の過程，2がマクロ正当化，3がミクロ正当化を指す。この図式は事態を正確に反映しているとはいえないかもしれないが，議論が噛みあう範囲のイメージは伝わるであろう。3

＊226　たとえば，相手方に対して金銭を支払ってもらうことであったり，所有物の返還などである。
＊227　合議体においては裁判官それぞれに発見の過程がありうる。
＊228　ごくシンプルな事案では，三者三様でなされたそれぞれの過程も，その内容において，ほぼ一致したものになっていると思われる。つまり，審理過程には現れていないものの，内容的にはほぼ一致していると想像される。

第8章　発見の過程

(ミクロ正当化)，すなわち，判決三段論法の大前提，小前提，結論の過程については，常に三者とも重なりあって法的議論の対象となっている。

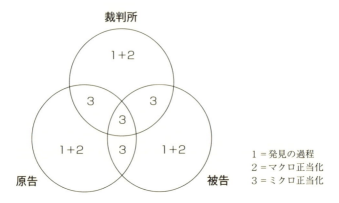

しかし，ごくシンプルな事案を除けば，当事者ないし関係者が複数いるなど事実関係が錯綜ないし複雑な場合や，全体的に証拠が不足ないし偏在している場合，又は法律構成が事実に則していないように思われる場合であれば，マクロ正当化の過程が訴訟審理に現れてくることになる[229]であろう。

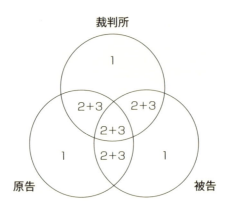

そして，その際，三者三様に独自なされていた発見の過程もマクロ正当化の

---

[229] おそらく，訴訟指揮や釈明権の行使がなされることによってマクロ正当化に関する話題がやり取りされることになるであろう。後述する法的観点指摘義務や争点整理段階における暫定的心証開示に関わってくると思われる。

IX　たとえば公正さ

過程とともに訴訟審理に現れ，法的議論の対象となっていく可能性がある。正当化の過程は発見の過程から移行されており上述のようにオーバーラップしてくる関係にあるからである。とりわけ困難な事案ではなおさらであろう。

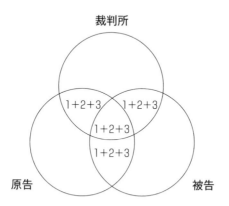

＊困難な事案
　　たとえば選挙無効訴訟では，それ自体，公職選挙法に定めのない類型につき，その手続が流用されているのであって，なぜ，そのような手続を選択する必要があったのか，投票価値の平等性の憲法的価値とその保障のための解決手続の不存在などの現状から導かれたという発見過程が，選択した手続の合理性に対し説得力を与えたであろう。特許訴訟における均等論や商標権侵害における並行輸入なども，初期の段階では同様であったであろう。キルビー特許事件判決（最判平成12・4・11）が出る前の無効の抗弁もそうであったと思われる。前述した特許法105条の4の仮処分手続への適用もそうであろう。その後の先例となるような判決を導く訴訟手続では，正当化の過程や発見の過程が訴訟手続に現れ法的議論の対象となる可能性が大きくなるものと思われる。

IX　たとえば公正さ

　上述のように，客観的なるものとして，たとえば「公正な社会（各人の人生計画が実現しやすい社会）」などを目指して価値判断をぶつけあうという場面は，民事訴訟の審理ないし民事裁判過程には出てくるのか，という問いを立てた（第1章VII参照）。それを肯定したいと思う。それは，ミクロ正当化の過程だけではなく，マクロ正当化や発見の過程まで法的思考のほぼ全容が訴訟審理に現れる

第8章 発見の過程

場面において,である。

現在のわが国においてはもはや素朴な[*230]自然法論に戻ることは難しいかもしれない。その意味で今は法実証主義的思考(たとえば「法の道徳からの自立」など)が潮流であろう[*231]。しかし,法実証主義と結びつきやすい価値相対主義が,単に自分の価値観を絶対化してはならない,というだけでなく,自分の価値判断を他者が批判することもできない[*232],ということまで帰結するのであれば,それはいまだ独断のまどろみの中にいるといわざるを得ない。価値相対主義が価値判断の可謬性を否定してくれるからである。

逆に,価値判断の可謬性を肯定[*233]するのであれば,何らかの客観的なるものを想定せざるを得ない[*234](井上・規範(1)793頁参照)。これを前提とすれば,たとえば,「公正さ」という客観的なるものを実現しようとする企てに参加し発見の過程と正当化の過程を含む法的思考によって他者と交流し合うことができるであろう。

たとえば法実証主義に立ちながら客観的なるものを想定し,原告訴訟代理人弁護士,被告訴訟代理人弁護士,裁判官との対話的なやり取りを通じて法的思考がなされる,そのような場面に関わりをもつにはどうしたらよいのであろうか。

次章では具体例を掲げて考えてみたい。

[*230] 素朴な自然法論のイメージとしては,あるべき法が法であって,不法の法は法ではない,という趣旨のものである。もっとも,その構想自体はいまだに色褪せていないと考える。

[*231] もっとも,柔らかい法実証主義(soft positivism)のように法と法でないものの識別を道徳その他の価値判断という論争の余地ある事柄にも依存させる考え方には躊躇を覚える。識別基準に実証できないものを取り入れることになりそうだからである。

[*232] 他者からの批判を遮断できるということ。

[*233] たとえば,自分の信念の可謬性を自覚するということは,自分の信念が,あるものの一部しか見ていない不完全なものでありうる,という意識が必要になる。そうだとすると,自分の信念を超えた何か,客観的な何ものかの存在を想定しているということになる,と思われる。

[*234] たとえば,自分の考えが間違っているかもしれない,そういう可能性はいつもあると思うのであれば,われわれの主観的信念を超えた何か,客観的な何かが存在するという想定が必要になってくるように思われる。そして,そのように考えることと,法実証主義を採ることとは矛盾しないと考える。

第 9 章

具体例での検討

I　動的かつ複雑な様相

　それでは，次に，発見の過程，正当化の過程（マクロ正当化，ミクロ正当化）について，具体的な事案で検討してみる。もっとも，訴訟の早期の段階から原被告間の主張や書証が出揃うのは現実の裁判実務においては難しいところもある。特に訴訟前に事前交渉のなかった場合の被告側の主張・反論は若干のタイムラグが生じてくるのは致し方ないところである。また，発見やマクロ正当化の過程は，しばしば，原告訴訟代理人，被告訴訟代理人，裁判所の三者独自になされており，対話的（論争的）に噛みあっていない場合もある。

　このように，訴訟の早期から終盤へという時間的な経過，三者間の視点の違いなどがありつつ，一部は重なりあい，かつ，一部はすれ違いながら，手続は進行していくものであり，時間経過とともに動的かつ複雑な様相を呈する。これらのそれぞれの視点から具体例を掲げながら説明するのはおそらく複雑でわかりにくいものになるであろう*[235]。

　そこで，とりあえず，内容をシンプルにするため，主に裁判所からの視点で発見の過程，マクロ正当化の過程，ミクロ正当化の過程を追ってみたい。

＊235　原告訴訟代理人，被告訴訟代理人，裁判所（裁判官）の三者三様の発見の過程，マクロ正当化，ミクロ正当化を，訴訟になる前の状態から時系列にそって追跡していくのは紙幅の関係はもちろん筆者の能力を超えるところでもあると考える。

第9章　具体例での検討

II　事案の概要

　事案の概要は，次のとおりである。
　校庭でフリーキックの練習をしていた児童（当時11歳）の蹴ったサッカーボールが，ゴール後方に位置した南門を越え道路に転がり出た際，折からバイクを運転して当該道路を進行してきた高齢者（当時85歳）がこれを避けようとして転倒し，左脛骨・腓骨骨折[236]等（その他，左手関節打撲，皮膚剥離創，左膝擦過傷）の傷害を負って入院となり，それから約1年5ヵ月後，誤嚥性肺炎[237]によって死亡したという事案である。
　当該高齢者の相続人は，当該児童とその両親を被告として約5000万円余りの損害賠償を求めた。この訴訟には当該校庭を設置・管理していた市が被告らに補助参加している。
　最高裁は，当該両親は民法714条1項の監督義務者としての義務を怠らなかったとして，当該相続人らの請求をいずれも棄却している[238]（最判平成27・4・9民集69巻3号455頁）。第一小法廷裁判官の全員一致の判断である。同条項の監督義務者の責任を否定した初の最高裁判決として注目された[239]（窪田・論究10頁）。
　なお，当該児童については第1審で責任能力が否定され，そのまま確定している。第1審は大阪地裁（平成23・6・27），第2審は大阪高裁（平成24・6・7）である。

---

[236]　解剖図的に見れば，下肢の膝から足首（いわゆる「スネ」といわれる部分）までは，脛骨と腓骨という2本の骨が並んでいる。本人にとって，外側の細いほうの骨が腓骨であり，内側の太いほうの骨が脛骨である。その両方が折れたということである。
[237]　飲んだり食べたりした場合，通常，それは食道を通過するはずであるが，高齢者になると飲み込む際の反射が鈍くなり，気道のほうへ誤って入り込むようになる。入り込んでもそれを吐き出す力があればよいがそれも弱くなっている。そうなると，細菌が肺に入って繁殖してしまう。高齢者の死亡原因の3本の指に入る致死的な疾患である。
[238]　民法709条に基づく損害賠償請求も理由がないこととなると判断している。
[239]　「未成年者が関わる事故は少なくない。にもかかわらず，民法714条1項の責任について，監督義務違反を否定した『初の最高裁判決』であったということは，それ自体として，本判決には注目されるべき側面があったといえるだろう。」と述べられている。

Ⅲ　規範仮説を立てる

　上述の事案に含まれる各事実（生活事態）に直面したとき，きっとこれを規律しうる規範があるだろうと考え，いろいろな規範仮説を立ててみる。端的に見て，このケースは11歳の子どもが自分で責任をとることができる事態ではない，と考えるであろう。人の死亡という重大な結果が発生しているからである。そこで，結論としては，被害者の遺族と子どもの親との関係で何らかの調整をするのが相当ではないかと思いつく。仮に，子どもに責任を認めても独自に損害を賠償する資力を有してはいないであろう。これでは実質的に被害者の（家族の）救済にはならないと考えられる。

　ただ，本事案の場合，被害者の死亡原因が気になるであろう。死因と判断された誤嚥性肺炎とは，高齢者の死亡原因としてしばしばみられるものである。それは，食物を飲み込む際の気道を閉じる反射が弱まり（嚥下障害），少しずつ唾液や食物，胃液などが気管や気管支内に入り込むこと（誤嚥）によって，肺に菌が入り込み炎症（肺炎）を起こしてしまう疾患である。脳血管障害（脳梗塞など）がある場合や認知症が認められる場合に嚥下障害から肺炎を起こしやすいとされている。

　他方，被害者の負傷の重大なものは左脛骨・腓骨（左足の膝と踵との間の2本の骨）の両骨折である。この負傷と嚥下障害から生じる誤嚥性肺炎が一見して関係が薄そうに見えてしまうのである。入院から1年5ヵ月後の死亡という時間的離隔も気になる。足を骨折してなぜ1年以上も経って肺炎で死亡することになったのか，という点に疑問をもつであろう。

　また，子どもの監督者としての両親の言動（子のしつけ行為など）と，当該高齢者の死亡との関連性が法的な損害賠償責任を負担させるまでに濃厚[*240]ではないという印象も受ける。両者の関係を調整可能な規範仮説があるか考えてみることになるであろう。

＊240　たとえば，人の顔に向けておもちゃのピストルの弾を撃ってはならないというしつけ行為と，実際に子ども同士の遊びの最中にその弾が他の子の目に当たって視力が落ちてしまったという結果との関係はより濃厚であるように思われる。

なお，校庭を設置・管理していた補助参加人（市）の態度も気になる[*241]。いずれ当事者（被告）として訴えられるおそれを念頭にいれているのかもしれない。

Ⅳ　移行しない規範仮説

　成長期にある子どもが運動をすることは健康な身体を作るうえでも望ましいことであろう。もしスポーツが得意になればその子の自己実現（スポーツ選手へという可能性やスポーツを中心とする充実した学生生活など）にも資することになる。安全な運動環境を子どもたちに提供してあげられる社会が望ましいであろう。学校の校庭が開放され，子どもが自由に遊ぶことができるのであれば，自動車の通行する道路などで遊ぶよりずっと安全であろう。学校が校庭での子どもらの事故を危惧して放課後の利用を禁止してしまうのは地域社会にとってマイナスかもしれない。しかし，いざ，校庭で事故が起きてしまうと学校（を設置する地方公共団体や法人）の法的責任が追及されてしまう，というのでは，学校も校庭開放に躊躇するであろう。子どもたちのためによかれと思ってしたことが自身の責任を重くするなら，いっそのこと全面禁止にしてしまったほうがよいと考えることになるかもしれない。このような観点からの教育現場の萎縮が望ましいことではないと考えるのであれば何らかの形で責任追及に限度を設けなければならないことになる。

　他方，自動車など交通機関の安全な運行も重要な社会的な価値を有する。道路には通行の妨げとなるものが現れないようにするのが望ましい。交通事故は被害者にとっても加害者にとっても重い負担となってしまう。

　そうすると，校庭や公園など遊び場となるところと，自動車やバイクが通行する道路とは，できるだけ分離するという環境づくりが望ましい，ということになりそうである。学校の周囲に自動車の通行する道路などないほうがよいが，

[*241]　第1審の判決書では，補助参加人の主張として「少年の動静を監視するなどの管理監督責任を負っていたのは，少年野球チームであり，補助参加人ではない。」「生徒が放課後に校庭で遊ぶことは，それ自体，何ら危険な行為ではなく，これを禁止する理由もない。」「本件校庭でサッカーボールを蹴るなどしていたとしても，補助参加人に対し，事細かく注意を促すべき義務が課される理由はなく，そのような監視行為を期待することは不合理というべきである。」と整理されている。少年野球チームが校庭を使用している際に，本件児童がサッカーボールを使ってフリーキックの練習をしていたという趣旨なのかもしれない。

Ⅳ 移行しない規範仮説

どうしても道路がある場合，環境的な分離のため，高い塀やフェンスを張りめぐらす工夫が必要になるであろう。

本件において，校庭と道路との分離はどの程度であったのであろうか。そういう視点から当事者から主張・立証される事実を観察することになる。ここに規範仮説と生活事態との視線の往復がみられる。

原審によれば，校庭の南端近くにサッカーゴール（ネットは張られていた）があり，ゴールの後方約10メートルの場所に南門があった。南門は高さ約1.3メートル，その左右に約1.2メートルのネットフェンスが張ってあった。さらに，校庭の南側には幅約1.8メートルの側溝を隔てて幅4.4メートルの道路（アスファルト舗装がされていた）があった。これらのフェンスや側溝によって道路との分離はある程度できているようであるが，南門と道路の間には幅3メートルの橋が架けられており，この橋を転がってボールは道路へ出ていったという。

通常サッカーゴールは高さ2.44メートルであり，ゴールに向かってシュートされたサッカーボールはこの高さを越えていくこともある。ゴール後方10メートルにある南門の門扉の高さが約1.3メートルというのは，サッカーゴールの設置された位置に鑑み，校庭と道路の分離という観点からは若干低いかもしれないという印象を受ける。

とすれば，南門の門扉やその周囲のフェンスの高さを高くするとか，ゴールの位置を門扉を背にしない位置に移動させるなどの施策を促す方向へ誘導できる政策的な判断が望ましいようにも思われる。このような規範仮説を前述の生活事態にあてはめれば，おそらく子や親への請求は棄却され，学校設置者への将来的な設備の補充等を命ずるという結論が見通されてくるであろう。

しかしながら，本件訴訟では，学校（の設置主体）は被告とされておらず，フリーキックを蹴った子とその親のみが被告とされており，校庭と道路の分離という視点を原被告間に持ち込む前提を欠いているようにも思われる。

仮に，道路と校庭を分離すべきという規範仮説を立てたとしても，亡くなった高齢者の遺族と，子の両親との間の損害賠償請求訴訟を規律可能な法規範は見当たらなさそうである。そのような法規範を解釈によって導き出すことが可能な制定法などは見つからないかもしれない。そうだとすると，これはマクロ正当化の過程への移行が見込まれない規範仮説ということになる。

141

第9章　具体例での検討

道路と校庭の分離という観点から，学校設置者へ将来的な施策を実施するよう義務づけることも本件訴訟手続内では困難であろう。法規範（ここでは要件・効果という形式をもつ法準則）は，起きてしまった出来事によるマイナスの状態から，もとの（プラマイゼロの）状態までに戻すには，どのような金銭的評価をすればよいか，という思考は比較的得意であるが，他方，同じような事故を起こさないために今後どのような手当てをしておくべきかという将来指向的な解決は訴訟手続にとっては苦手な領域である[*242]。とりわけマイナスの状態から，もとの状態を超えて逆にプラスの状態にすることについては強い反対論[*243]がある。双方代理人による創造的な和解手続の選択ができれば，そのような解決も可能になりうるが，判決という形をとる場合，そのような解決はまずありえないであろう。

V　両親の責任

何らかの形で子の両親の責任を認め，死亡した被害者の遺族との公平感のある金額調整をすることは可能であろうか。責任無能力者の監督義務者等の責任が問題になってくる[*244]。

民法714条から導かれる法規範は，家族共同体における家長の責任という団体主義的な責任を個人主義的な責任形態に修正したものと説明されてきている。責任無能力者の加害行為によって生じた損害について責任無能力者にはその責任を否定する一方，そのことの代償又は補充として責任無能力者の監督義務者等に同損害に対する賠償責任を認め，もって被害者の保護・救済を図ろうとしたものと説明されるのである。

[*242] 判決内容が法政策に影響を与えることはあるが，通常それが法的効果として発生するものではないと考えられる。

[*243] これは実損害額を超える賠償を認めることは不法行為法の塡補賠償という趣旨に反するという考え方である。他人に不法行為をしてもらったおかげで逆に儲かってしまったという被害者を作るべきではないという思想でもある。ただ，この思想は，常に塡補賠償のラインに踏みとどまっていては将来的な違法行為の抑止という観点からは不十分ではないか，という考え方からの挑戦を受け続けている。たとえば，特許権や著作権侵害，そのほか民事暴力なども，侵害行為の抑止という観点が強調される法領域である。

[*244] 実際の事案では，両親の監督義務違反の過失と被害者の死亡との間にも因果関係が認められるとして，民法709条に基づく損害賠償請求も求められている。

V 両親の責任

　他方，監督義務者等には，監督上の過失があることをもって，監督義務者等に対する責任無能力者の加害行為によって生じた損害の賠償責任の根拠とすることにして，なお，過失責任主義の原理に依拠させているともいいうる。しかし，監督義務上の過失の不存在等の免責要件の存在が真偽不明に陥ったときは免責を否定するとともに，監督義務者等の監督上の過失について，責任無能力者の加害行為そのものに対する過失（責任無能力者のした具体的な加害行為を予見しこれを回避すべき義務としての直接的な過失）ではなく，責任無能力者の生活全般に対する一般的な監督義務上の過失（責任無能力者のした具体的な加害行為との関係でいえば間接的な過失）で足りるとする点で，無過失責任主義に近づいていく色彩も帯びる。それは，責任無能力者に代わって責任を負わせるべきという（代位責任的な面のある）規範である。

　このように監督義務者等の監督義務の及ぶ範囲は広範囲であり，現に結果が発生しているという状態で，そのような監督義務を怠らなかったことの免責事由の証明に成功することは困難といいうる。従前[245]，最高裁においても民法714条1項但書による免責を認めた判例は存しないとされていた[246]。とすると，子供の責任をその責任無能力を理由に否定すると，その反面として，その親の監督義務違反が肯定されざるを得ないという裏腹の関係になる[247]。

　したがって，被害者遺族との公平ないしバランスを調整するために，子の両親の監督義務の内容を勘案して割合的な減額を導き出すのは難しく，もし調整をとるとすれば，死亡結果との因果関係の範囲（保護範囲，義務射程），あるいは，過失相殺若しくは過失相殺の趣旨による減額しかないと予想されることになる。

---

[245]　最判平成27・4・9（民集69巻3号455頁）以前という意味である。
[246]　最判昭和43・2・9（判時510号38頁）が親権者に児童の監督についての過失がないとされた事例として挙げられることがある。もっとも，これは，被害者の親権者が監督責任を果たしていない結果本件被害が発生したものであり，親権者はその損害を分担すべきであるとの主張に対し，これを否定したものである。かえって監督が十分でなかったという非難を受けるべき理由はないとされている。過失相殺的な文脈（被害者側の過失とでもいうべきもの）で被害者の親権者の監督義務違反が否定されたものであり，事案を異にするものと思われる。
[247]　監督義務者の責任は立証責任の所在や監督義務の広範囲性に鑑み，相当加重された（過失）責任といえる。したがって，上記最判平成27・4・9は，初めて明示的に714条1項但書前段による免責を認めた例といえる（判タ1415号71頁参照）。

VI　相当因果関係

　条件関係，あるいは，事実的な因果関係が認められる事実群，そこから発生する損害について，法的観点ないし損害の公平な分担という趣旨からみて合理的な範囲を設ける考え方がある。相当因果関係説や保護範囲説，義務射程説などである。確かに，小学生が校庭でフリーキックを蹴れば約1年5ヵ月後に高齢者が入院先で誤嚥性肺炎で死亡するという因果は，起きてしまえば条件関係的な因果関係を思いつくが，結果を知る前にそれを予想することは難しいというのが通常であろう。何らかの線で責任を限定することはできないか，と考えられるところである。

　本件事故時の受傷は，医療機関の診断によると，左脛骨・腓骨骨折，左手関節打撲，皮膚剝離創，左膝擦過傷であった。骨折に対し観血的な手術療法（髄内釘による固定など）は実施されておらず，保存的治療（ギプスやシーネ固定，牽引など）で対応可能な状態（複雑な骨折でもなく転位[*248]も小さかったのでないかと思われる[*249]）であったとみられる。本件事故前からの既往症は高血圧症で血液凝固抑制剤[*250]を投与[*251]されていたようである。

　入院から1～2日で，徘徊や夜間せん妄[*252]症状がみられ，予想よりも認知症の程度が強いと判断されている。頭部CT検査結果では，硬膜下水腫（血腫）の存在が見られたが，これは本件事故以前からの慢性のものと判断されている。つまり，本件事故によって頭部に強い外力を受け，それによって硬膜下血腫ができたという推論は成り立たないようである。1週間後の頭部CTでも硬膜下血腫の状態に変化はなかったので，この時点で血腫の除去はせず，経過

[*248] 骨折端が相互にずれてしまったり，曲がってしまったりすることを転位という。第2審の被控訴人（第1審原告）らの主張には，左脛腓骨をらせん状に骨折した，との主張がある。らせん骨折であった可能性がある。
[*249] あるいは，凝固抑制剤の投与をいったんとめてからでないと，観血的手術も難しかったのではないかと想像される。整形外科や循環器内科などの連携が必要になる例であったのかもしれない。
[*250] しばしば「血をサラサラにするお薬」と呼ばれる種類の薬剤である。
[*251] 受傷の態様によっては出血がとまらなくなるという事態に陥っていたおそれも考えられる。
[*252] 意識障害により幻覚や錯覚を見る状態のことである。

Ⅵ　相当因果関係

　を観察することになっている。

　　骨折から3ヵ月経過後でも仮骨*253形成が不良で骨癒合は進んでいない。事故から4ヵ月弱のころ，嚥下障害が増悪し，食事摂取ができなくなってきている。経鼻栄養や点滴が実施されている。この時期でも頭部CT上異常所見はみられていない。

　　事故から5ヵ月弱ころ転院している。転院先の診断は，骨折のほか，慢性硬膜下血腫，認知症，嚥下障害などであり，嚥下障害については，右声帯中等度麻痺による嗄声（させい／かすれ声），喉頭蓋・下咽頭収縮筋可動不良で，仮性球麻痺の状態で，回復見込みは少なく，食事は誤嚥の危険性があり，早期に径鼻栄養等を実施する必要性ありと診断されている。

　　仮性球麻痺の「球」とは延髄のことであり，舌，咽頭，口蓋，喉頭などの筋運動を支配する脳神経があるため，これが障害されると嚥下障害や咀嚼障害などが起きるとされている。「仮性」とは延髄に病変はないが，皮質や核上性経路の脳病変が両側性に及んで進行性球麻痺に類似した症状を呈するものとされ，高齢者には球麻痺よりも多くみられると説明されている。

　　結果として，仮性球麻痺による嚥下障害の発症から，誤嚥性肺炎を繰り返すようになり死亡するに至ったものと認められるが，本件事故による頭部外傷は認められていないため，事故による脳病変からの死亡という因果関係までは認めにくいと思われる。

　　また，事故から1年弱でいったん退院もしている。その後，倦怠感を覚え，退院から約2週間弱で再入院となったが，容態は安定していたため再び退院も検討されていたところ，右上肢の脱力*254がみられ，頭部MRI*255検査によって，左頭頂葉に脳梗塞があることが判明している。その後，頻繁に発熱を繰り返すようになって誤嚥性肺炎と診断され，抗生剤による治療もなされたが，全身状態の悪化のため，死亡するに至っている。

＊253　骨折の治癒過程で発生してくる新しい不完全な骨のことを仮骨という。
＊254　神経性のものが疑われたものと推測される。
＊255　CT検査はX線を使うが，MRIは磁気を利用している。脳梗塞の診断はMRIのほうが向いているといわれている。本件事故後，CT検査は何度か経てきていたが，MRI検査はこのときが初めてのようである。もし，そうだとすれば，事故後早い時期でのCT検査では，仮に脳梗塞があっても見つけられなかった可能性もありそうにも思える。

このような経過も本件事故が脳組織への影響を与えた（因果関係がある）と判断することを難しくしている。

なお，原告らは鑑定の申立てをしているが，第1審はその必要性を認めていない。また，被告らは医師の意見書を書証として提出している。

＊私鑑定
　　　　裁判所の選任した鑑定人（民訴213条）ではなく，独自に当事者が医師など専門家の意見書を作成し，これを書証として証拠調べを求めることがある。私鑑定などと呼ばれる。実務上，当事者の一方が提出した専門家意見書は，裁判所が選任した鑑定人による鑑定意見書よりも信用性は低い（一方当事者の意向を好意的に酌んでいる）と解されており，裁判過程ないし心証形成への影響力は小さいとされているが，しばしば私鑑定の記載内容が争点の整理に影響を与えることはあるようである。つまり，裁判所としては一方当事者の依頼による意見書から心証はとらないが，争点を整理するうえで，どの争点に重みを置くべきかについての資料に役立てる意識はあるのかもしれない。
　　　　医療関連訴訟では，私鑑定には別の証拠番号を付けるよう訴訟指揮がなされることもある。A号証が過失や因果関係にかかわる証拠，B号証が文献，C号証がそれ以外であるが，たとえば，私鑑定はD号証とするなどである。これも，裁判所の選任した鑑定人の鑑定と，当事者の一方が依頼した専門家の意見書との区別を明確につけようとする趣旨と考えられる。そこには証拠力の差が前提にされているように思われる。確かに，判決理由に一方当事者の提出した意見書が引用されて事実認定がなされている場合，反対尋問を経ていない陳述書を基礎に事実認定がされている場合と同様の違和感があるであろう。もっとも，実務上，反対尋問を経ていない陳述書の証拠申出が撤回されることは少ないようである。撤回はされないもののその程度の証拠力しかないものとして評価されている。しかし，反対尋問を経ていない陳述書や意見書もいったん書証として提出されると，それを読んだ鑑定人が影響を受ける可能性を否定することはできない。協力医の作成した意見書を鑑定人としての医師が目を通す際，反対尋問を経ていない伝聞証拠にすぎないという意識で証拠評価しているとは思えない。一般論としていえば，他の専門家の意見に興味のない専門家はほとんどいないであろう。D号証として鑑定人の鑑定意見の基礎から除外する工夫には合理性がある。

Ⅶ　相当程度の可能性の侵害

仮に，死亡との相当因果関係を認めるのが難しい場合，事故がなければこの時期に死亡することはなかったであろうという生存していた相当程度の可能性という法益が侵害されたものとみて，（死亡慰謝料よりも低額の）慰謝料の支払義

Ⅶ 相当程度の可能性の侵害

務を認めるという選択もありうることになる。生存していた相当程度の可能性が法益であるとすれば，民法709条の「法律上保護される利益」に該当することになるからである。

しかしながら，生存していた相当程度の可能性の侵害については，判例上医療訴訟において肯定されてきているという現状を踏まえるならば[※256]，それが他の不法行為形態でも認められるべきかという点で，規範仮説からマクロ正当化の過程への移行のハードルが高くなってしまうことが予想される。また，もともと主張がなされていないので，弁論主義上の問題があり，不意打ちにならないような訴訟指揮が必要になる。

なお，実際の事案では，予備的請求として脛骨腓骨に偽関節を残したという後遺障害による逸失利益や後遺障害慰謝料等が請求されている。

＊相当程度の可能性という法益

最判平成12・9・22（民集54巻7号2574頁）は，「疾病のため死亡した患者の診療に当たった医師の医療行為が，その過失により，当時の医療水準にかなったものでなかった場合において，右医療行為と患者の死亡との間の因果関係の存在は証明されないけれども，医療水準にかなった医療が行われていたならば患者がその死亡の時点においてなお生存していた相当程度の可能性の存在が証明されるときは，医師は，患者に対し，不法行為による損害を賠償する責任を負うものと解するのが相当である。けだし，生命を維持することは人にとって最も基本的な利益であって，右の可能性は法によって保護されるべき利益であり，医師が過失により医療水準にかなった医療を行わないことによって患者の法益が侵害されたものということができるからである」と述べる。相当程度の可能性は保護法益のことであり，相当程度の可能性の存在は証明されることを要する。これは証明度を下げることを認めた判決ではないと解される。

＊法的観点指摘義務の利点

仮に，民事訴訟法上，法的観点指摘義務の定めがあれば，裁判所は口頭でやり取りをするきっかけを得られるであろう。法的観点について率直に当事者双方に告げる機会が得られ，法的観点については行きすぎた積極的釈明であるとの非難は受けにくくなるかもしれない。たとえば，「裁判所としては，民訴法上の義務があるので，お伝えしておきたいと思いますが，生存していた相当程度の可能性の侵害について，ご主張，ご反論があれば，それも争点として判断するのが相当ではないかと考えておりますので，双方代理人におかれてご検討いただければと思います。」と述べるなどである。

なお，法的観点指摘義務については後述する。20年以上前からその必要性について

[※256] 本件はいわゆる医療訴訟ではない。

指摘されてきているが、いまだ立法に至っていない。民事訴訟法に法的観点指摘義務を定めた規定はない（山本・民訴構造17頁）。

VIII　因果関係の肯定

こうして検討してきてみると、子どもがサッカーボールを蹴った行為と被害者の死亡との因果関係は否定されそうにも見える。

ただ、しかし、事故前の当該高齢者の生活情況と、事故後のそれとの差は、かなりの落差があるように思われる。事故前は、家の裏の畑で野菜を育てたり、山でみかんを育てたりしており、移動の際にはバイクを運転していたというのであるから、生活はほぼ*257自立的に過ごしていたように見える。

他方、事故後は、入院、各種検査（X線やCT検査など）、骨折部の固定、リハビリなど、立て続けに身体・精神に負荷のかかる形で生活に変化が起きている。骨折部の治癒傾向とは別に、事故後2週間後程度から、体調不良が起き、嚥下困難、嗄声、吃逆（きつぎゃく／しゃっくり）等症状がみられ、喀痰量も増えて、食事が摂取できなくなってきている。これは、ある程度、一般的に予想された範囲のように見える。つまり、高齢者の生活に大幅な変化が起きたとき体調を崩すおそれがある、ということは一般的に予見することは可能である。特別の事情によって起きた損害でも、その事情が予見可能であれば、特別の事情から生じた損害についても賠償責任を認めてもよいであろう。民法416条2項は債務不履行の規定であるが、これが相当因果関係について定めた趣旨と解されるのであれば不法行為にも類推することが可能になるであろう。

＊257　事故翌日のCT検査結果によると、高齢化によるとみられる脳溝と側脳室の拡大が明瞭であり、全般的な脳萎縮が存在していたとされる。これは、事故前の生活でも認知症的な症状が出ていた可能性を示す。ただ、普段の生活を繰り返している限り、社会生活上の不都合は生じていなかったという可能性がある。

Ⅸ 減額の方法

　とすると，若者であれば脛骨腓骨のため入院*258してもやがて骨癒合を果たし数週間後には退院し日常の生活に戻ることができるかもしれないが，それが高齢者であったとすれば，それがきっかけで体調を崩し不幸にも死亡に至るということもありうることになり，事故の被害者が高齢者で入院をきっかけに体調を崩してしまうという特別の事情は予見可能なものといえるであろう。そうだとすると，相当因果関係を肯定する解釈も可能になるのではないか，となってくる。

　そこで，この「生活の一変化」を足がかりに死亡との因果関係を認める可能性が注目される。頭部への外力や衝撃の事実は認め難いが，脛骨腓骨骨折等の受傷，検査，処置，入院生活の継続など環境の変化をきっかけに，もともと有していた脳病変（慢性硬膜下血腫や脳萎縮など）からの身体への影響が増悪し，仮性球麻痺の症状を発生させるまでの機序を招いたという見方である。

　　＊検査には目的（目標）が必要
　　　検査の実施自体も患者の身体に負担をかけるものである。通常，検査には目的ないし目標がある。漫然と，とにかく検査をするということはない。それは過剰検査，過剰診療として忌避されるべきものである。疑われる疾患に狙いを定め（あるいは，予めその可能性を排除しておきたい疾患を狙って）検査を実施するのが通常である。骨折が疑われれば，その箇所として最も疑われるところの検査を実施し，認知症が疑われるのであれば，さまざまなテストとともに，脳萎縮の存否・程度などを見るため頭部のCT検査などを実施することがありうる。

Ⅸ　減額の方法

　「生活の一変化」を踏み台に死亡との因果関係を認めるとしても損害の額についてはこれを減額するのが相当ではないか，と考えるのだとすれば過失相殺という手法が考えられる。

　被害者は，普通に道路を走行していたにすぎないとすれば，正面から過失相殺を認めることは難しいかもしれない。しかし，被害者にとってはよく知った道であり，小学校があることも知っていたということから，子どもの道路への飛び出しや，ボールが転がり出てくる可能性などは予測できていたとも考えられる。サッカーボールは，南門を越えて側溝にかかった橋を転がり出てきたと

＊258　保存療法としてはギプス固定，シーネ固定，牽引などがあり，手術としては髄内釘や創外固定などがある。年齢，転位，全身状態，開放骨折かどうかなどによって選択される。

第9章　具体例での検討

いうことであるから，突然，勢いよく飛んできたボールがバイクのハンドルなどを直撃しバランスを崩したというものではないようである。そうだとすると，小学校の校庭そばの道路を進行するときは，それ相応の注意を払うことが本来求められるべきものとして，過失相殺という観点から減額をすることもできなくはなさそうだと思われる。

　さらに，そればかりではなく，長期入院と，高齢化によるものとみられる脳溝と側脳室の拡大，全般的な脳の萎縮とが，相俟って仮性球麻痺の発症に寄与しているとすれば，その寄与度的な相互調整も可能になるであろう。損害の公平な分担という不法行為法の趣旨から民法722条の規定を類推し，あるいは，過失相殺の趣旨を類推して，損害項目の一部につき，何割という減額をすることもできそうである。

　その他，被害者の遺族が受給した恩給（扶助料）があれば，これを逸失利益に相当する部分から損益相殺することも考えられる。

　たとえば，被害者の過失（小学校の校庭の側の道路を走行していたもの）を斟酌し過失相殺として30％減額し，過失相殺の類推ないし趣旨の類推（寄与度的なもの）として50％程度であるとすれば，被害者に生じた損害の65％を減額するという計算[259]が可能になる。そこから，さらに，損益相殺も考えられることになる。

X　第1審と第2審

　第1審[260]は，損害の公平な分担の見地から，民法722条の規定を類推して，被害者の素因ないし既往症を斟酌して，治療関係費の一部を除いて，その6割を減額[261]している。遺族のうち恩給（扶助料）を受給した者についてはそれも控除している。結果として，治療費，入院雑費，付添看護費，葬儀費用，死亡逸失利益，入院慰謝料，死亡慰謝料の合計約1700万円が認められた。これを遺族の相続分に応じて分け，一部，恩給分を控除し，弁護士費用を加算して請求を一部認容している。

＊259　$(1-0.5) \times (1-0.3) = 0.35$
＊260　大阪地判平成23・6・27判時2123号61頁。
＊261　要するに，認められる損害額の40％の金額に減額される。

第 2 審*262 は，治療費，入院雑費，付添看護費，葬儀費用，死亡逸失利益，死亡慰謝料，合計3241万円余りについて，65％（過失相殺として30％，過失相殺の類推として50％，（1－0.5）×（1－0.3）＝0.35）を減額して，合計1134万円余り（3241万円×0.35＝1134万円）が認められ，相続分に応じて分け，一部，恩給分を控除し，弁護士費用を加算して請求を一部認容している。

XI 発見の過程とマクロ正当化の過程

以上のようになされてきた思考をもう一度トレースしてみよう。

生活事態*263 を観察し，いかなる規範が適切かという観点から生活事態と規範仮説を行ったり来たりしながら考えると，道路と校庭をできるだけ分離すべきである，という規範仮説が，将来指向的な事故抑止には適合的であると思われた。

しかしながら，この規範仮説は，司法的な解決，あるいは，本件における当事者間の紛争解決という観点からみると，マクロ正当化の過程への移行が難しい。（主に）制定法からの解釈によって適合的な法規範（法準則）を導こうとしても，道路と校庭とをできるだけ分離すべきという規範を見つけることは難しそうだと思われた。おそらく，これでは，被害者の遺族と子どもの両親との間の紛争解決に資するものになりそうではなかった。

マクロ正当化への移行を視野に入れ，子どもの過失は認めるとして，その責任能力を否定する反面で，子どもの両親の監督義務違反を導くことによって，被害者遺族と子どもの両親との間の紛争解決，損害賠償という金銭的な解決を目指す場合，民法714条という制定法からの解釈によって適合的な法規範（法準則）が導くことができそうである。

他方，いわば「因果関係の遠さ」という問題があった。子どもが校庭でボールを蹴れば，その1年5ヵ月後，高齢者が病院で誤嚥性肺炎で死亡する，というところまでの法的な意味での相当因果関係を認めるのは，生活事態とこれを規律するであろう規範仮説との間に緊張関係が生まれてしまう。それは，おそ

＊262 大阪高判平成24・6・27判時2158号51頁。
＊263 あるいは，生の事実群といってもよい。

第9章　具体例での検討

らく（比喩的な言い方としていえば）「事案の手触り」にあわない結論であろうと考えられた。

　他方，死亡との因果関係を否定する，あるいは，死亡との間の因果関係を否定しても，何らかの法益侵害（生存していた相当程度の可能性など）を認め中間的な解決を目指すというのも，この事案の解決としては適合的ではなく，因果関係を認めたうえ，そこから導かれる損害額を何らかの理由で減額して，当事者間において損害を公平に分配するという方向性が望ましいように思われた。このような規範仮説に沿う法規範を制定法の中から見つけることは可能であり，マクロ正当化の過程への移行は容易である。

　こうして，被害者が高齢者であり，高齢者が入院を契機に生活状況が一変し，従来から徐々に進行してきていた認知症の症状を一気に加速させてしまうという予見可能な特別な事情を考慮して，しばしば高齢者の認知症患者の死因となることの多い誤嚥性肺炎からの死亡という結果について相当因果関係を認めたうえ，そこから，損害の公平な分担という不法行為制度の立法趣旨に鑑み，既往と認められた脳萎縮の傾向を根拠に損害額の減額をし，また，小学校近辺の道路の走行における注意の程度を斟酌してさらなる減額を認める規範を民法722条2項の解釈から導いている。

　本件事案をこのように見ることができるとすれば，生活事態と規範仮説の視線の往復から正当化の過程，とくにマクロ正当化の過程への移行を経て，発見の過程と正当化の過程とがオーバーラップしてきているところを観察することができる。

XII　ミクロ正当化の過程

　他方，ミクロ正当化は，むしろ機械的な作業に見える。

　子どもについて，民法709条の要件としての過失は認める。他方で，未成年者である子どもの事理弁識能力を否定して，民法712条の適用を認める。子どもは同条の法律効果として損害賠償責任を負わない。その反面として，子どもの両親について，責任無能力者がその責任を負わない場合の監督義務者としての損害賠償責任を肯定し，民法714条1項の適用を認める。同項但書前段の免

XII　ミクロ正当化の過程

責事由は認めない。子どもの行為と被害者の死亡との因果関係（民709条）については，これを認めるが，民法722条の適用，ないし類推適用をして，相当な額の減額をする。相当な減額とは，第1審では6割引，第2審では6.5割引とされている。

過失は認められるか，認められないかのどちらかであり，責任能力も認められるか，認められないかのどちらかであり，両親の監督義務やその違反も，認められるか，認められないかのどちらかであり，因果関係も認められるか，認められないかのどちらかである[*264]。それはその効果を導く要件事実に該当する主要事実の主張が事実に合致しているか（真），又は，していないか（偽）のどちらかによって導かれる。このように，判決の理由には，ある要件事実にあてはまる事実が認められるか，又は，認められないか，という二値的な判断がなされ，各法規範を大前提とし，認定された各事実を小前提とする演繹的な三段論法を判決理由に表現することによって，判決の主文たる結論が正当化されていると考えられる。

こうしてみると，「判決の正当化（中略）において決定的に重要な過程は，形式論理的な真偽を二値的に評価できる演繹的推論の適用が可能となる以前の段階にみられる」との指摘は説得的である（田中・法理学457頁）。また，「法学入門の教科書を繙いてみると，いわゆる『法的三段論法』を法的思考の基礎とみなし，これを駆使する能力を『リーガルマインド』の核心的部分として捉える伝統的な説明が，依然として少なくない。しかし，このような旧来の通説が法的思考における最も重要な部分を捉え損ねていることは，つとに指摘されている」（日本法哲学会編・暗黙知2頁）という指摘も同様に説得的である。このように，ミクロ正当化に還元される前の段階のマクロ正当化の過程，それとオーバーラップする発見の過程，それぞれの視線の往復の段階で，判決の結論が導かれてきているとすれば，その過程へどのように関わっていくかが重要になってくる。

＊政策判断
　　仮に三権分立上立法や行政に比して司法の力を削いでおくほうが適切であるという

[*264] 見方を変えれば，二値的な判断によって導かれる結果についての何らかの理由による調整手法を，過失相殺ないしその類推，趣旨の類推というものが担ってきているのかもしれない。過失相殺（類推，趣旨類推）は，二値的判断の行き着く先で，あたかも安全弁のような役割を果たしているといえるであろう。

考え方があり，あえて法律家を法的三段論法ないし要件事実論的な二値的世界に閉じ込めてしまおうとしているのだとすれば，なるほどそのような政策判断について（それが適切かどうかは別にして）想像することはできる。しかしながら，そのような政策があったのではなく，法的思考自体を法的三段論法や要件事実論的な世界に凝縮してしまい，それこそが法的思考といわれるものの全体であると考えられているのだとすれば，ここでその問題点を指摘しておかなければならないと思われる。

XIII 監督義務者の責任否定という結論

ところが，この事案について最高裁は第1審，第2審とは異なる解決を指向している。すなわち，監督義務者の責任を否定するという結論である[265]（窪田・論究14〜16頁）。この法律効果を発生させる法規範は，民法714条1項但書前段の「監督義務者がその義務を怠らなかったとき……は，この限りでない」から導くことができる。マクロ正当化の過程における大前提の正当化は確実である。むしろ，法律家であれば誰でも知っている法準則である。ただ，この法規範を適用した先例が見当たらなかっただけである。

問題は，この法規範の適用を促す発見の過程での規範仮説の内容である。最高裁は，どのような生活事態に着目し，視線の往復という過程を経て，どのように規範仮説を立てて行ったのであろうか。

第1審では，原告は子どもの責任能力が否定されたときは民法714条により両親は監督者責任に基づく損害賠償責任を負うと主張され，被告はボール遊びが許されている校庭でのボール遊びまでしないように事細かに監督すべき義務はないから監督義務違反（行為）もない旨反論していた[266]。

また，第2審では，両親側は次のような反論をしていた。一般的な家庭と同

---

[265] 被害者の救済という観点から監督義務の内容を抽象的に拡張し実質的な厳格責任（免責を認めない）として運用されてきたという理解をするならば，責任無能力による免責と監督義務者の責任とは一体的にひとつの制度として法規範が定立されていると解釈すべきことになるであろう。もし，そうだとすると，本判決は民法714条の運用を実質的な過失責任（中間責任）に引き戻すという側面を有している点で，従前，同条が果たしてきた実践的な役割，すなわち，被害者の救済の機能を大きく縮減するものであるという見方が成り立つ。つまり，過失責任主義を徹底し民法714条を立証責任を転換したものと解するのではなく，一定の法的地位にある者の負担すべき責任として構成する考え方から見ると，本判決は本質的に無視できない問題を抱えている（窪田・論究16頁参照），と指摘できる。

様に子どもには危険な遊びをしないように注意し，そのほか身上を監護し教育を施してきた。子どもの成長に従い，その能力の発達に応じて，その行動の自由に任せておく領域が拡大する。特に具体的な危険が予測されない限り，いちいち行動を監督・管理するという色彩は薄れていく。監督義務は普段からの教育・しつけの義務という抽象的なものへと変化していく。本件の子どもは11歳であったから責任能力者に近づいており，普段から一般家庭と同じく教育・しつけを行ってきている以上，両親に監督義務違反はない。さらに，児童が学校の設置した遊具をその用法に従って使用すること，したがって，小学校の設置したサッカーゴールに向かってボールを蹴る（シュートする）ことは，自然なことであり，これを回避することは期待できない。ボールをグラウンドの外に出さないように指導していたとしても，ボールを完全にコントロールすることはできないから，本件事故の発生を防ぐことができたとはいえない，として，因果関係を否定する主張もしている[267]。

第1審，第2審での714条の監督義務違反の有無について主張立証，反論反証の経過をみて，最高裁は何を想起したのであろうか。

XIV　徘徊事件判決

第1審の判決は，平成23年6月27日に言い渡されている。第2審は平成24年6月7日である。その最高裁判決は，平成27年4月9日であるから，上告，上告受理申立てから判決まで3年弱の時間を要していることになる。この間に，同じく民法714条の監督義務違反が争われた事件について，判決が言い渡されている。認知症の高齢者が徘徊によって線路内に立ち入り，電車に接触して死亡した事案で，電車の遅れなどのため損害を負った鉄道会社が，その相続人へ損害賠償請求訴訟を提起し，認容されたものである。この判決は社会的に

---

[266]　もっとも，判決書をみる限りは第1審でのこの論点の主張や反論はやや薄いという印象を受ける。原告は，両親の監督義務違反の過失と，被害者の死亡との間に因果関係があるとして，民法709条に基づく損害賠償請求を主位的請求として立てていたので，民法714条に基づく請求は予備的請求とされていた。実質的には，民法709条の過失と民法714条の監督義務違反とは重なっている。判決では，被告の反論は主位的請求に対する反論と「同旨である」と整理されている。

[267]　民法714条1項但書後段に関する主張もしていると見ることができる。

第9章　具体例での検討

も広く波紋を呼び，多数の報道がなされた。平成25年8月9日名古屋地裁判決，及び，その控訴審である平成26年4月24日判決である。サッカーボール事件の最高裁判決は，この高齢者徘徊事件の控訴審判決の後になされている[268]。そこで徘徊事件についてみてみよう。

各判決の時系列図

XV　徘徊事件第1審

　事案の概要はおおよそ次のとおりである。原告は鉄道会社であり，被告らは死亡した高齢者（91歳）の法定相続人である同居の妻（当時85歳），長男，二男，二女，三女である[269]。本件高齢者は線路内に立ち入り列車と衝突して死亡した。これにより列車に遅れが生じ影響を受けた各駅における旅客対応の人件費や，振替乗車費用[270]，運転見合わせによる乗車券の払戻金などの損害，合計719万円余りの賠償が求められている。

　本件高齢者の責任能力は否定され，妻の民法709条に基づく損害賠償責任と，長男の民法714条（準用[271]）に基づく損害賠償責任が認められ，その余の被告

---

[268]　徘徊事件の最高裁判決は，サッカーボール事件の最高裁判決（平成27年4月9日）の約11ヵ月後の平成28年3月1日になされている。
[269]　長女は既に死亡していたものである。
[270]　この損害項目は，名鉄線振替乗車に係る費用2万1948名分としての534万3335円であり，本件訴訟で請求された損害額の75％弱を占める。
[271]　長男は，社会通念上，民法714条1項の法定監督義務者や同条2項の代理監督者と同視しうる本件高齢者（父）の事実上の監督者であったとし，これらの法定監督義務者や代理監督者に準ずべき者として監督義務があったとしている。その上で，監督義務の履行について，監督義務を怠らなかったと認めることはできないとされている。また，義務を怠らなくとも損害が生ずべきであったと認めることもできないとされている。

らの責任は否定された。妻は，夫（死亡した本件高齢者）から目を離さずに見守ることを怠った過失があるとされた。たとえ目を離した時間は最大で6，7分であったとしても，夫の介護体制は常に目を離さないことが前提になっていたものだったというのである。

　長男は，複数回，家族会議を主催しており，最終的に方針を決断し決定したのも長男であった，とされている。そして，常に目を離すことができない状態とされている父（死亡した本件高齢者）が介護などでそばにいた者ら（長男の妻も介護を手伝っていた）が目を離した間に自宅から外出して徘徊し，その結果，自身の生命や身体の危険はもとより，線路内に侵入したり，他人の敷地に侵入したり，公道上に飛び出して交通事故を惹起したりなどして，他人の生命，身体，財産に危害を及ぼす危険性を具体的に予見することは可能であった，とされている。具体的には，事務所出入口に設置されていた事務所センサーの電源が切られたままになっていたということは，独りで徘徊することを防止するための適切な措置が講じられていなかったといわざるを得ないとされ，特養ではなく在宅介護を続けるのであれば，そのために支障がないような対策（例えば民間のヘルパーを依頼するなど）を具体的にとることも可能であったのにそのようなことも講じていなかったことなどが指摘されている。

　他方，二男は，家族会議には参加せず，事故当時は海外におり，父の介護について，長男と相談したということがあったことすらうかがわれないとされ，損害賠償責任を負わないとされている。

　二女も，幼い頃に養父母と養子縁組して同居しておらず，父の介護などに関する家族会議には参加していなかったもので，損害賠償責任は負わないとされている。

　三女は，介護の現場や実務に精通する人物であった。家族会議にも出席し，母親や長男，そして長男の妻とも話し合い，介護保険制度の利用や，医療機関の受診，要介護度の進行についての意見など，介護の在り方を取り決めるにあたって重要な役割を果たしたと認定されている。しかし，三女の関わり方は，長男の意思決定，決断の参考となる情報を提供し，助言をしていたにとどまり，実際の介護への参加も，長男の妻の補助をする程度にとどまっていたとされ，父（死亡した本件高齢者）が自宅から独りで外出・徘徊して第三者の権利を侵害

157

第9章　具体例での検討

することのないような介護体制を整えておくべき不法行為法上の注意義務を負っていたということまではできないとされた。つまり，三女の賠償責任は否定された。

　まとめると，死亡した高齢者は無責（責任能力なし），妻は有責（民709条），長男も有責（民714条準用），二男・二女・三女は無責という結論であった。

　この判決については「家族はどこまで責任を負うことになるのか」という問題意識をもって報道がなされた。

　　＊「見守り」という用語の曖昧性
　　　　常に目を離さないという意味での監視義務がすべての介護者に課せられるようなことがあっては，自宅での介護はもとより，施設における介護事業も成り立たなくなるであろう。事業者としても，高齢者ひとりに対してひとりの介護者，つまり，1対1を実現することは不可能であろう。もともと「見守り」という日本語の内容が曖昧であり，見守りという用語に対応する現実の事態には，一瞬でも目を離してはならないという意味から，ある程度目を離していても声をかけるなり何かあったら気づく程度の近さにはいてあげることなど，比較的幅広い意味が当てられているように思われる。見守りという用語により，関係者が，各々その意味する内容を誤解（理解）しながら（あえて曖昧な比喩を使えば「玉虫色」といえる），現実的な対応可能性や，社会通念上の許容性を自分なりに解釈しその範囲で対応可能な選択をしているように見える。この事態を放置すれば「見守り」という用語をめぐって，「見守りしていない」「見守りしていた」という紛争が繰り返されることになるように思われる。
　　　　ところで，前述のポランニー・暗黙知20頁には，次のような記載がある。「私たちが言葉が意味するものを伝えたいと思うとき，相手側の知的な努力によって埋めるしかないギャップが生じてしまうものなのだ。私たちのメッセージは，言葉で伝えることのできないものを，あとに残す。そしてそれがきちんと伝わるかどうかは，受け手が，言葉として伝え得なかった内容を発見できるかどうかにかかっているのだ。」。つまり，ポランニーのコメントに沿うとすれば，「見守り」という言葉で伝えることができなかったものが，あとに残され，それを受け手が発見できるかどうか，受け手の知的な協力が期待されて初めて「見守り」という言葉が指す意味（対象たるもの）の伝達が可能になるように思われる。「見守り」という言葉の日本語としてのやさしい響きに鑑みれば，受け手としては常に目を離さず監視し続けるという強い意味までは含んでいないと理解することが多いのではないかと思われる。

XVI　徘徊事件第2審（妻）

　第2審は，長男の責任を否定した。他方，妻の責任は認めたものの賠償額を

XVI 徘徊事件第2審（妻）

　第1審の半額（359万8870円）に減額した。死亡した本件高齢者（夫）の責任能力を否定し，妻は民法714条による監督義務者に該当するとした。民法709条に基づく損害賠償責任については，妻も長男もともに否定した。
　妻の責任については次のとおりである。死亡した本件高齢者は，重度の認知症による精神疾患を有する者として精神保健及び精神障害者福祉に関する法律（平成19年12月7日当時有効なもの。以下これを「精神保健福祉法」という）5条の精神障害者に該当するとし，精神保健福祉法は精神障害者に後見人又は保佐人がない場合には，配偶者が保護者となる旨を定めている（精神保健福祉法20条2項）。この保護者制度の趣旨に照らしても，現に同居して生活している場合においては，（夫婦としての協力扶助義務の履行が法的に期待できないとする）特段の事情のない限り，配偶者の同居義務及び協力扶助義務に基づき，精神障害者となった配偶者に対する監督義務を負い，民法714条1項の監督義務者に該当するとされている。
　婚姻して以来，同居をしてきた夫婦であること，アルツハイマー型認知症を発症したこと，徘徊をして行方がわからなくなることがあったこと，認知症により要介護4[272]と認定されていたこと，日常生活に支障を来すような症状・行動や意思疎通の困難さが頻繁に見られ，常に介護を必要とし，常に目を離すことができない状態であると判定されたことなどを掲げ，本件の妻は，重度の認知症を患って自立した生活を送ることができなくなった夫（死亡した高齢者）に対する監督義務者の地位にあったとされている。
　妻自身も要介護1[273]の認定を受けていたが，長男の妻らの補助や援助を受けながら妻として生活全般を配慮し，介護するなどしていたことが認められるとして，いまだ夫婦としての協力扶助義務の履行が法的に期待できないとする特段の事情があるということはできないとしている。
　その上で，民法722条2項に定める被害者に過失相殺事由が認められない場

---

[272] 要介護認定は1～5まである。おおよそ要介護4とされているのは，立ち上がりや歩行が自分一人ではできない，身だしなみや居室の掃除などの身の回りの動作が自分一人ではできない，知能の低下，日常生活能力の低下，尿意や便意がなくなる，生活全般の介護が必要とされる状態と説明される。

[273] おおよそ要介護1は，日常の動作全般に不安定，物忘れ，立ち上がりや歩行が不安定，食事や排泄は一人ででき，身だしなみや居室の掃除など身の回りの動作には何らかの介助や見守りが必要とされる状態と説明される。

合であっても，同項に体現されている不法行為法における損害の公平な分担の精神に基づき，諸事由を総合的に勘案して，賠償額を被害者の被った損害の一部とすることができると述べ，加害者側の事由と被害者側の事由を掲げ，被害者の損害額の5割を賠償すべきとした。

加害者側の諸事由としては，事故の態様，本件高齢者は多数の不動産や5000万円を超える金融資産を有していたこと，妻はその2分の1を相続すること，民法714条1項ただし書の義務を怠らなかったとはいえないものの長男の妻の補助を得て相当に充実した在宅での介護体制を構築し監督義務の履行に努めていたことなどが掲げられている。

他方，被害者側の諸事由としては，資本金の額が1000億円を超える日本有数の鉄道事業者であること，損害額は約720万円であること，公共交通機関の担い手としてその施設及び人員の充実を図って一層の安全向上に努めるべき社会的責務があること，さらに，本件高齢者は○駅から列車に乗車し，△駅に至っているところ，○駅と△駅での利用客等に対する監視が十分になされていれば，また，△駅ホーム先端のフェンス扉が施錠されておれば，事故を防止できたと推認されること，などが掲げられている。

妻は，常に夫（死亡した本件高齢者）を見守ることまでは困難であったということ，妻の年齢や身体状態からみて，夫がいったん外出してしまうと，それを追いかけることは困難であったことも認められている。

それでは，妻には，どのような監督義務違反行為が認められたのか。それは，夫が日常的に出入りしていた事務所の出入口に設置された事務所センサーの電源を切ったままにしていたという行為である。もし，センサーが作動していれば，センサー音により夫の外出に気がつくことができたと推認されている。本件では，福祉施設から帰宅して事務所にいた夫が妻が居眠りをした隙に外出して列車と接触しており，センサーが作動していれば外出を感知できたということになる。

XVI　徘徊事件第2審（長男）

この徘徊事件の第2審では，第1審とは異なり，長男への請求は棄却されて

XVI　徘徊事件第2審（長男）

いる。民法714条の監督義務者には該当せず，かつ，民法709条の過失の前提となる鉄道の線路内に入り込むような行動をとることを具体的に予見することは困難であったとされている。

　まず，長男は，監督義務者でも，代理監督義務者でも，事実上の監督者でもないとされている。次のとおりである。長男は，父の介護に相当深く関与しており，仮に成年後見の開始決定がなされる場合，成年後見人に選任される蓋然性が高かったものと推測されるが，実際に成年後見人に選任されたことはない。長男の負う扶養義務（民877条1項）は夫婦間の同居義務や協力扶助義務とは異なり，経済的な扶養を中心としたものの義務であり，父を引き取って扶養する義務を意味するものではない。父は精神障害に該当する状態であったが，長男は扶養義務者にすぎないので，精神保健福祉法20条2項により家庭裁判所の選任行為を待って初めて父の保護者となるところ，そのような選任行為はなされていない。長男は，父の生活全般に対して配慮し，その身上に対し監護すべき法的な義務を負っていたものと認めることもできない。このような事実から長男は監督義務者ではないとされた。

　また，代理監督義務者でもないとされている。介護に深く関与していたということができるが，母から父の介護を委ねられ，これを引き受けていたとまではいえない。長男の妻による介護行為は母の父への身上監護のための補助行為であって，長男が母から介護を引き受けその補助者として長男の妻が活動していたものではない。

　また，事実上の監督者として，代理監督義務者又はこれに準じる者にも当たらないとされている。扶養義務を負うからといって，そのことにより，長男の父に対する監督義務は基礎づけられるものではない。長男が，家族会議を日時を指定して招集し，これを主催したとの事実は認められない。家族会議といっても，顔を合わせた際などに介護方針や体制について意見を交わし決定していた状況を指しているにすぎない。長男が，遺族代表として対応したことを考慮しても，介護体制について最も責任を負う立場にあったとはいえない。長男は，成年後見開始決定がなされれば成年後見人の選任を受ける蓋然性が高かったとしても，ことさらに成年後見開始申立手続を回避していたような事情もなかったと認められる。長男は，20年以上も父と別居して生活していた。

このように，長男は，民法714条による賠償責任を負担させるような，事実上の監督者に該当するものともいえない。

次に，民法709条に基づく損害賠償責任も否定されている。父の認知症の程度に鑑みると，母や長男の妻の知らないうちに 外出して徘徊し，所在が不明になることの予見は可能であったものの，独りで徘徊した際に鉄道の線路内に入り込むような行動をすることを具体的に予見することは困難であったとされている。認知症を患った後においても，鉄道の線路に入り込んだり，無断で他人の土地や建物に入り込んだことがなかったし，深夜に外出・徘徊して警察に保護されたという出来事があった後においても，外出時に電車に乗ろうとしたり，しばしば外出したがっていた生まれ育った地域のある地区とは反対の方向の駅へと行こうとしたこともなかったという。つまり，従来からみられた徘徊と本件事故時の徘徊とは，かなりその傾向や範囲など異質な変化をしていたのである。

XVIII 波　　紋

徘徊事件の第1審・第2審判決によって広がった波紋のひとつは，家族に対して認知症の人物を見守るという注意義務を厳しく求めている，という点である。そして，もうひとつは介護に深くかかわる者ほど重い責任が問われることになるという点である[274]。

前者については，徘徊をする高齢者は，周囲がどんなに注意をしていても，一瞬の隙をついて出ていってしまうことがあり，もし，徘徊をさせないようにするなら，何らかの空間に鍵をかけるなどして閉じ込めてしまわざるを得なくなる。しかし，それでは，本人の思いに寄り添った介護ができなくなる，という声があるとのことである。確かに，本人が外出したいというなら，できるだけ安全に気を配りながら，それをさせてあげられるような関わりあい方をするほうが望ましいように思われる。すぐ後ろから様子を見ながら自由に行きたい方向へ行かせてあげることができる。

---

[274]　NHK解説2013年12月14日放送「認知症800万人徘徊事故をどう防ぐ」参照。http://www.nhk.or.jp/fukayomi/maru/2013/131214.html

XVIII 波　　紋

　後者については，親の介護に深く関わっている者（妻や長男）に重い責任が認められ，そうではない者（二男，二女，三女）には責任が否定されたことから，積極的に親の面倒をみようとする家族はいなくなってしまうのではないかということが危惧されるというものである。確かに，この判決からは，最後まで責任は負えないと少しでも思うのであれば，中途半端に手伝おうなどとはせず，最初から，一切，関与しないという態度をとることこそ身を守る術であるというメッセージが伝わりそうに見える。

　他方，第2審は，長男の責任を否定しているので，介護に距離を置く者ほど責任を問われないですむという印象は薄くなっているようにも見える。しかしながら，妻については，精神保健福祉法の保護者制度の趣旨にも触れながら，配偶者の同居義務，協力扶助義務に基づいて，配偶者（夫）への監督義務を負い，民法714条1項の監督義務者であることが肯定されている。つまり，夫婦としての協力扶助義務の履行が法的に期待できない場合を除き，配偶者に該当する者は，監督義務者と認められるということになるであろう。

　そして，今回，監督義務者としての監督義務を怠った行為というのは，設置された事務所センサーの電源が切られていたこと（電源を入れていなかったこと）である。確かに既に設置されている当該センサーを作動させた状態にしておくことは介護する者にとって容易なことのひとつであったといえるであろう。これを過失と捉えられても致し方ないところのように見える。ただ，そこに「隙」があった，いわば徘徊事故へ繋がる（社会生活上の）抜け穴が開いていたということは，その後に起きた結果を知っているからこそ明確に指摘可能なのではないか，という面もなくはないと思われる。徘徊事故へ結びつく危険性は通常ひとつではなく複数あって，それをひとつひとつ消しながら安全な生活環境を整えていこうとしている矢先に，いきなり死亡に至るような大きな事故が起きてしまうということは十分ありうることなのである。

　そのように考えると，徘徊する高齢者と同じくらいの年齢であることが多いと思われる配偶者に求められる注意義務としては比較的厳しいものがあるようにも思われる。また，事故が起きてみれば気づくようなことでも，それが起きる前に予期することが難しいというケースは思いのほかあるのではないかと考えると，（業務として介護活動を行っている）介護施設の運用に当たってもハードル

の高い注意義務が求められることになりそうである。このように，この判決から広がった波紋は深刻な社会問題を提起している面があるのである。

翻って考えてみると，家族による介護の場面において，徘徊をケアするために自宅内や立ち回り先に複数のセンサーを設置するということさえ，容易に要求することはできないところがある。とすれば，かえって，手厚い介護環境を整えてしまったが故に介護者の過失と評価されてしまう行為が増えてしまうというおそれがあるという点も指摘できるかもしれない。結果からみれば，もともとセンサーなどなければ，そのスイッチを入れ忘れることもなかった。当為は行為可能性を含意しているからである[*275]。ここにも，介護環境を整備していく上でのジレンマが潜んでいそうに見える。

ⅩⅨ　迫り来る予期

このような徘徊事件判決に対する社会的波紋が起きていたことは，当然，最高裁も意識していたものと思われる。仮に，そうだとすると，サッカーボール事件の係属した第一小法廷において，その発見の過程はどのようなものであったのであろうか。想像してみたい。

裁判所には「迫り来る発見の予期」が芽生えたであろう。徘徊事件では，介護の現場を目の当たりにして，常に（ほんの数分でも）目が離せない高齢者[*276]の安全確保の困難さが浮き彫りになってきている（生活事態の内面化[*277]）。規範仮説としては，徘徊傾向の見られる高齢者の行動の自由を思い切って制限するのもやむを得ない，そうすべき，と価値判断するか，介護者に放置していたなどの態度が見られない限りは，一瞬の隙をついた危険の現実化による被害の発生

[*275] 行為可能性のないところに当為はないと考える。たとえば，人類が時速50km/h以上の速度で走ることができないのであれば，時速50km/h以上で走るべきでない，としてこれを禁止する規範を定立するのは意味をもたないであろう。

[*276] 現実には，徘徊以外に誤嚥の問題もある。ほんの少し目を離した隙に致死的な誤嚥を起こし，窒息死してしまうケースもありうる。しかし，現実の介護の現場で高齢者と1対1で対応し続けることは不可能であろう。目を離さざるを得ない瞬間は必ず出てくる。それが，たまたま死亡するきっかけとなれば，過失責任を負わされ，損害賠償を求められるとすれば，介護の事業は成り立たなくなってしまうおそれがある。

[*277] 生活事態を内面化することによって暗黙知における近位項として機能させ，遠位項たる規範仮説の中にそれを感知させる。

は家族ないし地域社会で吸収していくべき，とするか。どちらの方向性がより普遍的な価値に奉仕するであろうか。

　高齢者など一般社会生活で独り立ちができない者を隔離することによって，高齢者にとっても，家族や地域社会にとっても，安全快適な生活環境を確保する，という価値観が相当なのか。それとも，安全性や快適性は完全ではないものの，家族やその他の人々に囲まれて過ごす老後を前提にして，できるだけそのリスクを小さくしながら普段の地域社会[278]の中へとけ込ませていくという方向性が望ましいのか。

　フリーキックの練習をしていた児童は小学校の校庭の中にいた[279]。まだ，とても社会で独り立ちできる年齢ではない。ある程度一般社会から隔離された生活空間で教育を受けながら大人への成長を待っている段階にある。だからといって完全に隔離された空間を用意することは現実的でなく，また，適切でもない。年齢によって，ある程度の一般社会との接触を維持しながら成長を促すほうが適切であろう。子はやがて親元を離れていく。自分で生活を始めなければならない。親は頼もしく社会生活にとけ込んでいく子の姿を望んでいる。比喩的にいえば，絶対に転ばないようにケアするより，転んでも大きな怪我をしないように見守るほうが好ましい場合もある[280]。

　一方で高齢者や子どもなど[281]社会的弱者の生活空間を社会からできるだけ分離することによってその保護と社会活動の迅速化・円滑化を実現するとともに，それでも起きてしまった有害事象についてはその監督者に責任を負わせることにするという帰結がある。他方で，社会と相対的な離隔を保ちながら，そこから生じうるある程度予想可能な危険が現実化したときは，関係者に深刻な落ち度が認められない限り責任追及はできないものとし，いわばそのリスクを各地域社会で受忍していくという帰結がある。そのほかの考え方もありうるであろう。どの帰結が基底的ないし普遍的な利益に奉仕することになるであろう

---

[278] NHK 解説2013年12月14日放送「認知症800万人徘徊事故をどう防ぐ」参照。安心して徘徊できる町のコンセプトを紹介している（福岡県大牟田市）。http://www.nhk.or.jp/fukayomi/maru/2013/131214.html
[279] フリーキック事件における生活事態を内面化し，暗黙知の働きを開始させる。
[280] 遠位項へと注意を向ける。
[281] 高齢者に関する生活事態と子どもに関する生活事態を包括的に内面化し，暗黙知における近位項として働かせ，注意を向けた遠位項たる規範仮説の中にそれを感知するようになる。

か。

　そもそも社会を構成するのは人であり，人は子どものころから（若くして命を落とすことがなければ）高齢になるまで，それぞれの人生の時間を過ごす。社会にはいつも多様な年齢や世代の人々が暮らしていることになる。それが，将来的に持続・継続していく可能性の高い社会の姿*282であろう。そして，各年齢・世代の共存のため，そのコストは誰が負担すべきなのかという問題を意識するとき，それは，その監督者である一個人（ないし法人）には帰すべきではないのではなかろうか，という考えに至るのは不自然なことではない。ここに普遍化可能性*283を認める判断がなされる。

　こうして監督者の免責を認める方向に踏み出すことになる。

XX　最高裁のマクロ正当化

　発見の過程からマクロ正当化の過程への移行は比較的スムーズであろう。民法714条1項ただし書から，義務を怠らなかったときの責任免除という法規範はたやすく導くことができるからである。また，これだけ発見の過程における思考があるのであるから，従来，同条項ただし書の適用を認めた判決例*284がなかったとしても，本件ではそれを認める十分な理由があると考えるであろう。

　同項ただし書前段を解釈し，法規範を定立するとして，「監督義務者がその義務を怠らなかった」とは，具体的にどのような内容を要件として求めるべきかは問題になる。ここでは，大前提（法規範）と小前提（事実）の視線の往復がなされる。その内実はインダクション（小前提と結論から大前提を導く推論）とア

---

*282　極端なことをいえば，仮に子どもが1人もいない社会があったとすれば，その社会はやがて数十年で姿を消す運命にあり，将来的に継続していく可能性がない。仮に女性が1人もいない社会があったとしても同様の問題がある。持続・継続可能性のある社会には子どもから高齢者まで男女ともに暮らしていることが必要である。

*283　判タ1415号71頁は，解説の中で本判決を「事例判例ではあるが」と解説しており，この解説者は，普遍化可能性の考慮という視野はもっていないと考えているようである。本判決の射程を比較的狭く限界づけようとするコメントといえる。なお，裁判長も「これは事例判決なので，別の事案で評価に関連する事実が出てくれば，結論は変わるかもしれませんね。」と述べている（LIBRA2016年12月号20頁参照）。

*284　判タ1415号70頁は「従前，最高裁においても，民法714条1項ただし書による免責を明示的に認めた判例は存していない」と述べている。

XX 最高裁のマクロ正当化

ブダクション（大前提と結論から小前提を導出する推論）であると既に述べた。

(1) 大前提 ＝ 法規範
(2) 小前提 ＝ 具体的事実
(3) 結　論 ＝ 判決
ディダクション：　(1), (2)⇒(3)　……演繹風（判決三段論法）
インダクション：　(2), (3)⇒(1)　……帰納法
アブダクション：　(3), (1)⇒(2)

　監督義務者（両親）には被監督者（子）に対し一般的に人身に危険が及ぶ行為をしないよう指導する義務があり，結論として監督義務者としての義務を怠らなかったと判断するのであれば，本件監督義務者（両親）は一般的に人身に危険が及ぶ行為をしないように指導しており，かつ，本件被監督者（子）は人身に危険が及ぶ行為をしていなかったという事実があるはずである（アブダクション）。

　監督義務者（両親）において，被監督者（子）に対し，人身に対する危険な行為に及ばないよう日頃からしつけをしていたという事実があり，被監督者にも人身に危険が及ぶ行為をしたという事実がなく，結論として監督義務者としての義務を怠らなかったと判断するのであれば，監督義務者には被監督者の行動について一般的に人身に危険が及ぶ行為をしないよう指導する義務があるはずであり，通常，人身に危険が及ぶとはみられない行為であっても，その行為からたまたま人身に損害を及ぼした場合には，そのことが具体的に予見可能なものでなければならない，と解釈されるはずである（インダクション）。

　監督義務者（両親）が被監督者（子）に対し，一般的に人身に危険が及ぶ行為をしないよう指導する義務があり，かつ，そのような危険性のある行為ではなくとも人身への損害を与えることが具体的に予見可能であるときはそのような行為をしないように指導する義務があり，結論として監督義務者としての義務を怠らなかったと判断するのであれば，両親は一般的に人身に危険が及ぶ行為をしないように指導するとともに，現に発生した人身損害について具体的に予見することができなかったはずである（アブダクション）。

　本件子どもが直接道路に向かってボールを蹴っていたという事実があれば，当該行為は人身へ危険を及ぼす行為に当たり，両親は一般的に人身への危険を

及ぼす行為をしてはならないという指導義務を怠ったという結論をとることになるであろう。しかし，本件では，そのような事実はなかったようである。

　本件子どもがサッカーボールを蹴ったという行為は，蹴ったボールが道路に転がり出る可能性があったという点で道路を通行する第三者との関係では危険性を有する行為であったものであるが，放課後に児童に開放された校庭においてゴールに向けてフリーキックを蹴る練習をしていたという行為自体に人身侵害への危険性があったとはいうことはできないであろう。ゴールの後ろに道路があったとしても，校庭の日常的な使用方法としての通常の行為の範囲内のものと解される。

　それ自体人身に危険性を及ぼす行為でなかったとしても，ボールが道路上に出ることが常態的なものになっていたとすれば，そのことから，道路通行中の第三者の人身に損害を与えることを具体的に予見可能であるから，校庭の外にボールが出る可能性のある練習はやめなさい（たとえば，校庭ではドリブルや細かいパス回しの練習をしなさいなど）という指導をする義務が生じるので道路を背にしたゴールに向かってのフリーキックの練習をやめさせる義務は発生し，両親は，この義務に違反したということになるであろう。しかし，道路上に出ることが常態であったという事実はなかったようである。

　また，本件では，両親が直接校庭で子のフリーキックの練習を監視していたという事実もないようである。

　本件において，両親は危険な行為に及ばないよう日頃から子どもに通常のしつけをしていたという事実はあるようである。

XXI　ミクロ正当化

　ミクロ正当化の過程は，（あたかも自動販売機のような）形式的で単純な作業に見える。判決理由中で，各論点につき，あるか，ないか，という二値的判断を繰り返して論を進める。子供に過失を認める（民709条）。しかし，事理弁識能力を否定する（民712条）。子供は損害賠償責任を負わない。その反面として子どもの両親に監督義務を認める（民714条1項本文）。そして，監督義務者は義務を怠っていないとして（民714条1項ただし書前段）損害賠償の請求を棄却する。

監督義務を尽くしていたかについては，直接的な監視下にない子の行動については，人身に危険が及ばないよう注意して行動するよう日頃から指導監督する義務があるが，本件の子が行った行為はそもそも通常人身に危険が及ぶようなものではなかった。仮に，その行為自体は人身に危険が及ぶ類いの行為でなかったとしても，そこから人身侵害の発生することについて具体的な予見が可能であった場合は，一般的な指導監督を行っていたのみではその監督義務を尽くしたとはいえないが，本件の両親は，危険な行為に及ばないよう日頃から子に通常のしつけをしており，かつ，子の本件における行為について人身に損害を与える結果を具体的に予見可能であったという特別の事情はなかった。

XXII 徘徊事件最高裁

その後，平成28年3月1日，最高裁（第三小法廷）は上述の徘徊事件につき第2審で肯定されていた妻の賠償責任を否定する判決を言い渡した。これにより，電車と接触して死亡した高齢者の妻とその長男は責任を免れ，第1審原告である鉄道会社の請求はすべて棄却された。

この判決の反響は大きかった。翌日，読売新聞，朝日新聞，産經新聞は1面トップ記事として伝え，日経新聞も1面記事で扱った。「認知症事故　家族責任なし（読売新聞）」，「徘徊事故　家族に責任なし（朝日新聞）」，「家族に賠償責任なし（産經新聞）」，「認知症　家族の責任認めず（日経新聞）」という見出しが躍った。テレビやネットニュースでも報道された。この判決の結論は，おおよそ好意的な評価を得ているようである[285]。鉄道会社も「最高裁の判断を真摯に受け止める」というコメントを残している。

判決理由には，妻は「精神障害者と同居する配偶者であるからといって，その者が民法714条1項にいう『責任無能力者を監督する法定の義務を負う者』に当たるとすることはできない[286]」，また，「精神障害者であるAの法定の監督義務者に準ずべき者に当たるということはできない」と述べられ，法定監督義務者に該当せず，それに準ずべき者にも当たらないとして，責任が否定され

---

[285] 読売新聞は「1，2審判決は，24時間見守り義務が課されたような不安を介護する家族に与えていただけに，意義は大きい」と述べている。

た。また，長男も「『監督する法定の義務を負う者』に当たるとする法令上の根拠がない」，「精神障害者であるAの法定の監督義務者に準ずべき者に当たるということはできない」とされ，責任が否定されている。

つまり，上記サッカーボール事件では，未成年子の両親は監督義務者に当たるものの（民712条・714条1項），その義務を怠らなかったとして免責を受け（民714条1項ただし書前段），徘徊事件では，認知症高齢者の妻や長男は，そもそも監督義務者ないしそれに準ずべき者には当たらない[*287]とされたのである。

もっとも，この徘徊事件の最高裁判決には1名の裁判官の補足意見と2名の裁判官の各意見がある。後者の意見は，長男については法定の監督義務者に準ずべき者に当たるとしたうえ，その義務を怠らなかったものと認め，免責という結論を導いている。

XIII　発見の過程の推測

この徘徊事件について最高裁での発見の過程を推測してみよう。当該高齢者を取り巻く事実群を生活事態と呼ぶとする。そのような生活事態を内面化し，きっとこれを規律しうる規範があるだろうと考えて複数の規範仮説を立ててみる。

いわば現役世代の社会人と高齢者との生活空間をできるだけ分離して事故発生の可能性を少なくさせ，それでも起きてしまった有害事象についてはその監督者が責任を負うべき，という規範仮説がありうる。他方，もともと社会には多様な世代（子どもから高齢者まで）が暮らしており，それが将来的にも継続性の高い社会の姿[*288]であって，相対的に危険性との距離を確保しながらも，そこ[*289]

[*286] （実定法である）民法752条の定め（夫婦の同居，協力，扶助の義務を定める）からは，夫婦間で相互に相手方に対して負う義務を超えて，第三者との関係で夫婦の一方に何らかの作為義務を課すという法規範を解釈として導くことはできず，同条は民法714条の「法定の義務」の根拠とはなりえないという趣旨であり，かつ，この民法752条以外に夫婦の一方が相手方の法定の監督義務者であるとする実定法上の根拠は見当たらないとされている。

[*287] そのような義務を負わない者である以上，その者には義務に違反する行為も認められない，ということになる。

[*288] あるいは，いわゆるサスティナビリティの一部を構成するものといってもよいかもしれない。

[*289] 完全には生活空間を分離できていないこと。

から生じる予測可能な危険が現実に惹起されてしまったときには，その監督義務があると認められる者などは責任を問われるが，その者らが相応の注意を払っていたときは賠償責任を否定し，そのリスクはある程度各地域社会で吸収していくべき，という規範仮説もありうる[*290]。

　実定法から離れて考えてみたとき，いずれの仮説が，より基底的ないし普遍的な利益に奉仕することができるであろうか。普遍化可能性という観点からみて，より優れた規範仮説とはどのようなものであろうか。前者では生活空間の分離が，結果として徘徊のおそれのある高齢者を何らかの方法で閉じ込めてしまうという帰結（結果として拘束グッズ準備や安全室という名の閉じ込め部屋の確保が義務づけられる社会など）を導くことになりそうであり，それはおそらく現実の社会における施策としては望ましい方向性ではないように思われる。各年齢・世代の生活空間での共存を志向するのであれば，そのためのリスクないしコストをより公平に分散させることができそうな後者を選択するのが妥当なように思われる。

> **＊保険による対応**
> 　ちなみに報道によれば，損害保険各社から，自動車保険や火災保険，傷害保険の特約として「個人賠償責任保険」が提供されている。日常生活で他人に傷害を与えた場合などに賠償金や弁護士費用が保険金として支払われる。加入者本人のみでなく，配偶者や同居の親族も対象となるものがある。認知症に罹患した者が第三者に損害を与えた場合，監督義務者に当たるかもしれない後見人や別居の家族などでも保険金の支払を受けられる保険もあるとのことである。他方，被害を受けても監督義務者がいない，あるいは，免責される場合の被害者側についての保険対応も考えられる。その保険料の分だけ各地域社会で活動する主体が受け容れるリスクに対応しているともいえる。広く社会でかようなリスクを共有していくとすれば，自動車損害賠償保障法のような立法的対応も視野に入ってくるのではないかと思われる。

XXV　マクロ正当化の過程の推測

　そして，この発見の過程からマクロ正当化の過程に移行し，上述の発見の過程での選択を正当化するには，民法714条1項の条文から解釈により導かれる

[*290]　そのほかの仮説もありうると思われる。

第9章　具体例での検討

法規範（法準則）が適合的と考えられ、そこから、さらに、同条本文とただし書とから解釈される法規範（法準則）によるべきかどうかも含め、小前提たる認定事実との間で視線の往復（アブダクションとインダクション）が繰り返されたものと思われる。

　責任無能力者を監督する法定の義務を負う者はその責任無能力者が第三者に加えた損害を賠償する責任を負うべきであるという法規範（法準則）があるが、同居の妻が責任無能力者の夫の行為によって生じた損害の賠償責任を負わないとすれば、その妻は法定の監督義務者には当たらないのではないか、と推論される（アブダクション）。

　夫婦は互いに同居・協力・扶助義務を負うべきという法規範があるが、同居の妻が責任無能力者の夫の行為によって第三者に生じた損害の賠償責任を負わないとすれば、夫婦の同居・協力・扶助義務は、その妻が法定の監督義務者であることを基礎づけるものではないのではないか、と推論される（アブダクション）。

　夫婦の同居・協力・扶助義務を負う妻が、認知症の夫（責任無能力者）の監督義務者に当たらないのであれば、夫婦の同居・協力・扶助義務は、夫婦間の相互義務にとどまり第三者との関係で夫婦の一方に何らかの作為義務を課すべきものではない、と解釈されるべきである（インダクション）。

　法定の監督義務者に該当しない者であっても、準監督義務者として責任無能力者の第三者に対する加害行為による損害賠償責任を負わせるのであれば、単なる事実上の監督を超えてその監督義務を引き受けたとみるべき特段の事情が認められるべきである。その特段の事情については諸般の事情を総合考慮して、現に監督しているかあるいは監督することが可能かつ容易であるなど衡平の見地から責任を問うのが相当といえる客観的状況がなければならないと解釈されるべきである（インダクション）。

　多数意見の視線の往復の過程はおおよそ上述のようなものではないかと思われるが、大谷意見については、次のとおりと思われる。

　法定の監督義務者に該当しない者であっても、法定の監督義務者に準ずべき者は、責任無能力者が第三者へ与えた損害を賠償すべきであるという法規範があり（最判昭和58・2・24判タ495号79頁）、その者が認知症の高齢者の準監督義務者に当たるのであれば、その者は介護体制の構築など監督体制を整えた中心的

な地位にあったのではないか、あるいは、本来、成年後見人に選任されてしかるべきような者であったのではないか、と推論される（アブダクション）。

準監督義務者に該当する者が、その監督義務の履行を怠らなかったとして免責されるのであれば、そのために求められる注意義務の程度は、当該責任無能力者の意思を尊重しながら、その心身の状態や生活の状況に配慮していたと認められる程度のもので足りる（免責の範囲を拡げる）と解釈されるべきである（インダクション）。

法令上の定めを解釈して法定の監督義務者に当たるかどうかと、諸般の事情[291]を考慮して法定の監督義務者に準ずべき者に当たるかどうかとを、それぞれ正当化できるよう実定法を解釈して法規範を定立する考え方と、賠償義務を負う責任主体はなるべく一義的、客観的に決められるようにして、その責任の範囲については被害者の救済可能性との調整を図り免責の範囲を拡げ[292]、地域社会の中である程度そのリスクを受け容れていくという考え方とがありうるであろう。前者が民法714条1項本文から導かれる法規範（類推適用の場合を含む）に対応し、後者が同条項本文とただし書前段から導かれる法規範（類推適用の場合を含む）に対応すると考えられる。

前者が多数意見である。後者が大谷意見[293]である。

XXV ミクロ正当化

ミクロ正当化の過程はシンプルである。ディダクション（演繹）風の説明となる。多数意見は、次のとおりである。

法定の監督義務者は責任無能力者が第三者に加えた損害を賠償すべきであ

---

[291] 6要素と呼ばれる。①その者自身の生活状況や心身の状況、②精神障害者との親族関係の有無・濃淡、③同居の有無その他の日常的な接触の程度、④精神障害者の財産管理への関与の状況などその者と精神障害者との関わりの実情、⑤精神障害者の心身の状況や日常生活における問題行動の有無・内容、⑥これらに対応して行われている監護や介護の実態など、である。

[292] 責任者が法の要請する責任無能力者の意思を尊重し、かつ、その心身の状態及び生活の状況に配慮した注意義務をもってその責任を果たしていれば、免責を受けられる、とする。

[293] 大谷意見は、民法714条の法文を解釈して、本体である法定の監督義務者は空白なのに、それに準ずべき準監督義務者は存するという法規範を定立する点を「分かりにくい構造」として批判している。

るが，夫婦の同居・協力・扶助義務（民752条）は夫婦相互間の義務にとどまり，第三者との関係での義務は含まれておらず，その他同居の配偶者を法定の監督義務者と認める実定法上の根拠はないので，妻は監督義務者には当たらない。長男にはそもそも監督義務者にあたるとする法令上の根拠がない。

　法定の監督義務者に該当しない者であっても，監督義務を引き受けたとみるべき特段の事情が認められる場合には，法定の監督義務者に準ずべき者として民法714条1項が類推適用されるべきであるが，妻には監督義務を引き受けていたとみるべき特段の事情があったとはいえないので，同人は準監督義務者には当たらない。長男にもその監督を引き受けていたとみるべき特段の事情があったとはいえないので，同人は準監督義務者には当たらない。

　岡部意見は，長男には監督義務を引き受けたとみるべき特段の事情が認められるので同人は準監督義務者と認められるが，徘徊行為を防止するための義務を怠りなく履行していたので，免責される，とする。

　大谷意見は，身上監護の事務を行う成年後見人が選任されていれば，この者が法定の監督義務者に当たると解釈すべきであり，選任されていなかった場合であっても，介護体制の構築等について中心的な立場にあったものは，成年後見人に選任されてしかるべき者として準監督義務者に当たるが，本件長男は身上監護事務上の注意義務を怠っていたとは認められないので，免責される，とする[*294]。

XXⅥ　三者独自の法的思考

　以上は，上述したとおり，具体例をベースに主に裁判所の視点から各過程の法的思考についてトレースした（その過程を追ってみた）ものであるが，そのほか，その思考の追跡には，原告代理人からの視点のもの，被告代理人からの視点のものがそれぞれ考えられる[*295]。そして，それらの法的思考の一部であるミクロ正当化の領域が主に裁判過程（民事訴訟の審理）に現れ，当事者間で主張立証の対象となったものと思われる。

[*294] 大谷意見は，誰も監督義務を負う者がいないという空白を作りにくくする一方，監督義務者の注意義務の内容を緩和して免責の範囲を拡げ，被害者救済とのバランスをとっている。

ⅩⅩⅥ 三者独自の法的思考

　ミクロ正当化の過程については，三者間の法的思考が立場の違いはあれ重なり合って相互に対話的・議論的な土俵でやり取りされているといえるが，マクロ正当化の過程や発見の過程は重なり合うことなく，三者が独自に[*296]思考している可能性がある[*297]。

　たとえば，マクロ正当化の大前提である制定法から解釈で導かれる法規範（法準則）の内容について，原告代理人と裁判所とで共通の認識があったとしても，被告代理人と裁判所との間ではニュアンスの齟齬がある，ということもありうる。原被告が逆の場合もありうる。そして，さらに，原告代理人と被告代理人との間では共通の認識が成り立っているが裁判所がそれに与していない場合[*298]もある。そのほか，マクロ正当化の小前提の正当化の過程や，発見の過程について，それぞれ，同様の組み合わせが生じることになる。しかも，それぞれの過程が経時的に進むことになる。動的でかつ複雑な様相を見せる。果たしてこれらをうまく噛みあわせながら手続を進めることは可能なのであろうか。

[*295] 原告代理人の認識がすべて裁判過程に上程されているとは限らない。被告代理人のそれも同様である。裁判官の心証もすべて原被告代理人に開示されているとは限らない。本件事案は社会的影響のある悩ましいテーマを含んでおり，三者三様の発見の過程とマクロ正当化の過程が生じていた可能性が高いと思われる。
[*296] 対話性という形式をとらずに思考されている。
[*297] マクロ正当化の過程と発見の過程については，それぞれモノローグ形式でしか思考されていなかったということになりうる。
[*298] 弁論主義が適用される場面（事実主張）では許されないが，いわゆる法律問題の領域ではありうることになる。

第 10 章

口頭でのやり取り

I　道標としての要件事実

　争点とは，法適用に意味ある主張事実の不一致である[*299]。もう少し敷衍すると，争点とは，事実レベルでは法適用に意味のある事実の不一致であり，法適用に意味ある主張事実とは具体的には，要件事実に該当する主要事実，それを推認するのに役立つ間接事実，それら事実に関する証拠方法の証明力を左右しうる補助事実である（実民訴・3期5巻35頁参照）と説明される。あるいは，争点とは，当該訴訟の訴訟物についての判断に必要な実体法規の適用において意味のある事実であって，当事者間に争いのある事実である（判タ1405号10頁，笠井正俊）と説明される。いずれの表現によるとしても同一の内容を示している。
　争点整理とは，争点を明確化し，これを絞ることである[*300]（竹下・イギリス59頁）。争点整理は争点及び証拠の整理である（民訴168条）。証拠（実務では主に書証[*301]）に照らし，暫定的な心証が開示されながら，1つか，少なくとも2〜3個くらいまでに争点が絞られることが多いと思われる。通常，争点整理の結果，争点の数は減少する[*302]。
　したがって，争点の定義（概念）と争点整理のそれをそのまま直結させれば，争点整理の手続は要件事実を道標として進められることになる。法適用に意

[*299] これは，当事者間で対立する最もホットなポイントを争点というのではないことを示す。たとえば，訴訟代理人が依頼者やその関係者から事情を聴取してそれを記載すれば訴状や準備書面が出来上がる，というものではない。何をめざしてその事実を主張するのかということを十分理解しているからこそ，当事者は弁護士に訴訟委任をする価値があるともいえる。争点を中心とした審理を実現するためには，要件事実の抽出とそれを攻撃防御の目標とする意味を理解することが必要になると考える。

177

第10章　口頭でのやり取り

味ある主張事実とは，要件事実に該当する主要事実とこれを推認する間接事実，証明力を左右する補助事実*303と解されるからである。

＊争点整理の段階での暫定的な心証開示

　　争点整理段階で開示される心証は暫定的なものといわれる。それは，しばしば証人尋問後の和解手続で示される判決主文に直結するような心証開示（いわば判決の見通し）とは異なるものである。もっとも，暫定的とはいっても，その対象となった論点について後に修正（撤回）されるということはまずないと考えてよいように思われる。

　　しかしながら，裁判官には異動があり，それをきっかけとしてそれまでとは審理の進行が異なってくることがある。代理人弁護士は，しばしば，そのような経験をしていると思われる。それでも大幅な変化が起きることは数としては少ないと思われる。私の経験でも異動後の新裁判官が新たな争点について指摘するにとどまらず，新たな訴訟物の提示（訴えの追加的変更）を当事者に促し，その請求を認容したことがある（従来の請求は棄却）。これは訴訟物に関する積極的釈明権の行使であり，処分権主義の領域に及んでいる。民訴法上の難問のひとつである。

　　こうして代理人弁護士は裁判官異動前後における訴訟経過の異同を経験していくものであるが，実際にはそれを計算に入れて裁判官の異動を契機に（それをチャンスと見て）それまでの訴訟経過を（自己に有利な方向へ）変更しようという試みがなされることがある。そのような場合，相手方の代理人は速やかにその試みを失敗に終わらせようとする言動に出ることになる。もっとも，このようなやり取りが始まってしまうということはあまり好ましい訴訟文化でないと思われる。しばしば，新裁判官は着

＊300　「日本とイギリスの民事訴訟制度は，異なる法体系に属し，多くの前提を異にするけれども，当事者主義を基本原則とする点においては共通しており，当事者主義から発生する問題への対処という観点から，参考になる点も少なくない。適切な裁判所による関与がなければ，証拠開示手続実施前の争点の絞り込みが進まない問題は，日本における前記問題に通じるところがあるように思われ，当事者間の事前交渉や期限の遵守等，適正かつ迅速な手続実現のための様々な工夫の重要性について示唆を得るところがある」と述べられている。イギリスでは，訴え提起前の当事者間の事前交渉が義務づけられているそうである。また，訴訟開始後，裁判官が証拠開示手続実施前の早期の段階で手続に関与し，審理計画を定め，主張の特定や立証方法に関する具体的かつ明確な命令を通じて，審理対象を明確にさせて，争点を明確にするとともに絞り込み，さらに訴額や事案の複雑さといった基本的な情報を基に，敗訴当事者から回収できる訴訟費用額の制御を通じて手続の規模を抑制している，とのことである。

＊301　しばしば，書証によって明らかにならない点を証人尋問によって立証するという進行になる。そこで，争点整理では，尋問によって明らかにする事項は何か，逆にいえば，書証によって明らかにされているものは何か，その区別をつける方向で進められる。

＊302　しばしば，ロースクール生や司法修習生による模擬裁判では，争点整理の結果，かえって争点が増えてしまうということが起きる。これは手続の進行についての未熟さによるものと解される。誰でもそのような時期を過ぎて一人前になっていく。

＊303　争点整理手続が，争点及び証拠の整理として理解され，主に書証による暫定的心証が開示されながら進められる以上，補助事実も道標としての役割を果たすことになる。たとえば，ある書証の真正に関連する印影について，これにかかわる周辺事情を構成する各事実は大きく訴訟の行方を左右することにもなりうる。

178

II　争点整理手続の傾向性

任後すぐに和解の勧試をし，個別に対応する場合があり，この対席でない場面を利用して上述の試みがなされると相手方代理人は対応のしようもないであろう。もっとも，実際には，着任後に誘導の目立つ代理人の行動はそれまでの訴訟経過が不利であったことを示してしまうというのが経験則である。

＊道　標
　　要件事実の道標としての機能は，要件事実が制定法の法文から解釈され，抽出されていることを要する。このように要件事実が何かが意識されているからこそ，主要事実が存在する，あるいは，そのような事実は存在しない，という双方の主張が（対立するという意味で）噛みあい，主要事実を推認する事実とそれを推認させない事実との関係も明確になっていく。その事実が何を目指しているのかわからないまま準備書面に記載することは通常ない。例外的に依頼者の強い意向により記載することはありうるが，その場合そういう趣旨のものとして区別できるように記載することが多い。もっとも，一見，要件事実とは距離があるように見え，準備書面には記載されないままだった事実でも，それが複数の間接事実を端的に結びつけるハブとなって，主要事実の推認につながるケースもある。また，依頼者の意向の中には，これから言語化されることを待っている生の事実が含まれている場合がある。これを拾えるかどうかは代理人のスキルにかかわると思われる。

II　争点整理手続の傾向性

　しかしながら，争点整理手続が要件事実を道標として進行していくとすれば，それはディダクション（演繹）風に法律構成された法的（判決）三段論法に直結する思考であるから，勢いミクロ正当化の過程に集中していくことになるであろう。しかし，法的思考はミクロ正当化のみに限局されるものでない。上述のとおり，正当化の過程にはマクロ正当化もあり，そのほか発見の過程もあるからである。
　このように，その訴訟審理において，要件事実は何かという点を見据えながら争点を整理していく手続は，最終的な判決という結論を理由づけるために必要な過程ではあるが，それは，それとともにマクロ正当化や発見の過程（その過程でなされる視線の往復）を捨象[304]していく傾向性を有していることにも注意。[305]

---

[304] 意図的にそうしているつもりはなくとも，切り捨てていくという傾向を客観的に有しているということを自覚しておくほうがよいと思われる。
[305] 争点の整理をしている際，いつも，マクロ正当化の過程はどうか，発見の過程はどうか，その間の視線の往復はどうか，なども同時並行的に意識をし続ける姿勢を心がけたいと思う。

をしておく必要がある*306。判決の結論に決定的な影響を与える過程は，各要件事実を充足する主要事実が認められるか，認められないか，という二値的な判断をする（演繹的な推論の適用が可能となる）以前の段階にあると解されるからである。

III　対話のなされない領域

　原告の主張，被告の反論・主張（抗弁），さらに，これに対する原告の反論・主張（再抗弁）などが積み重ねられていく中で*307，いつも明示的に噛みあっている論点は，法適用に意味ある事実としての要件事実を充足する主要事実が中心となりそうである*308。

　しかしながら，そうすると，裁判所や原告（訴訟代理人），被告（訴訟代理人）は*309，ミクロ正当化にかかわる論点以外については，それぞれ独自に法的な思考をしていることになり，それらの過程は訴訟の審理手続には現れにくいことになる。マクロ正当化の過程で行われる，大前提たる法規範を（主に）制定法から導く法解釈，小前提たる事実を認定する際の証拠評価の方法やそれに用いられる経験則の選択，そして，大前提と小前提との視線の往復（インダクションとアブダクションの繰り返し）については，裁判所，原告（訴訟代理人），被告（訴訟代理人）との間で議論ないし対話を交わす場面が乏しくなってくる。

　まして，生活事態（生の事実群）を把握し，それを内面化することによって暗黙知を働かせ，規範仮説を立ててあるべき法規範を発見しようとする思考過

---

*306　要件事実や争点整理に関する議論が，専ら演繹風の判決三段論法に直結するもの以外を切り捨てていくためになされているのではないか，という誤解は払拭しておく必要があると思われる。また，実務家としても意識せずそのような捨象傾向を促進させてしまっていないか反省しておく必要がある。
*307　現実の訴訟実務では，再抗弁や再々抗弁まで積み重ねられることは少ないと思われる。請求原因が認められるかどうかのみで決着するか，これに加えて抗弁が認められるかまでが問題となる事案が多いという印象である。
*308　むしろ，そうあるべきとする考え方もあるかもしれない。
*309　当事者が複数の共同訴訟も多々ある。たとえば，複数の被告それぞれに別の訴訟代理人がついているケースも多い。そうなると，さらに，議論にさらされることのない独自の法的思考がなされる領域が増えることになる。たとえば原告1人，被告2人でそれぞれに別の訴訟代理人がついている場合は，裁判所を含め，4つの法的思考がなされる領域が生まれることになる。

程（複数の規範仮説を比較していずれがより基底的ないし普遍的な価値に適合的かを考えるなど）や，反対に，規範仮説を内面化し，その時点ではまだヴェールにつつまれていた訴訟外の社会的事実（たとえば高齢者の占める割合の高い社会となってきたことによる介護の日常性ないし事業性や，子育て世代の共働き傾向，家族構成，年齢，収入など）との関連性を発見し，規範仮説を実際の生活事態に適用してみてそこから導かれる諸帰結が各人それぞれの価値観に基づく人生設計を可能にする社会の構築に奉仕するものであるかどうかなど，発見の過程ついては，なおさら三者間*310の対話の機会は乏しくなってくる。

このように，専ら要件事実に集中した争点整理では，法的思考を構成するほんの一部しか議論の射程に入ってこないことになりうる。演繹風の推論部分以外について，対話を基礎とした訴訟活動ないし審理手続を実現するには，どのような工夫をすればよいのであろうか。

Ⅳ　書面にしにくい話題

端的に，ミクロ正当化における演繹風の三段論法を示した後，これに加えて，マクロ正当化の過程や，その契機となった発見の過程に関する話題を準備書面（民訴161条）に記載するということが考えられる。しかし，マクロ正当化の過程でなされる大前提と小前提を行ったり来たりする視線の往復はインダクションとアブダクションの繰り返しといえるので，それは可謬性を前提としている。間違っているかもしれないという推論をあえて準備書面に記載したとしても，相手方からの厳しい反論に遭うだけかもしれない。かえって，信用性を疑われる結果になってしまうおそれがある。まして発見の過程では，実定法に基礎づけられないような規範仮説にも触れることになるので，法的な議論を踏み外しているような印象を与えかねない。そうだとすると，準備書面（訴状，答弁書を含む）にマクロ正当化や発見の過程を記載するのは訴訟代理人としては躊躇せざるを得ないということになるであろう。そこで，口頭による議論*311がクロ

---

*310　原告訴訟代理人（原告），被告訴訟代理人（被告），裁判所の三者のことを指す。
*311　「議論」とはいっても情報交換的なディスカッションというイメージである。「口頭の議論」，「口頭による議論」，「口頭でのやり取り」など表現の仕方には多少のバリエーションがあるようである。本書では，いずれも同様の内容を指すものとして使用する。

ーズアップされてくる*312（高橋・民訴概論134頁）。

V　口頭でのやり取り

　争点整理は，法律構成がごくシンプルな事案では口頭弁論期日（法廷）で行われることもあるが，実務上，主に争点整理が行われるのは弁論準備手続（民訴168条）においてである*313。したがって，ここでいうところの「口頭による議論」とは，主に，弁論準備期日における双方代理人と裁判所との間の口頭でのやり取り，情報交換的なディスカッションのイメージ*314である。

　弁論準備手続が行われる場所としては，法廷ではなく，しばしば書記官室近くの準備室等が用いられる。裁判所の建物の中には，通常，法廷より狭い複数の部屋があり，テーブル*315等を囲むように配置された椅子に着席し，手続が開始される。双方代理人間の距離は約1～2メートル程度となり法廷よりずっと近くなる。裁判官も壇上にはおらず，同じ高さのテーブルに着席し，法服も身につけていない。口頭でのやり取りをするにはちょうどよい環境となる*316。

---

*312　口頭でのやり取りについて「平成8年新法が創設した弁論準備手続では，裁判官と両当事者の間の口頭でのやり取りが期待されていた。実際に口頭での弁論準備手続が行われているかどうかは，裁判所・裁判官によるようであり裁判所が行う訴訟運営の課題の一つである。」と述べられている。

*313　条文上，裁判所は，弁論準備手続に付すときは，当事者の意見を聴くことになっているが，訴訟代理人が弁論準備手続に付すことに反対意見を述べることはあまりないのではないかと思われる。
　　　第1回口頭弁論期日か，数回口頭弁論期日を重ねた後，裁判長が「本件は，弁論準備手続に付したいと思いますが……」と述べ，特に双方代理人に異議がなければ，次回期日は弁論準備期日が指定される，というパターンが多い。私の経験では，第1回口頭弁論期日に次回は弁論準備期日を指定するという（訴訟の）進行が多いが，他方，訴状，答弁書，双方の第1準備書面が提出・陳述された後くらいのころに，弁論準備期日が指定されることが多いという意見も多く見られる。

*314　「口頭議論」という用語のイメージする（意味する）ものが何かについて，弁護士と裁判官との間はもとより，裁判官の間でも一致していないのではないか，とされている。あらかじめ準備を要するほどの「応酬」を想定するか，簡単な質問と回答程度のものを想定するか，などである。

*315　ラウンドテーブル法廷というものもある。通常の法廷の中に大きな（畳で3～5畳くらいの大きさの）楕円型のテーブルが置いてあり，壇上の裁判官席には誰も着席していない。しばしば，東京地裁でのいわゆるカンファレンス鑑定の手続では，このラウンドテーブル法廷が利用されている。労働審判手続もラウンドでなされることが多いと思われる。

Ⅵ　ノン・コミットメント・ルール

　日本弁護士連合会の民事裁判手続に関する委員会（以下，民裁委員会という）は，口頭の議論を推奨している。フランクな意見交換により当該事案について裁判所と双方代理人[317]との間で共通の理解を深めることを目指し，民事裁判に関する運用について提言しているもののひとつである。確かに，弁論準備期日が書面の提出と次回期日の指定だけで終わるより，事案の内容についていくつか簡単なやり取りがなされるほうが，手続は円滑かつ迅速に進む[318]であろう。代理人にとっては裁判所の関心がどの辺りにあるか見当をつけるきっかけにもなる。

　口頭の議論の効用を高める方法のひとつとして，ノン・コミットメント・ルール[319]（無答責原則[320]）が提案されている（判タ1405号12～16頁）。これは，争点整理の場面で口頭で話をした内容については自白は成立せず，かつ，（自白の対象にならない事実であったとしても）いずれの当事者にも不利な心証として採用されない，その発言が後に不利益に援用されることもない，という約束事である。

---

[316]　弁論準備期日は，相当と認める者の傍聴が許されている（民訴169条2項）。たとえば，代理人がついていても，原被告が法人の場合の当該事件の担当者（法務，総務，知財部などの従業員），事務長などは，ほぼ支障なく傍聴が許されてきていると思われる。
　　私の経験では，個人が被告とされている場合のその個人の勤務先の他の従業員（部下）の傍聴が許されなかったことがある。また，不正競争防止法関係事件で，個人が被告とされている場合のその個人の勤務先関係の弁理士の傍聴が許されたことがある。交通事故案件での被告の加入している保険会社の代理店（事業主）の傍聴は微妙になる場合があると思われる。
[317]　当然，双方代理人の間には利害対立があることを前提としたうえで，当該事案についての共通理解というものがあるはずである，と考えられている。
[318]　「次回書面で（明らかにする）」といって，回答が1ヵ月先になるよりも手続が迅速に進むであろう。次回期日で回答した内容が裁判所の質問の意図と違った場合，それについても「次回書面で」ということになれば，さらに回答は1ヵ月先になるであろう。相手方が回答された内容を見てから反論するという姿勢をとった場合，当該回答への反論はそれからさらに1ヵ月先になるであろう。仮に，その内容が，口頭でのやり取りで済む程度のものであれば（ふたを開けてみれば主要な争点となるほどのものでなかったとすれば），2～3ヵ月もの手続の遅れはいかにももったいない時間といえるであろう（なお，本章ⅩⅣ「次回書面で」参照）。
[319]　裁判官（最高裁事務総局民事局）も「弁論準備での口頭の議論にノン・コミットメント・ルールを浸透させることに賛成です。」と述べている。
[320]　端的に，発言の撤回自由の原則と呼んでもよいかもしれない。乗り降り自由とも表現される。

第10章　口頭でのやり取り

　このうち，自白について述べる*321と，民事訴訟法における自白とは，当事者がその訴訟の口頭弁論，弁論準備手続においてする，相手方の主張と一致する自己に不利な事実の陳述，あるいは，相手方の主張する自分に不利益な事実を争わない旨の意思を表明する，弁論としての陳述（事実の主張の一態様）とされる（高橋・重点民訴上475頁）。自白があると，その効果として，裁判所は自白された事実に拘束され，それに反する事実を判決の基礎とすることができない（弁論主義の第2テーゼ）。自白された事実については証明が不要となる（民訴179条）。したがって，相手方は当該事実については証明する必要はなくなったものと考えることになる。この信頼*322は保護しなければならない。

　口頭での発言であっても，主張であることには変わりはない。むしろ，民事裁判は口頭主義のもと口頭での発言こそが主張とされるべきものである。しかしながら，自白を容易に撤回できないとする実質的な理由*323は相手方の信頼の保護にあるので，ノン・コミットメント・ルールで話をしているという相互了解が成り立っている以上，自白の成立を認めることによって保護されるべき相手方の信頼そのものがそこには存しないということになる*324。結果として撤回が制限されることもない。弁論主義の適用場面でのことであるから，理論的にはある種の訴訟契約が成立していると解することもできる。

　これらのことは自白の対象とはならない間接事実や補助事実についても，同様である。ノン・コミットメント・ルールで話をしている以上，そこで話題に出てきた事柄を前提に双方の主張がさらに積み重ねられていくという関係にはないからである。それでも，「前回の期日で相手の弁護士はこう言った」という趣旨を準備書面に記載したり，「前回の期日での相手方代理人の発言は○○

---

*321　通常，主要事実が対象となる。
*322　たとえば，予後不良悪性疾患に罹患した重要証人の証拠保全は，自白が成立している以上，その必要性を感じないことになるであろう（民訴234条。証拠保全は，それ自体，証拠調べの手続である）。容易に自白の撤回が許されるとすれば，いったん自白しておいて，重要証人が死亡してから，自白を撤回すれば，証拠調べを免れられることになってしまう。したがって，たとえ相手が自白しても，そのようなことは無視して証拠保全も含め必要な立証活動をどんどん進めておいたほうがよいということになる。こうして，どの訴訟においても，全論点が立証の対象となるとすれば，審理期間は延びることになるであろう。
*323　少なくとも機能的な理由は相手方の信頼保護と解される。
*324　ノン・コミットメント・ルールのもとでディスカッションしているときは，双方にとって立証活動の必要性ないし手間が軽減されることはないと考えておけばよいことになる。

Ⅵ　ノン・コミットメント・ルール

を認めることを前提にしたものである。」など，揚げ足取り，ないし我田引水的な主張を準備書面に記載することも考えられる。このような主張は，信義則を根拠に不適法な主張として却下[*325]（判タ1405号15頁）することができるものと解される。

　もっとも，たとえ却下されたとしても，十分，相手方代理人に対し嫌な思いをさせることはできるであろう。その意味で牽制にはなる。しかし，そのことによって失われるのは自身の訴訟活動の信用性・信頼性である。単なる牽制のみというものが，みずからの行為の評価を下げてまで獲得すべき目標なのか疑問である。むしろ，それほど割にあわないことをせざるを得ないということ自体，客観的な現状が自身にとって深刻であり，かつ，そのような認識をもっている，ということを表明してしまうことにもつながる。確かに敗訴を覚悟したならば牽制のみという獲得目標もありうるかもしれない。しかし，その意味は著しく乏しいであろう。まもなく覚悟したとおりの結論を突きつけられることになるからである。

　もっとも，文字どおり乗り降り自由という意味合いでのノン・コミットメント・ルールで進められるシーンは，争点整理段階でも序盤，すなわち主張や証拠が出揃う前の局面に限られてくるであろう。

*つまみ食いと並べ替えというコスト

　　口頭の議論で出てきた話題をつまみ食い的に並べ替えて違う印象の文章を作る程度のスキルは弁護士であれば誰でももっているであろう。ただ，弁護士はあえてそれをしないのである。それをノウハウとも技術とも思っていない。むしろ，みずからの主張の信用性を低下させるものであることを知っている。たとえば，話題Aや話題B，話題C，話題D，話題E，話題Fなどが，順不同であれこれ出てきていたとき，そのうち，A，B，Dを抽出して並べ替えることによって「B.A.D」という話がなされたという印象を作り上げる程度の作出は容易にできる。こうして口頭の議論を都合のよいように引用する準備書面も簡単にできあがるであろう。しかし，それを行うコスト（信用性を失うという不利益）が大きすぎるのである。

---

*325　なお，他のパネリスト（最高裁事務総局民事局裁判官）は陳述させないという取扱いをすることも考えられると述べている。

第10章　口頭でのやり取り

Ⅶ　序盤・中盤・終盤

　ノン・コミットメント・ルールの効用が期待でき，その副作用が少ないと思われるのは，たとえば第1回弁論準備期日など，争点整理手続が開始してまもなくの時期と考える。争点整理手続を大きく序盤，中盤，終盤という3つの局面に分ける（判タ1405号11頁）とすれば，序盤は主要事実を中心とし，中盤は間接事実や背景事情まで見通しながら事案の全体像に迫り，終盤は人証によって立証する事実を絞り込んでいくという段取りとなるであろう。あるいは，主張や証拠が一通り出揃うまでの局面といってもよいであろう。ノン・コミットメント・ルールでのやり取りはそのような序盤の局面が中心的であり，その後，中盤から終盤に向かうころにはそのようなルールは妥当しなくなっていくであろう。

　序盤では，ノン・コミットメント・ルールにより，自由闊達な情報交換[326]を優先し「次回書面で回答する」などと述べて先延ばしにすることは認めないようにする。中盤では，たとえば提出書面の要旨[327]や書証との関係などを代理人が簡単に口頭で説明しながら進めるなどし，終盤では，撤回の自由は制限され，ノン・コミットメント・ルールの出番はほとんどなくなる。人証調べの直前ころの争点整理ではノン・コミットメント・ルールはむしろ有害なものになりうる。終盤では，もはや撤回はなされない，ということへの相手方の信頼を保護する必要性が高いからである。

　このように，序盤，中盤，終盤という局面の区分は，ノン・コミットメント・ルールの適用場面を示唆してくれる点で有益である。しかしながら，この区分は，必ずしも手続にかかる日数ないし時間数に対応するものではない。争点整理にかかった期間が6ヵ月であったとして，最初の2ヵ月が序盤，次の2ヵ月が中盤，最後の2ヵ月が終盤というようには分けられない。序盤が1ヵ月，中盤が4ヵ月，終盤が1ヵ月という場合もありうるであろうが，そもそも当該事件の争点整理が，6ヵ月で終了するということも予め知ることができない。

＊326　しばしば，フリートーキング，フリーディスカッションなどと呼ばれる。
＊327　たとえば，期日の1週間前に提出した書面の要旨を簡単に説明する際に，書面に記載されている事項の中でも，その代理人が重要であると考えている事項と，その周辺事情にすぎないと考えている事項とが区別され，おのずから強弱が現れることになる。

Ⅷ　イニシアティブ

序盤，中盤，終盤という局面区分は，あくまで事後的客観的な視点*328である。行為時判断として，それが，序盤，中盤，終盤のいずれなのかという認識が重要になる。そういう意味で時間軸に沿って「序」「中」「終」をイメージするのは適切ではない。内容に応じて各局面を述べるならば，「序」としては裁判所が事案を概括的に把握するまでの局面，「中」としては事実主張や書証が一通り出揃い主張事実と書証との関連性・重要性を検討し争点を整理するまでの局面，「終」としては整理された争点についての立証計画を立て集中証拠調べを実施するまでの局面となる。

　　＊次回書面で
　　　「次回書面で……」という発言は，しばしば実務では用いられている。もっとも，その意味するところは一様でない。むしろ幅広いといえる。単に時間稼ぎのためとりあえず先延ばしにする趣旨で用いられることもあるであろう。「その点は次回書面で」と述べながら，実際にその後提出された書面では「その点」には触れられず，別の論点についての主張がなされ，あるいは，逆に相手に釈明を求める姿勢を示すことによって回答に代えているようなこともある。
　　　この手法をとる際のリスクないし微妙なところは，口頭で回答をさせられる場面（当然，自分に不利な話題になることが予想されるから避けている）をいったん回避できたということによって，とりあえず，当面は不利な状況は避けられたと誤解してしまうことにある。実際には，その話題にはその場で答えず，次回書面で回答すると述べながら，書面には触れず，むしろ，他の論点の主張や反対に相手に対し釈明を求める姿勢を示すことによって，かえってその話題については，今後，議論が深まることもなく，主張立証が充実することもない，新たな証拠も提出されず，現在，形成されている心証のままでよい，というメッセージを伝えることになってしまう。これは弁論の全趣旨として考慮されるシーンのひとつといえる。客観的には不利な状況を回避するどころか，不利な状況を固定してしまったことになるのである。

Ⅷ　イニシアティブ

行為時におけるノン・コミットメント・ルールの適用，不適用の判断は，裁判所がイニシアティブ（職権進行主義の現れとして，訴訟指揮のひとつと考える）をとるべきと考える。期日において，書面の陳述や提出された書証の証拠調べ等が終わった際に，簡単に，ここからはフリー・ディスカッションのトークである

＊328　レトロスペクティブと表現してもよい。反対語はプロスペクティブである。医療訴訟では，しばしば，説明なしに当たり前のように使用される用語である。

第10章　口頭でのやり取り

旨宣言してみるのもよいと思われる。たとえば「裁判所が思わぬ誤解をしていて，皆様にご迷惑をかけたり，遠回りをさせてしまっては申し訳ありませんので，いつくか教えていただいてもよろしいでしょうか」と切り出し[*329]，話題を提供してもよいと思われる。弁護士は，当事者や関係者から事情を聴いたうえ，裁判所に提出する書面を作成しているが，その時点でやはり疑問に思って質問したり，説明を受けたり，あるいは専門用語や業界の慣行などを教えてもらっている。同じように裁判官もその辺りのことを知りたいと思っているのであれば，喜んで説明してあげたいと思う[*330]ものである。

　要件事実的な視野からみて，必要とまではいえない事実であっても，知っておきたいと思う事柄はあるものである。たとえば，工事が未完成に終わり，出来高を評価して金銭を支払うという場面で，その出来高の評価（の方法，やり方など）が問題となっている事案であることは重々承知しているものの，そもそも，なぜ，予定された工程の中途（たとえば，おおよそ7割程度の段階）で現場を引き揚げたのか，その理由を知りたいと思っても不思議ではない。準備書面では当事者間の信頼関係が破壊されたからと説明されていたとしても，そのような説明では具体的な事実までは想像できない。もし，双方代理人が最終的に和解による解決を望んでいるのであれば，事案の全体像を把握する上で無視することができない要素であることに間違いはないであろう。

　民事訴訟の審理の内容面については当事者主義を旨とするとしても，ノン・コミットメント・ルールのもと口頭でのディスカッションを実現するには，裁判所のイニシアティブを要すると考える。それがなければ，代理人のほうから率先して「いや，実はですね，現場を引き揚げることになったのは……」と説明を始めるのは困難である。

[*329]　「まだ，裁判所としては，心証を形成するという時期ではないですし，実際，何らかの心証をもっているというものではないのですが，今日のところは，第〇号証として提出された書証について，関連する事柄をもう少しだけ教えていただいて進めていきたいと思っているのですが，よろしいでしょうか」という言い方でもよいと思われる。要は，既に，何らかの心証をもっている状態ではないし，まだ，これからという状態であることを伝えられるようにするとよいと思われる。

[*330]　裁判所が，その代理人と同様の事案理解をしてくれるのであれば，その代理人の依頼者（当事者）に有利になるのではないか，という計算も含まれてはいるであろうが，もともと，弁護士（になる人物）は，率直に教えてほしいといわれれば，説明の労を厭わない，という性格をもっているように思われる。

Ⅸ　指示待ち弁護士

もっとも，これは，ただ裁判所の指示を待っているだけという意味ではない。

Ⅸ　指示待ち弁護士

　審理の内容面については，当事者主義が採用されているので主張や立証の内容を充実させていくのは代理人の役割というべきである。ところが，民事裁判の現状では，その部分がやや弱っているのではないかという見方がある。たとえば，裁判所の指示を待って主張・立証をしようとする代理人や，裁判所が主張・立証を噛みあわせようと議論をもちかけてもそこは「次回書面で答えます」と言われてしまい，議論が深まらないといった実情が聞かされることも少なくない，と説明されている*331（判タ1405号11頁）。

　訴状，答弁書，準備書面，書証，証拠説明書等の提出をして，口頭弁論期日や弁論準備期日に出頭している代理人の中には，次回期日までに何をすべきかという明確な主張・立証計画をもっていない者もいるのではないか，という問題意識があり，そのような代理人を指示待ち弁護士という場合がある。「最近は指示待ち弁護士が増えた。」という風に使われる。

　準備書面や書証等，必要な書類を提出しているのであるから，代理人としてやるべきことはやっているように見える。しかし，他の同様の事件と比較して現状で判決に熟したと判断するには躊躇を覚えるとき，書証の追加の予定を尋ね「その書証を基礎に主張を補充するということでよろしいですか」「相手方はそれに反論するということでよろしいですか」と促す場合がある。そういうことが頻繁に起きてくると，きちんと指示に従って書証や書面を提出してくる態度はある意味積極的に評価することはできるが，審理の内容（どのような主張や証拠を出すか）まで，本来，裁判所では責任を負えるものではないという悩みがある。また，中立性や公平性にも配慮しなければならず，後見的な意味合いを有する釈明権*332の行使は弁論主義，処分権主義と緊張関係に立つため，本来民事訴訟のあるべき姿ではないのではないかと思われてくるのである。

*331　福田裁判官発言参照。
*332　いわゆる積極的釈明である。当事者が，請求していないことについて請求するよう促し，主張していないことについて主張するよう促し，証拠調べを求めていない書証などを提出するよう促す釈明である。

第10章　口頭でのやり取り

　審理の内容面は弁論主義，その手続面は職権進行主義が妥当する。弁論主義のもと主張と証拠の提出に主導権があるのは当事者であり，他方，手続の円滑，迅速な進行に主導権があるのは裁判所である。争点整理手続は，この２つの立場の責任が交錯*333する（判タ1405号11頁）。円滑，迅速な進行を実現するためには，審理の内容面を考慮せざるを得ず，内容面を効率的に充実させていくためにはできるだけ計画的に手続を進行させなければならない。
　ノン・コミットメント・ルールにおける口頭の議論の主導権を裁判所が担うとしても，それは指示待ち弁護士を積極的に作り出すという趣旨ではない。

　　＊一方当事者への釈明権の行使
　　　一方当事者のみに釈明権を行使しているシーンは，裁判の中立性，公平性，あるいは，裁判の公正らしさを傷つけるおそれがある。裁判所による釈明権の行使は，一見，一方当事者に厳しい要求をしているかに見える（その当事者にとって不利なように見える）ときがあるが，内容的には当該事件の解決に向けての主張・立証上のヒントが示されることも多い。たくさんの釈明を受けた当事者がより有利になっていくとすれば，裁判所のおかげで勝訴できたように見えかねない。これが常態となれば，代理人は，先を争って裁判所からの釈明を受けようとすることになるであろう。「もっと私に釈明してください。」というような態度をとるようになるかもしれない。しかし，これでは民事裁判による解決をできる限り当事者間の自主的な紛争解決に近づけようとする弁論主義の趣旨に反すると思われる。あえて弁論主義への挑戦として実行しているのであれば，ひとつの立場の実践であろうが，そのようには見えない。

Ⅹ　懸念の表明

　争点整理手続の序盤（たとえば，第１回弁論準備期日）において，準備書面や書証の取り調べが終了した後，ノン・コミットメント・ルールである趣旨を宣し，口頭でのディスカッション・シーンに入ったとする。代理人は，何らかのコメントが自白であると指摘されることもなく，そこでの口頭での会話については，相手方代理人に後に不利益に援用されることもない。もし，そのような書面（あの時，相手方代理人はこう言った，という内容の書面）が提出されても，その部分の陳述を認めないか，却下するという運用がなされる。訴訟手続を貫く信義則の一環としてノン・コミットメント・ルールを受容*334し，双方代理人も相

＊333　笠井教授発言参照。
＊334　いわば慣行化している。

XI 心証形成時期のコントロール

手方を信頼している。

　しかし，このような場面でなされたフリートークであっても，やはり，裁判所はそこで話された内容から心証を形成するのではないか，という懸念が表明されることがある。つまり，代理人相互間には信頼感がある場合でも，裁判官が本当にそこから心証をとるようなことをしないのか，という疑問が呈されている。

　もっとも，現実には口頭で交わされただけの表現を判決の基礎に採用するのは難しい。ある裁判官によれば，調書に記載されたものであればまだしも，そうでない限り（口頭でやり取りされただけの事情を裁判の基礎には）到底できない，ということである*335。この発言は本音のように思われる。実際には，後に「言った，言わない」という争いになるおそれのある話題を採用して判決主文を正当化することなど到底できるものではないのである。それゆえ，フリートークで後に何も残らない口頭でのやり取りから判決（結論）の見通しを立てたり，事案全体の心証をとることは不可能であるといってもよいのではないかと思われる。

　　＊都市部との相違
　　　　大都市にある地裁では訴訟で顔を合わせることになる代理人は初対面のことが比較的多い。弁護士数が多いからである。他方，そうでない地域ではしばしば顔をあわせることになり，弁護士同士はお互いをよく知っているケースも多い。別事件でも訴訟代理人となって相互に顔を合わせているからである。そういう場合，代理人同士の関係に比べて，新たに着任した裁判官の個性（訴訟の進め方，和解のタイミングなど）がわからないという事態になる。代理人間には信頼関係があっても，裁判官との間にはそれが薄いというパターンが恒常的に起きてくる素地があるのである。そういう場面では，ノン・コミットメント・ルールが裁判官によって裏切られる，すなわち，代理人間は揚げ足をとらないルールで自由闊達なディスカッションをしているのに，横で見ている裁判官が早急に心証をとってしまうおそれはないか，という懸念が表明されたことがある。

XI　心証形成時期のコントロール

　ところで，このように判決の基礎に採用することまではできないとしても，

＊335　地裁裁判官と弁護士会との懇談会の席上での裁判官の発言である。

第10章　口頭でのやり取り

　口頭で交わされた話題から何らかの印象ないしインスピレーション（直感・閃き）を受けることはあるのではないか，それが最終的に判決の基礎に採用される主張事実や証拠評価に影響しないとはいいきれないではないか，という考え方もありうる。

　この場合，口頭でのやり取りがなされなかった場合となされた場合とを比較してどのような違いが出るかということが問題となるが，口頭でのやり取りがなされなかったため裁判所に何らかの印象，直感，閃きの類いのものが伝わらなかったという場合と，それをしたためそれらが伝わった場合とで差が出るとすれば，それは事案の概要やその背景事情などまでを把握する時期[*336]についてではないかと思われる。

　訴状や答弁書，双方の第1準備書面が提出され，裁判所と双方代理人でその内容を把握した時点で，法的な構成の仕方と，それを基礎づける事実や提出される書証などについては，おおよそ予測できるようになることが多いであろう。そのほか，直接法律の適用・不適用の対象となる事実のさらに周辺にある関連事実や，もっと広く，この事件をとりまく関係者を含めた諸般の事情までを見通すことができるのは，口頭でのやり取りがなかったとすればもう少し先になっていたかもしれない。この時間的な差という利益を失うおそれがある，という意味になるであろう。これは，裁判所が何らかの心証をとるであろう時期を一方当事者の代理人がコントロールしたいという意識が背景にあり，これを利益と解するなら，口頭の議論により，その利益が害されることになりうることになる。

　しかしながら，裁判所が事案について心証を形成しようとする時期をもう少し将来へ誘導しようという利益は裁判の迅速化の要請とは正面から衝突することになると思われる。原告として訴訟を提起し，あるいは，被告として訴訟を

[*336]　もし，弁論終結まで事案の概要や背景事情など一切わからないままであったとすると，不意打ち裁判のリスクが高まるであろう。それは当事者にとって不利益となるので避けるべきことである。そのため，純粋に要件事実に該当する主要事実や重要な間接事実等のみが主張立証され，それ以外は一切ないということはほとんどないと思われる。結局，遅かれ早かれ，主要事実以外の周辺事情も審理過程に現れてくることになる。そこで，最終的には審理に上程される事情をできるだけ後のほうにもってこようとするメリットが果たしてあるのかどうかが問題になってくる。

XI 心証形成時期のコントロール

提起された以上，裁判所が事案の中身を積極的に検討しようとすることにブレーキをかける利益は双方の[*337]当事者代理人にとって法的に保護されるものではないと考える。訴訟による解決が先延ばしにされることが双方の当事者にとって利益になることはほとんどないと思われるからである。仮に，一方当事者にとって結論の先延ばしが有利であるとすれば，他方当事者にとっては通常不利になるであろう。双方とも結論先延ばしの利益を有するのであれば，そもそもその時期に訴訟は提起されなかったということになるはずであるからである。

* 実質書面3本

　2016年3月16日の日弁連ライブ実務研修の「裁判官から見た争点整理の現状及び今後―争点整理の復習と現状―」と題する裁判官の講演では，「いわゆる実質的な書面3本」という用語が使用されている。「実質的な書面3本」ないし「書面3本」とは何か。それは民訴規則に則った理想的な訴状，答弁書，及び答弁書に対する反論（準備書面）が出そろった状態のことである。「いわゆる実質的な書面3本の状態となれば，ある程度の時間をとりフランクに口頭の議論をして争点の深化や絞り込みをする前提となる材料（情報）が一応そろったということができる」と述べられている。

　実質的な書面3本が揃った状態で，裁判官も争点整理へ動き出すというイメージは参考になるであろう。必ず書面3本ではなくとも，内容の充実した訴状，答弁書，原告第1準備書面が揃った状態と同等の段階に至ったところで争点整理が始まるということになると推論できるからである。現実には，訴状の内容が不十分といえる場合や，答弁書の内容が形式的で実質的な反論はなされていない場合などがあり，その場合，実質3本状態に至るまで，釈明権を行使したりしながら書面のやり取りがなされるであろう。いずれにせよ，実質3本という状態に至るころ，裁判所の争点整理作業のエンジンがかかると意識しておいたほうがよいように思われる。

* 時のコントロール

　「時のコントロール」という考え方がある。その意味するところは多様であるが，個々の事件処理についておおまかなタイム・スケジュールを立てこれに沿って進めていこうとする考え方（ないしその実践のこと）である。たとえば，依頼者が弁護士のところに相談に行き，その弁護士が相手方の代理人と交渉し，それがうまくいかなかったときは訴訟となり，訴訟では書面や書証のやり取りがしばらく続き，その後，証人尋問・本人尋問を経て，裁判所からの和解勧告があり，その提案について検討することによって，この紛争を解決しようというスケジュールを立てたとする。事件内容によるが一般的にこのような計画では2～3年程度の時間はかかるものと思われる。

[*337] 一方当事者ではなく，双方ともにとってという意味である。

第10章　口頭でのやり取り

このような計画を立てていたところ、思いのほか審理が早期に進み、1年程度で結論が見通せるようになってくると、その代理人には「まだ早い」という印象をもってしまうかもしれない。あるいは、当初のスケジュールに反して裁判所が尋問の前に和解勧告をしたとしても、それを受け容れず、勧告が拒否されたため尋問が実施され、その後そのまま弁論が終結されると、尋問後に和解勧告がなかったことに不満を覚えることもありそうである。仮に、そういう場面があったとすれば、当該代理人がコントロールしようとしていた審理の進行・段取り・時期が、裁判所の訴訟指揮とはズレていたことになる。その代理人による時のコントロールはうまくいかなかったということになるであろう。

＊訴訟に時間がかかるということの含意

たとえば、賃貸借契約の終了に基づいて建物の明渡しを求める訴訟において、賃借人が飲食店を経営しており、その建物の立地などから多数の来客があり、したがって、売上があがっているのであれば、被告（賃借人）としては、できれば立ち退きの時期を先延ばしにしたい、それまで売上をあげて、利益を確保したいと思うこともあるであろう。このようなケースが仮にあるとすれば、原告は迅速な解決を求め、被告は迅速ではない解決を求めることになるのかもしれない。しかし、このような利害関係にある当事者においても、訴訟に時間がかかること自体は望んではいないようにも思われる。原告（賃貸人）は確実に立ち退いてもらえるのであれば多少の猶予を与えても計画的に活動（不動産の売買など）できるほうを選び、被告（賃借人）も明渡までの期限に向けて経営に集中できるからである。

つまり、訴訟の遅延とは、単に解決が延びるということだけではなく、それがいつになるのかわからない、それが（和解含みの場合）どのような内容になるのかわからないという懸念を包含しているのであって、訴訟が提起されている以上、双方ともに、計画は立てられなくてよい、不安定でよいということに利益を有するケースはほとんどないように思われるのである。たとえこれから1年先の解決になったとしても、必ず1年後に解決がなされるのであれば、裁判の迅速化と手続保障（手続の適正）に資する訴訟運営につながるであろう。以前、判決言渡しの予定時期（いわば判決の納期）まで決めて手続を進行させる計画審理（民訴147条の3第2項3号参照）が志向された時期もあったが、結局、このような（いわば）堅い計画審理の策定は実務に根付くことはなかった。もともと、従前から無計画に審理が進められてきたものでもなかったのではないかと思われる。

Ⅻ　物語的進行

弁護士が、依頼者から事情を聴取し、事案の概要を把握してから、まずは骨

XII 物語的進行

組みとなる法的構成のみを訴状に記載して訴えを提起し，その後，物語的に事実や証拠を小出しにしながら進めるというやり方がある[*338]（らしい）。弁護士が事案の把握に要した過程と同じ思考過程を裁判官にも通らせることができれば，おそらく自分と同様の結論に達するであろうという見立てからそのようなやり方がなされるのかもしれない。あるいは，わが国の民事訴訟法では証拠収集の手段が限られており，訴訟審理を続けながら新たな証拠にアクセスできるようになることはほとんどなく，訴訟提起前に確保した証拠のみに頼らざるを得ないことが少なくない。とすれば，訴訟の早期に手持ちの証拠すべてを提出してしまうことに躊躇を感じ，相手の出方[*339]を見ながら提出時期をコントロールしたい，いくつかの書証は残しておきたい，という気持ちになるのかもしれない。

多少とも複雑な事案であれば，最初に何もかも分厚く説明してしまうよりは，骨となる部分を最初におおざっぱに描いておいて，期日を重ねるごとに少しずつ物語が展開するように進め，最終的に自分の思い描いた結論に誘導するほうが賢明と思うのかもしれない。

しかしながら，このような発想は裁判過程にはなじまないものと思われる。裁判では，映画，テレビ，小説のように視聴者・読者の興味を絶えず惹きつけながら進める，つまり裁判官や相手方代理人の興味を惹きつけるように主張立証していくことに全く意義が見出せないからである。むしろ，最初に主張しなかったことを後になって追加主張しても信用性を低下させるだけとなる。訴訟手続の早期に提出可能な主張や証拠が，後になって出てくること自体に疑問を抱かせてしまうからである。重要な証拠を衝撃的[*340]に提出しようと思って後にとっておいたつもりであっても，実際に提出したときには端的に無視される

[*338] たとえば，提出する予定の書証がとりあえず20通あるとして，最初からいっぺんには出さずに提出の順番を決めておき，各期日に少しずつ提出するなどである。

[*339] あるいは，相手の主張を固めておいてそれを覆す書証をあとで提出したいという趣旨かもしれない。もっとも，思惑のとおりに相手の主張ががなされるとは限らず，覆すための書証が奏効する保障もない。

[*340] 相手に事前の準備させないように証人尋問のぎりぎりまで提出しないでおいたり，尋問期日にいきなり提出するというパターンもある。しかしながら，目を見張るほどの弾劾証拠でもない限り準備させる時間を与えたくないという発想自体，民事訴訟法を貫く手続保障という思想と相反するものと考えられる。そういう意味での衝撃性それ自体は民訴法上保護される利益ではないと解される。

第10章　口頭でのやり取り

というおそれが高くなってしまうのである[341]。

　民事訴訟の手続は，主張立証の機会を与えられた以上，それを利用しないのは当事者の自由であり，その結果は自己責任となる，という冷淡な[342]ところがあり，だからこそ法的思考や手続を熟知した弁護士が訴訟代理人として必要になる。重要であると考える主張や証拠は最初から提出しておき，物語的な訴訟進行は避けるほうが合理的と思われる。

＊証人尋問当日の書証の提出

　　証人尋問当日に書証が提出されるという例もある。相手方代理人から異議が出され，結果，提出すること自体は認められたものの主尋問に利用することは許されなかったというケースがある（民訴規102条・116条2項参照）。また，なぜ，この時期になって提出することになったのかという裁判官の質問に「当事者が宝物のように大切に保管していたから（提出が遅れた）」という回答がなされた例もある。これは弁論準備手続の終結後に提出されたものであり，民事訴訟法174条・167条に基づいて，同手続終了前に提出できなかった理由の説明が求められた例である。形式的には理由の説明はなされているが，その内容の合理性は認められないように思われる。いずれの訴訟追行行為についても信用性，信頼性の低下は免れないところである。

＊解明度へのブレーキ

　　物語的進行は，解明度にブレーキをかけるものと思われる。解明度は証明度とは区別される。証明度とは，たとえば，訴訟上，ある事実が立証されたというには，通常

---

[341] 弾劾証拠については事前の準備をさせる機会を与えることなく提出されることは許されているが，実際に，そのような提出の仕方をしてみても，その場で合理的に説明されてしまえばかえって反対尋問としては失敗に終わることになり，また，うまく信用性を弾劾できたとその場では思っていても，往々にして裁判官がその展開についてきていない場合がある。会社のアイディアを外部へ持ち出した（不正競争防止法・営業秘密）として訴えを提起し，被告本人の反対尋問で証拠として当該アイディアが記載されたペーパーを示して追及しようとしたところ，「それは私のノートです。いつも何か思いついたときは，忘れないようにノートにメモしています。」旨回答され，それ以上の追及ができなくなったという例がある。事前に提出しておけば，それがノートの一部のページであり，そのノートが誰の所有でどのように管理されてきたのか，どのような経緯で書証として提出されたかなど詳細な主張・反論のうえ尋問期日を迎えられたと思われるが，いきなり尋問期日で提出されたため詳しい作成経過について明らかにできず，それ以上，反対尋問で深入りして質問することができなくなってしまったという例である。

[342] 知財訴訟では，実際にそのような手続の運用がなされていると考える。現に，締め切り後に提出された原告の準備書面を陳述させず，事実上目は通すとだけ述べて，そのまま弁論を終結し，請求棄却判決を言い渡した事例もある。合理理由が説明できなければ，締め切りを徒過するということ自体に，提出されたものの重要性を減殺する契機（本心ではそれほど重要なものとは思っていないからこそ，きちんと締め切りを守って提出しようとも思っていないのではないかと思われるおそれ）が含まれているのである。

人が合理的な疑いをはさまない程度の証明度が必要である，とか，高度の蓋然性を要する，優越的な蓋然性で足りる，証拠の優越で足りる，などといわれるものである。他方，解明度とは，新たな証拠によってそれまでの証拠調べの結果が覆されるおそれが少ないことをいう。また，解明度は審理結果の確実性ともいわれる。主張や証拠を小出しにすれば，端的に解明度の上昇を抑制することになると思われる。物語的進行は解明度妨害ともいいうるであろう。

＊動かぬ証拠（？）
　　しばしば，動かぬ証拠を握っておいて，相手の主張を固めさせてから，それを提出して，相手の主張の信用性の弾劾をする，という訴訟の進め方について語られることがある。しかし，動かぬ証拠をもっているなら，訴訟の早い段階から提出しておくほうが合理的ではないかと思われる。弾劾は相手の信用性を失わせる行為であるが，弾劾に成功しても自身が主張立証しなければならない事実を立証したことにはならず，弾劾が功を奏さない場合，逆に相手の主張を固めさせていたことが徒となる。要するに，これはリスクの高い訴訟方針のように思われる。

XIII　批判的意見

ノン・コミットメント・ルールについては，その必要性がわからない，という否定的意見がある。なぜ，（口頭でのやり取りを）書面化することが許されないのか，仮に自白がなされればそれは本来調書化されるべきことである，などである。そのほか，弁論準備期日が議論の場であるとしても，そもそも自白をとらないで話をするというルールなど思いつきもしない，それほど意外なルールという印象である，むしろ，弁論準備期日は，言質を取りにきているとさえいえるのではないか，とされる。文字どおりフリー・ディスカッションをするということになれば無責任な議論になってしまう，という懸念がある。

また，口頭でのやり取りを推進するという方針が易きに流れる口実にされることを懸念する声もある＊343。たとえば，裁判官にしろ，代理人にしろ，提出された書面や書証をよく読まないまま期日に出頭し，勘違いやすれ違いで終わってしまったとしても，それ（こそ）がフリー・ディスカッションであると正当化されてしまうのではないか，という意味あいである。確かに，訴状，答弁

＊343　要するに裁判官が記録に目を通さずに期日に臨むことの正当化（言い訳）としての「口頭の議論」（中心の訴訟運営）というニュアンスである。

書，準備書面，書証などに目を通さないまま弁論準備期日において口頭の議論をしたとしても充実した審理の実現は望めないであろう。

　また，逆に，口頭でのやり取りを一切しないということはないのではないか，口頭の議論という看板をわざわざ立てなくとも，程度の差こそあれ口頭でのやり取りは現に行われているという意見がある。ミニマムとしては尋問前に尋問時間や陳述書などについて口頭でのやり取りは必ずしているのではないか，というものである[*344]。

　また，そもそも，代理人の側からわざわざ口頭でのやり取りをしましょう，と切り出すインセンティブはあるのか，という疑問も出されている。むしろ，相手方代理人からそのような提案があるとその真意を見極めてからでないと安易に乗ることはできない，と考えるのが通常ではないか，とされる。

　口頭でのやり取りをするとしても，釈明を求めるという形式で裁判所から質問がなされ，それについて一方当事者が回答し，その回答について相手方当事者が意見等を言う，というやり方が望ましいのではないか，もし，そうだとすると，普段から実施されているやり方と同じではないか，とされる。

　また，複数の訴訟を弁護団を組織して追行している場合などでは，弁護団会議で検討していないテーマについて個別に発言はできない，他の同様の訴訟に影響を与えることになりかねないから，とされる。

　このように，ノン・コミットメント・ルールの採用や，口頭の議論自体についてもさまざまな批判的見解が存在する[*345]。

XIV　次回書面で……

　口頭でのやり取りや，これを実現させるためのノン・コミットメント・ルー

[*344]　口頭でやり取りがなされる例としては，次のようなものが挙げられている。基本書証（戸籍，登記，領収証など）の提出の促し，提出予定の書証の分量の見込みの確認，写真・録音・動画データの提出の仕方，秘匿情報のマスキング方法，調査嘱託の嘱託先の情報，現地検分に関する情報，専門家の意見書の提出の有無やその時期，証拠説明書の記載項目（作成者複数文書，立証趣旨の具体性など），当事者多数の場合の調整，証拠番号の付し方，書証のページ数の付け方，マーキングの仕方，重要書証の成立の認否予定など。

[*345]　以上は日弁連の民裁委員会での意見や，複数の単位会における争点整理に関する会合での意見を基礎にしている。

XIV 次回書面で……

ルの提案などは、裁判の迅速の要請と関わっているのではないかと思われる。端的にいえば、弁論準備期日において、提出された準備書面の記載[346]について質問しているにもかかわらず、「次回、書面で明らかにする」と述べて、回答が先送りになってしまうことへの問題意識である。

実際に、次回までに書面にて明らかにされたのであれば、1期日（通常1ヵ月程度先になることが多いと思われる）延びただけのタイムロスにとどまるかもしれないが、その回答が質問していた内容とずれがある場合、あるいは、全く回答されていなかった場合、さらに、その点について、繰り返し、同じ質問をせざるを得なくなるが、その質問に対しても再び次回書面で回答するということになるのではないか、という懸念がある。そうなると、さらに1期日先になるので、その期日（最初に質問した期日から数えて次々回の期日ということになる）で回答されたとしても、最初の質問から2ヵ月程度は経過することになる。その回答を待って反論する立場にある相手方当事者（代理人）の場合、その間、待機しているほかなく、次の期日に相手方が書面で反論したとしても、3ヵ月程度が経過していることになる。

質問された事項が、その訴訟の結論を決するほど重要な事柄[347]であれば、ある程度、当事者（本人）や関係者とも打ち合わせをして十分納得してもらってから回答する必要があるであろう。しかし、それほどでもない事柄であれば、重要な事柄に対する原被告間の攻防が3ヵ月程度遅れたことになる。しかも、結果から事後的に振り返えれば3ヵ月程度かかったことがわかるが、行為時点ではそれがいつになるのかはわからない状態で時間が経過していくことになる。この結果は裁判の迅速化の要請に反するし、そのほか、できるだけ審理を計画的に進めていこうとする方針にとっても大きな障害となる。

たとえば、裁判所から「今回の準備書面に記載のある『A』（という論点）に

---

[346] その期日までに提出された準備書面に触れられていない事柄について、急にその場で質問されても答えられないことが多いであろう。そういう場合は次回書面で回答すると述べても特に問題ではないと思われる。

[347] たとえば、その論点が、原告代理人の従来の主張を実質的に変更させるものになるのであれば、その場で「従来の主張とは少し異なるのですが、〇〇という点を主張しまして……」と口頭で回答してもらうよりも、準備書面で主張してもらったほうがありがたいと被告代理人も思うであろう。問題は、それほどのことではない場面についても毎回「次回書面で……」というのはどうか、ということである。

第10章　口頭でのやり取り

ついては，今後追加で書証をお出しになる予定はありますか。」という質問がなされたとして，「今のところ，特に予定しておりません。」という回答がその場で得られれば，次回は他の論点『B』や『C』を中心として相手方の反論書面が提出されるという段取りとなり，訴訟手続は進行していくであろう。しかし，その後，『A』については尋問で立証する予定であったが，その尋問に利用したい関連文書の存在が判明した場合，それも提出しておきたいと思うこともありうる。その場合でも，相手方に『A』についてこれ以上書証の提出の予定はないといっていたではないか，と遮られるとすれば，最初の質問の段階で書面の提出の予定はない，などと明言しなければよかったと思うことになるであろう。そのような経験をした代理人は，今後同様の場面ではとりあえず「次回書面で述べる」といっておいたほうがよい，それがプラクティスないしノウハウである，と考えるようになり，さらに，それを一般化して訴訟手続ではなるべく自身の訴訟活動を縛らないよう，その場で口頭で回答することは極力避けるほうがよいと考えるようになるであろう。また，そういう勤務弁護士のほうが（不用意な発言はしないので訴訟をまかせても）安心だと感じるパートナー弁護士もいるであろう。そうなれば，その勤務弁護士は所属法律事務所内で訴訟代理人としての活動が評価されていくことになるかもしれない。

　しかしながら，ノン・コミットメント・ルールのもと口頭でのやり取りがなされた場合[348]は，そうではなくなる。その場で口頭で回答したことを後に不利に引用されることはないというルールであるから，『A』について書証の提出の予定はないと述べたとしても，必要に応じてその後提出することにしても特に問題とされることはない。お互いそういうルールのもと口頭で話をしているからである。逆に，回答を先延ばししていれば，『A』に関する追加書証が提出されそれを基礎にした追加の事実主張がなされた後，『B』や『C』についてもまとめて反論するということになり，相手方はそれまで待つということに

---

[348] たとえば，「特にまだ裁判所としては心証をもつという段階ではないのですが，これから手続を進めていくにあたって，おおよその見当をつけておきたいと思いましたので，たとえば『A』という事実に関しましては，これから書証が追加されるということになりますでしょうか。もちろん，あくまで，今の時点での見通しということでかまいません。あとで，やはり，どうしても追加したいものが出てきたというときは，それはそれで対応していきたいと思いますので，今の段階としてはどうかということを教えてください。」という言い方で進める，というやり方をとった場合である。

XIV 次回書面で……

なるであろう。『A』『B』『C』の論点のうち，最も重要なものが『B』であった*349とすれば，重要論点『B』を主題とした集中的な攻防が行われる機会が先に延びたことになり，それは重要論点であるから，訴訟の結論の見通しがつくのも先になり，解決も先になったということになるであろう。

そういう意味で，ノン・コミットメント・ルールのもとで行われる口頭のやり取りの有用性とは，必要な回答等を次回書面で行うと述べて，進行手続が1回程度*350先に延びることを避けられるという点にあるといってよいのかもしれない*351。特に質問と回答を噛みあわせる，あるいは，当事者間の主張と反論を噛みあわせ*352ることが口頭のやり取りのもとに実現できたとすれば，数期日分を節約できることになるので，おそらく数ヵ月分の時間を短縮し，その時間をメイン論点の攻防に集中的に使うことができることになるであろう。

訴訟の結論の決するような重要な争点について時間を集中的に使うことができることと引き換えである，ということであれば，第1回弁論準備期日等，手続の序盤といえるような時期に，ある程度撤回の自由を認める*353こととして口頭でのやり取りを試してみる価値は十分にありそうである。

> **＊訴訟指揮への不満**
>
> 「次回書面で……」という言い回しは，担当裁判官の訴訟指揮への不満や抗議を表している場合もあるようである。しばしば強引な訴訟指揮があるとか，心証をとるのが早すぎる（訴訟の早い段階で結論を決めてしまっているように見える）などの批判がなされることがある。そのような場面に出くわしたとき，訴訟の進行には代理人の協力が必要であるということに改めて気づかせるためそのような言い回しをすることがあるのかもしれない。また，その裁判官の訴訟指揮に応じる必要性はないと考えているものの，その場で「必要ない」と明言するのは避け，とりあえず「次回書面で述べる」と応じておいて，次回には書面を出さない，出しても答えていない，という態度をとるパターンもありうるところである。

＊349　争点の「重みづけ」と呼ばれる。複数の争点があったとしても，どれも同様な程度に結論に影響を与える争点とは限らず，多くの場合，訴訟の結論を決するような争点は1～2つに絞られていると思われる。争点の重みづけをするというのが，争点整理手続の重要な（あるいはミニマムな）役割である。

＊350　場合によっては3回程度先になるかもしれない。

＊351　もっとも，上述のように発見の過程やマクロ正当化にかかわるやり取りを口頭ですることこそ法的思考がミクロ正当化に閉じ込められないための処方箋になると考える。

＊352　最後まで平行線をたどる事件もある。それでも主張を噛みあわせることなどできない事案であることが早い段階でわかることにより，手続を進行させることができる。

＊353　乗り降り自由という表現がされることもある。

第10章　口頭でのやり取り

XV　重みづけ

　争点整理とは，争点を明確化し，これを絞ることであると述べた。このうち「絞る」とはどのようなことを意味するのか。端的に争点として①，②，③，④，⑤の候補[*354]が挙がっているとして，それらがすべて同じ重要性をもつことはむしろ少ないであろう。そのうち，1～2つが認められるか認められないかが訴訟の帰趨に決定的な影響を与えることが多いものと思われる。

　たとえば，③と⑤の重要性が高いと判断した場合，①や②について相手方の自白を求め，④については主張の撤回を求めるということも考えられるが，実際の訴訟では，主張の撤回や自白まで踏み切れないことが多く，主張は維持[*355]されたまま，実質的な争点からは①や②や④が外されていくことがしばしば見られる。

　判決書には①ないし⑤までが争点として掲げられているのであるが，①や②は認められる旨判断して簡潔に理由を述べ，同様に④も認められない旨判断して簡潔に理由を述べるという形式となる。そのうえで，③について詳細に検討して事実を認め（あるいは認めずに請求を棄却），⑤についても同様に詳しく検討したうえで認めることはできないとして請求認容判決（あるいは認められるとして請求棄却判決）を言い渡すなどである。明らかに，争点整理段階で重みづけが行われているのである。この重みづけが争点を絞るという意味の内実となってきている。

　＊メタレベルの自由闊達な弁論
　　2016年3月16日実施された日弁連ライブ実務研修の「裁判官から見た争点整理の現状及び今後─争点整理の復習と現状─」と題する佐久間健吉裁判官の講演では，「争点の深化・絞込み段階での上述のような議論は，いわばメタレベルの自由闊達な弁論であることに意味がある」という指摘がある。
　　「メタ」という接頭語は，「メタ」の後にくるものの一段上のものであることを示す語である（平野ほか・法哲学87頁）。あるいは「超えている」というほどの意味であ

[*354]　たとえば，ここでは①，②，③は請求原因事実を構成する各事実とし，④と⑤はいずれも独立した抗弁を構成する事実とする。
[*355]　裁判所がある論点につきその心証を開示して撤回を促した場合でも7割弱の弁護士はあえて反論はしないが撤回もしないという回答をしている。

XVI 心証開示

る（野矢・論理学60頁）。論じられるレベルを対象レベル，論じるレベルをメタレベルという。メタレベルを論じるレベルはメタメタレベルとなる。

　確かに，双方の訴訟代理人がある法律効果をめざして互いに事実を主張しているレベルと，双方の主張が一致しない（法適用に意味ある）事実は何かと論じるレベルは異なっている。したがって，それをいわばメタレベルの弁論と呼んで区別することができれば口頭でのやり取りを整理しやすくなるのではないかと思われる。一階で議論をしているときに，いったん二階に上がって議論して，また一階に降りてきて続きの議論をするというイメージである。ただ，三階，四階の議論までは必要ないように思われる。それは既に空中に浮いてしまっているといえるであろう。

　一階と二階とを上手に行ったり来たりすることができれば，争点の重みづけ作業を円滑にすることができると思われる。たとえば，それが争点であること，すなわち，双方の主張が一致しない点であることについては双方で一致する場合，「メタレベルではそれでいいのではないですか，問題は中身ですから……」という言い方ができれば，一階と二階の使い分けをしながら争点整理をすることができそうである。

XVI 心証開示

　争点整理が，争点の重みづけという作業を内包するものだとして，それはどのようなやり方で実現されていくのであろうか。

　それは，心証開示によってである。事実についての裁判官の内面の判断を心証といい，ある事実について存否の判断をしていくプロセスを心証形成という（高橋・重点民訴下34頁）。心証開示とは，形成された心証を裁判官[356]が当事者・代理人に示すことをいう。

　ここで，心証開示を大きく2つに分けてみたい。1つは，たとえば，証人・本人尋問の終了後に行うような，ほぼ判決主文に直結する内容をもつ心証開示である。判決の結論に直截かかわる内容のものであれば，それがなされる時期は必ずしも尋問後という必然性はない[357]。請求を棄却するか，あるいは，請求を認容するか，認容するとしてもおおよそどの程度の金額になりそうか，など，判決内容を直截に示す，その意味で，判決の見通しを内容とするものである。

---

[356] 合議体の場合，合議の上，示される。
[357] 証人尋問前にほぼ確定的な判決の結論に結びつく心証を得る場合もあるであろう。陳述書の内容を確認し，今後証人尋問を実施してもそのときまでに形成した心証が揺るぎそうにないことがわかる場合もある。それでも，実際には必要な範囲に絞って尋問を実施するという場合が多いように思われる。

第10章　口頭でのやり取り

　そして，もう1つは，結論に直結するものではなく，そういう意味で暫定的なものにとどまる心証開示である。前者は和解勧試のための心証開示，後者は争点整理のための心証開示とほぼ対応するイメージである*358（判タ1405号17頁，矢尾・民訴雑誌154～155頁）。

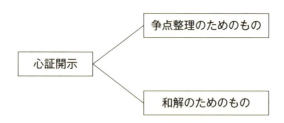

　争点整理のための心証開示は，①争点の指摘（争いのある事実及び法律問題が何か，についての裁判所の認識の表明），②法律上の見解の表明（適用すべき法律の選択，内容についての裁判所の見解の表明），③狭義の心証開示（要証事実の存否についての裁判所の判断の表明）があるとされる（矢尾・民訴雑誌154頁）。争点を絞る作業，ないし争点の重みづけをする作業は，暫定的な心証を開示しながら行われる。暫定的な心証開示の対象は，争点の重要性の程度にかかわることや，間接事実の影響力ないし書証等の証明力にかかわる事項などである。いわば，事件全体を見通した実体面としての心証ではなく，争点整理という手続面でのそれである*359（判タ1405号17頁）。

　争点として①，②，③，④，⑤が挙がっているとき*360，実質的な争点（結論を左右する可能性がある重要な争点）が③と⑤ではないかと判断したとする。たとえば，被告の反論を考慮してみても①と②は既に提出されている書証から優に認定される事実であり，他方，④を支える書証が全くなく，若干，主張内容自

---

*358　民事裁判の実務の中に現にこの2つの区別が存することはほぼ間違いないと考える。福田千恵子裁判官は「心証開示には，和解勧試のための心証開示と争点整理のための心証開示があり，両者は連続していますが，別のものです。和解勧試のときに行う心証開示は，暫定的な心証であるものの，結論に向けた心証ですから，あまり早い段階でやり過ぎると，裁判所が結論を決めつけていると受け取られ，代理人の反発を受けることになるでしょう。」と述べている。矢尾渉裁判官も「心証開示には，争点整理のためのものと和解のためのものとがある。」と述べている。
*359　判タ1405号17頁，増田弁護士発言参照。
*360　たとえば，ここでは①，②，③は請求原因事実を構成する各事実とし，④と⑤はいずれも独立した抗弁を構成する事実とする。

体にも無理があると思われる場合などである。そのような暫定的な心証を開示して，裁判所は，①と②と④については実質的な争点からはずし*361，③と⑤の主張と立証に集中して審理する方向性を打ち出したいと考える。

では，裁判所は，それを当事者にどのように伝えるのであろうか。暫定的な心証開示の方法が問題になる。

XVII 深刻な問題

争点整理手続において，裁判所が行う暫定的な心証開示*362の方法ないしやり方については深刻な問題が生じている。それは，多くの裁判官はそのような心証開示を行っていると述べているのに対し，多くの訴訟代理人たる弁護士はそのような心証開示を受けたことがないと述べていることである*363（判タ1405号18頁，矢尾・民訴雑誌155頁）。東京地方裁判所民事通常部34箇部の裁判官105名と東京三弁護士会の会員有志100名のほぼ同数のアンケート結果*364によると，

---

*361 実質的な争点からはずすとは，被告も①と②を自白するまではせず，④を撤回するまでのことはしないものの，③と⑤が主たる論点であることについて，当事者間と裁判所との間で確認することを意味する。実質③と⑤で勝負ということになる。

*362 その意味するところは，ほぼ，争点整理のための心証開示と重なるものと考える。平成27年5月16日開催の日本民事訴訟法学会における矢尾渉裁判官の報告では，争点整理のための心証開示の内容として，①争点の指摘，②法律上の見解の表明，③要証事実の存否の判断（狭義の心証開示）が挙げられている。この狭義の心証開示とは，中心的争点を絞り込むための要証事実の存否の判断や立証の難易の見通しの表明である。

*363 福田裁判官発言は「なお，争点整理のための暫定的な心証開示については，裁判所内部では，『積極的に心証開示をしている』という意見が大多数なのですが，弁護士会にお聞きすると『裁判所は心証開示をしないことが多い』と言われていることが多く，両者の認識には大きな齟齬があるようです。」と述べている。

平成27年5月16日開催の日本民事訴訟法学会における矢尾裁判官の報告によると，裁判官に対するアンケート（105名・東京地裁民事通常部34箇部）のうち，争点整理のために心証を開示しているかという質問に対し，49名が積極的に開示していると答え，51名が積極的ではないが開示していると答え，5名がほとんどしていないと答えている。すなわち，105名中100名の裁判官が争点整理のために心証を開示していると答えている。他方，弁護士アンケートの結果によれば（東京三弁護士会の会員有志100名），「開示しない」が3名，「どちらかというと開示しないことが多い」が65名，あわせて約7割，他方，「常に開示している」は0名，「どちらかというと開示することが多い」が26名と3割にも満たない。ここに105名中100名の裁判官が開示しているという心証について100名中68名の訴訟代理人が開示していないと回答するというギャップがみられる。

*364 「本アンケートの結果を見る限り，多くの代理人は，裁判官が争点整理において暫定的心証を開示することはあまりないと感じているようである」と述べられている。当該アンケートは平成25年4月ころ実施されている（判タ1396号16頁）。

第10章　口頭でのやり取り

裁判官は95％が開示していると回答し，弁護士は約70％が開示されないと回答しており，顕著な違いを見せている（判タ1396号5頁以下，矢尾・民訴雑誌157頁）。

　これは，争点整理手続において，裁判官が暫定的な心証を開示していることに代理人弁護士が気づいていないのか，裁判官が開示したつもりになっているだけなのか，あるいは，その両方なのか，本来，各地において裁判所と弁護士会との協議会[*365]を開催して検討すべきテーマである[*366]。

　例を掲げて検討してみたい。たとえば，原告が，損害賠償請求訴訟を提起し，①と②というふたつの過失[*367]を主張し，被告がそれらをいずれも争っていたとする。訴状，答弁書，被告第1準備書面（実質的な反論が記載された最初の準備書面）が提出・陳述されたところで，第1回弁論準備期日が指定され，その期日にて原告第1準備書面が，第2回弁論準備期日にて被告第2準備書面が，第3回弁論準備期日にて原告第2準備書面がそれぞれ提出・陳述されたところで，裁判長が，次のように述べたとする。

　「それでは，次回は，被告のほうで②の過失について反論を用意するということでよろしいですか。」

[*365]　なお，平成28年2月19日，裁判の迅速化という観点から名古屋と大津で実情調査が実施されており，争点整理や心証開示について興味深い結果が現れているようである。

[*366]　平成27年5月16日開催の日本民事訴訟法学会における矢尾裁判官の報告によると，開示した心証及び心証形成の理由は当事者に伝わっていると感じるかという質問に対し，104名の裁判官のうち2名が常に的確に伝わっていると答え，88名が的確に伝わっていることが多いと感じると答えている。

　また，判例タイムズ1415号48頁では，判決書の前提事実（争いのない事実等）の記載について，次のような報告がなされている。これも，争点整理段階での認識に齟齬があることを示す一例といえる。「さらに，アンケート結果からすると，『実質的に争いのない事実』に対する裁判所の認識と当事者の認識との間にそごがあるケースがあることがうかがえるが，前述のとおり，前提事実には，『中心的争点とはいえないが主文を導くためには判断が必要で，自白が成立していないため証拠によって認定する事実関係』に記載する場合があるところ，上記のようなケースが生じるのは，何が中心的争点（主文を導く上で重要な事実上の又は法律上の争点（起案の手引き91頁）であるかということの認識が裁判所と当事者との間で共通化できていないことに原因があるということができるのではないかと思われる。」。

[*367]　①の過失と②の過失はそれぞれ独立したものとする。たとえば，医療訴訟において，救急搬送時の○○検査を怠った過失と，その数日後の症状増悪時点における救命措置が遅れた過失など，行為時点も内容も異なるものとする。

XVII　深刻な問題

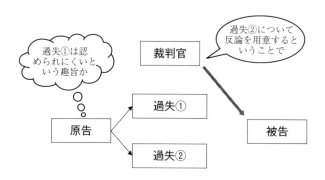

　この訴訟指揮は，どのような意味を有しているのか。この表現によって何らかの心証が開示されているのか。その見方は複数あるであろう。しかし，おそらく，裁判所は，その段階で，①の過失は認めにくいが，②の過失については認められる見込みがあると考えているのではないかと思われる。②の過失の主張に望みがあるからこそ，被告のほうで②について反論を用意してほしいと述べていると考えるのが自然である。もし，②について認めるのであれば，その前提として被告に十分反論の機会を与えておかなければならないからである*368。

　とすれば，原告代理人は，特に裁判所に促されてはいないものの，次回期日までに①について積極的に主張の補充や書証の追加をしようとするかもしれない。原告代理人としては①について軽々に諦めることはできないと考えるからである。しかしながら，原告としては，①については難しいのではないかと，裁判官から原告に対して直截に心証が開示されたものではなく，逆に，②について被告のほうへ反論書面の提出を促しているので，原告はそのことに気づかないおそれもある。このような場面にも伝わりにくさの実情があるのかもしれない。

　自分のほうではなく，相手方に対して反論を求める示唆（釈明も含む）が，反面，自分のほうへの示唆になっている，ということに敏感になることによって，争点整理段階の心証開示について，上述の深刻な問題への対処法が見つかるかもしれない*369。

---

*368　もっとも，新たに②に関する書証が提出され，その書証に基づいた主張が，第3回弁論準備期日にて追加主張されたのであれば，特に心証開示とは関係がなく，順番に当然のことながら，被告に反論の書面を用意することを確認しただけということになるであろう。

第10章　口頭でのやり取り

＊区別についての意見

　争点整理のための暫定的心証開示の区別の問題についてはさまざまな意見がみられるので，ここに紹介しておきたい。次のとおりである。いずれも，争点整理のための暫定的な心証開示と和解のための心証開示の区別についての弁護士の意見である。

　「（そのような区別しているのは）裁判官によるのではないか。」「（争点整理段階での心証開示を）敏感に感じ取って訴訟活動に活かすのが代理人の役割。区別がないというほうが驚きである。」「和解のための心証開示とそれほど内容に変わりはないのではないか。」「何となく区別されているという程度。」「それほど厳密に区別されて訴訟運営しているようには見えない。」「裁判官は区別して行っていることが多いと思う。」「両者はかなり異なるという印象があるので区別している。」「尋問の前か後かは区別している。」「事案による。」「区別を明示する裁判官もいる。」「主張立証段階の心証開示と争いのある事実についての心証開示の区別があると思われる。」「（その区別については）そもそもあまり意識していない。」「事案によって，争点整理段階で，判決内容を踏まえたものが開示されていると思う。」「区別する必要性がよくわからない。両者の違いを意識したことがない。」「争点整理段階での心証開示でも，その後の審理で覆ることはほとんどない。」「裁判官の表情（嫌な顔をする）も心証開示に含まれるのであれば，争点整理段階でも心証開示を受けたことはある。」「おおむね，どのような段階においても双方にとって不利なことを言うことが多いように思う。」「（そのような）区別に意味があるとは思えない。」「事実の把握や手続保障のために行っているだけなのかどうか区別するのは難しい。」「裁判官が『現時点では……』と述べることがあり，段階で使い分けていることが明確になされることがある。」「区別できるかどうかはケース・バイ・ケースである。」「区別を明らかにする裁判官は少ないのみならず，答え（心証）を言いたがらない裁判官がかなり多いと思う。」「争点から除外する論点についてそのことを開示することがある。」「ある抗弁に対する主張を撤回すべきではないかと心証開示されたことがある。」「（争点整理のための暫定的心証開示を）されたことがほとんどない。」「地裁なら別だが，簡裁では区別されていないと思う。」「区別は必要だと思う。」「そのような（区別するという）視点で考えていなかった。」などである。

　そのほか争点整理段階での心証開示について気づいた点としての意見は次のとおりである。「たとえば交通部のように定型的事件を扱う部の裁判官は心証開示をしたうえでの争点整理が上手。」「記録をよく読んでいる裁判官とそうでない裁判官がいて，前者は具体的な訴訟指揮があるのである程度心証がわかる。後者はとりあえず反論するということになる。」「（争点整理段階で）和解にはやった（和解による解決を急ぐ

＊369　そのほか，裁判官が「このあたりが重要という理解ですね」と水を向けると，争点についての認識のずれが見えてくるときがあるとのことである。また，「今の段階でということでかまわないのでいかがですか」という裁判官の発言や，代理人のほうから裁判官に「どこに反論しましょうか」と質問することがきっかけになることもあるようである。

XVII 反発と自縛

裁判官だと無理な和解勧試につながることもあり強い違和感を感じたことがある。」「あからさまに『この争点はだめ』という裁判官が増えた気がする。」「心証開示をして当事者の主張を誘導しないと裁判官が膨大な事実認定を迫られるのでやむなく開示されたという印象（を受けたことがある）。」「信義則を用いた主張について厳しいコメントを受けたことがある。」「建築紛争，東京地裁22部，医療過誤の事件（で争点整理段階での心証開示を受けたことがある）」「（争点整理段階では）裁判官がどう整理していくのかを注意している。時には方向性が事実認識の誤りからブレていることがある。」「そう言われれば重点的な反論をある箇所だけ求められたことはある。」「裁判官がある前提事実の存在につき証拠上認めるのは難しいと述べたことから一気に和解の話が進み解決したことがある。」など。

以上は，弁護士1800名へのファクスでのアンケート結果である（平成28年9月実施）。

そのうち回答は65通あり，回答率は3.6％であった。「民事裁判において『和解のための心証開示（判決内容を踏まえた最終段階でなされるもの）』と『争点整理のための暫定的な心証開示』とは区別して受け止められているか」という質問に対し，65通のうち35通（53％）が「区別している」と回答していた。すなわち，50％以上の弁護士が両者の区別を意識しているということである。これは，アンケート実施前の予想に反するほどの高率であった。実施前はもっと少ないと予想されていたからである。もっとも，回答率からすると，もともと争点整理に意識の高い弁護士が多く回答した結果ではないかとも推測された。このアンケート結果を分析した弁護士チームの中からは「今まで意識していなかったが，そう言われれば争点整理段階で心証が開示されていることに気づくようになった。」という声が聞かれた。何かのきっかけさえあれば両者を区別して対応することはむしろ容易なことなのかもしれない。この書籍がそのきっかけとなることを望む。

XVIII 反発と自縛

なぜ，裁判所による暫定的心証開示（争点整理段階の心証開示）は，当事者代理人（弁護士）に伝わりにくいのであろうか。裁判官は伝えているつもりであるのに伝わっていないという結果に直面しているようである。

この点について，代理人の本人化[*370]という可能性が指摘されることがある。すなわち，当事者の利益を第一に考え事案の見方にバイアス（事実や証拠を依頼者に有利なものとして見てしまう，あるいは不利なものから目をそらすという認識の偏りなど）がかかってしまい，裁判所の示唆に気がつかないのではないか，という趣旨のものである。裁判官は伝えている，でも伝わらない，それは当事者代理人

第10章 口頭でのやり取り

のほうにバイアスがかかっているから（仕方がないの）だとすれば，この問題に解決の糸口はなさそうである。理論的に閉じてしまっているように見えるからである*371。ただ，もし，このようなバイアスがかかっていることに原因があるとすれば，自身の依頼者（当事者）に不利な心証に対してはむしろ代理人は敏感に反応*372するように思われ，開示したのに伝わらないという印象とは整合しないように思われる。原因はもう少し複雑なものであるかもしれない。

　上述の裁判官アンケートでは，争点整理のための心証開示をするのに躊躇を感じたことがあるかどうかという質問に対し，「ある」という回答が68名，「ない」という回答が37名という結果が報告され，その原因として（複数回答可），①当事者からの反発を受けることへの不安（51名），②裁判所が開示した心証に縛られることへの不安（36名），③その他（12名）が報告されている*373（矢尾・民訴雑誌155～156頁）。つまり，多数の裁判官が，争点整理のために心証開示をすると，当事者（代理人）から反発を受けたり，あるいは，いったん開示するとその内容に自分が縛られて修正しにくくなると考えているといえる。すなわち，

＊370　裁判になればもちろんであるが，弁護士間の交渉であっても，弁護士に対して依頼がなされているものである以上，それは法的な解決が求められていると解されるので，法律の範囲を超えて依頼者の利益を追及することは，結果として，その依頼者の依頼の趣旨に反し，その途のプロフェッションとしての期待に応えるものではなくなってしまうかもしれない。依頼者は，たとえ自己に不利なものでも，裁判によって法を適用した結果ということになれば，ある程度，仕方がないと考えるかもしれない。自分と同じような立場の者がいたとすれば，おそらく同じような結論が出されると考えられるならば（平等性），自分だけが不利に扱われているのではないと思うであろう。

＊371　裁判において通用するルールとある種の業界でのルールにずれがある場合がある。業界からみれば裁判所の見方に偏りがあるように見えることになる。法の考え方・解釈が，業界の取引通念と異なる場合，裁判所と当事者との間のどちらにバイアス（偏り）が生じているのかが相対化し，曖昧になるかもしれない。裁判所は法の解釈自体に現場とは異質な偏りがあるといわれてもそれを理解できないであろうし，現場にとっても裁判になればそういう結論になるだろうけれど，裁判にならなければそんなことを問題にせずに取引がなされているという現実を重視する（それをリアルだと感じる）ことになるであろう。たとえば，並行輸入品は裁判所では内国商標権者と海外拡布者との法律的・経済的同一性を要求しているが（親子会社関係など），取引の現場では，上記同一性についてそれほど注意を払わないまま，それが真に海外の正規店で購入された商品であるならば偽物扱いはしにくいという現実がある。また，たとえば，著作権法に定められている著作権ではないのに（保護の対象とされている著作権のカテゴリーに当てはまらないのに），取引の現場では著作権という名目で金銭が支払われることがある。著作権ではないが商慣行として印税風の計算をして金銭を支払うことは本来自由なはずであるが，現場では著作権でないものについて金銭の支払を求めることがしにくい場面がある。関係者はあくまでも著作権料という形でやり取りしたいのである。

＊372　反応があるということは伝わっているということが前提になるからである。

＊373　平成27年5月16日開催の日本民事訴訟法学会における矢尾裁判官の報告による。

XVIII　反発と自縛

躊躇の原因は主に「反発」と「自縛」である。

また，心証開示の結果，争点整理に支障が出たというその内容については，次のとおりである。①不利な心証を開示された当事者から，請求や主張が追加され，争点整理がやり直しになった，②当事者の感情的な反発を招き当事者の信頼関係が揺らいだ，③裁判所が自ら開示した心証に縛られるおそれがある，④有利な心証を開示された当事者の主張立証がおろそかになった，というものである。①と②はいずれも上述の「反発」の傾向であり，③は「自縛」，④はその他のものといえる。

上述のところを端的に分析するとすれば，代理人は，法的な範囲内でできるだけ依頼者（当事者）の利益になるよう活動するため依頼者にとってそれが有利なのか不利なのかという点に敏感になる。そのため，争点整理手続において暫定的な心証開示がなされると，最終的な結論に直結する心証が固まってしまう前にこれに抵抗し，新たな請求（訴訟物）を追加したり，主張（請求原因，抗弁）を追加したりして，改めて争点整理のやり直しを迫り，その結果，迅速な紛争解決が遠のくことになる。あるいは，感情的な反発から信頼関係が揺らぎ，和解による柔軟な（訴訟物以外も含めた）解決が望めなくなる。あるいは，あくまで暫定的なものとして開示したつもりでも，いったん言葉にして伝えると，それを前提にしなければならなくなり，有利な心証を開示された一方当事者の主張立証がおろそかになれば，不利な心証を開示された他方当事者の主張立証がその後充実してきて，従前と反対の結論をとらざるを得なくなった場合でも，なお最初に伝えた心証に縛られることがいかにも不合理なものとなる。そのようなことから，裁判所による争点整理段階での心証開示は，躊躇されるか，されても婉曲的なものになりやすく，その結果，当事者にとって，わかりにくいものになりがちなのではないか，と。このような説明が可能になる。

＊反発の話題（？）
　弁護士の意見としては，次のようなものがあった。いずれも裁判所の争点整理段階での心証開示に対する「反発」系の話題と思われる。参考のために述べておきたい。裁判所が積極的にある争点について，この点はこの書証で立証できているのではないか，という心証を示した。すると，相手方（代理人）は当該書証の信用性を争うという態度を鮮明にし，結局，すべて人証で立証するということになってしまった，という話題があった。また，都市部を離れた地域では，書証が一切ないという事件や，仮

211

第10章　口頭でのやり取り

に書証があってもその内容が事実でないと言って争う事件も多く，そのようなときに人証調べもせずに裁判官に心証を開示されても，いったい何がわかるというのかと思うときがある，とのことである。また，裁判官に契約締結後すぐに解約されているのに出来高があるという主張はそもそもおかしいですよね，と言われたとか，訴状に陳述書をつけて訴えを提起されたときに，裁判所がその陳述書で心証をとっているとすれば問題であるという話題もある。また，○○支部には争点整理の段階で心証開示をしてくる裁判官がいるというような情報が回ってくることがあるとのことである。また，早めの心証開示は当事者本人，関係者を説得できないことが多い，という意見もある。

　あくまで想像にすぎないものであるが，これらは争点整理段階の暫定的な心証開示と，判決の結論に直結するような和解のための心証開示との区別が曖昧になってしまった例なのかもしれない。あるいは，代理人には代理人の「時計」が進行しており，代理人が想定していたときよりも早く心証が開示されると「まだ，早い」という意識を抱くことがあるという理解もできる。

XIX　2つの心証開示の区別

　もし，裁判所が，争点整理のための心証開示をしているつもりでいて，当事者代理人が最終的な結論に直結するような心証を開示されていると誤解しているのであれば，これらを区別することによって，当該事案の争点について共通の認識を得ることができるかもしれない。

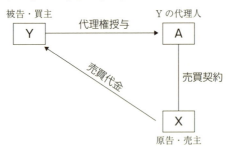

　XがYに対し売買代金請求訴訟を提起し，Aが買主Yの代理人で，Yが売買契約に先立ってAに代理権を授与したかどうかが主要な争点となってきた場合に，裁判官が，AがYのためにすることを示した（顕名）点についてはこの程度でよろしいですか，と述べたとする。これは，争点をAの代理権の有無に絞るという趣旨であり，顕名という要件事実については実質的な争点からは落とすという判断になる。

212

XIX　2つの心証開示の区別

　このとき，Yの訴訟代理人が，ひとつ争点が減らされたことで，あたかも原告の請求を棄却するという被告に有利な結論から一歩後退したかのように感じたとすれば，これに抵抗したくなるのかもしれない。Yの訴訟代理人が，裁判所は，顕名は争いのない事実か又は証拠から比較的容易に認められる事実として認め，もう既にこの争点整理の段階で，代理権授与の事実を認定して請求を認容しようとしているのではないか，と思ったとしたらどうであろうか。Yの代理人は，Aは本件売買契約締結の際，Yのためにすることを示していなかった，と争ったほうがよいのではないかと思うであろう。そして，さらに，Aはこの契約で自己の利益を図る目的があり，Xもそのことを知っていた，あるいは，知りえた，という抗弁を追加するかもしれない（民法93条類推適用，最判昭和42・4・20民集21巻3号697頁）。これは，前述の「反発」系の例のひとつかもしれない。確かに，この状況では和解解決は遠のいたように見える。

　他方，同じ場面で，Xのほうの代理人が，裁判所の態度を見て，争点を代理権の有無のみ[374]に絞り，先立つ代理権授与の事実を軽々に否定して請求棄却判決への途を用意しようとしているのではないか，と思ったとすればどうであろうか。あるいは，代理権の有無以外の点は主張しないで進めてもよいのか（それだけでいいのかという意味で何らかの追加を促すようにも見える）という示唆を感じたとしたらどうであろうか。ひととおり表見代理の主張を追加し（民109条・110条・112条），そのうえ，無権代理行為の追認があったという主張も加えるであろう[375]。こうして，争点整理のやり直しに近い状態に至る。

　このような事態を避けたいと思えば，裁判官はポーカーフェイスで淡々と手続を進めるか，又は，あえて他の論点に触れるような言い方はせず，「やはり，本件の事案では，代理権の授与があったかどうか，という点について，提出された書証のほか，証人尋問，本人尋問で明らかにしていく，ということになりますでしょうか。」と述べることになるであろう。このような表現に他の論点を主要な争点から外すという趣旨を感じ取られるかどうかということになる。

---

*374　この場合，争点がひとつに絞られれば，複数の争点が争われる事案に比べれば，判決書を作成しやすくなると予想するであろう。
*375　しばしば司法修習生の模擬裁判（模擬弁論準備）にみられた傾向である。争点整理手続すればするほど，争点が増えるというものである。このような結果に陥ってしまわないようにという教育効果を狙った東京弁護士会の提供する企画であった。

第10章　口頭でのやり取り

確かに，結論を示唆する心証開示と，争点整理のための心証開示[376]とを明確に区別[377]できたとすれば，上述のようなことは起こりにくいのではないかと思われる。ただ，代理人のほうから裁判所にそのことを質すのは現実的には難しい[378]と思われ，裁判所のほうから「裁判所としては，今はまだ判決まで見通すような時期ではなく，あくまで争点を整理している，という段階にすぎないのですが……」，「現時点では結論は白紙の状態なのですが，裁判所が誤解していると迷惑をかけてしまいますので，少し教えていただいてもよろしいですか……」と枕詞のようなものを入れて話をすると多少改善されるのではないかと思われる[379]。

XX　暫定的な心証が意味するもの

　争点整理段階での裁判所の心証開示が婉曲的でわかりにくいものとなりやすいのが，当事者（代理人）の反発を避けたい，という点にあるのであれば，その処方箋は，当事者（代理人）に対し，判決主文に直結する心証はまだ白紙であること，あくまで争点を整理している段階であること，現段階では複数ある争点の重みづけを行っているにすぎないこと，などを伝えることであろう。
　他方，もうひとつ，裁判所が，みずからを縛ってしまうおそれがあることから，婉曲的表現（どちらにでもとることができる表現）が用いられ，心証開示の内容がわかりにくくなっているとすれば，どうすればよいか。わかりにくい婉曲

---

[376]　争点整理段階での「見立て」と表現してもよいかもしれない。「心証」という用語は誤解を招くという指摘もある。

[377]　逆に，この2つの区別を混同させるような訴訟指揮は許されない。争点整理段階での暫定的な心証であるかのように振る舞いながら，実は最終的な結論まで決めてしまっている，というような事態が判明すれば，複数ある要証事実の一部につき心証開示をしながら主要な争点を絞っていこうとする争点整理のそもそものコンセプトを崩壊させてしまうであろう。最も避けなければならない事態がここにあると考える。

[378]　代理人から裁判所の訴訟指揮に対して，「それは，もう，おおよそ判決の結論を決めて仰っているのではないですよね。」とはなかなか尋ねにくい。

[379]　もっとも，第1回口頭弁論期日で，このような表現を使っても違和感があるかもしれない。事案にもよるであろうが，通常，まだ，訴訟は始まったばかりだと思われるからである。他方，たとえば論点AとBがあるとして，第1回口頭弁論期日において，「裁判所は本件の主要な争点はBだと考えている。もっとも，Aについて主張立証してもらっても，それは別にかまわない。」という訴訟指揮をすることも現実には見られる。

XX 暫定的な心証が意味するもの

的表現をする理由が自縛を避けたいという点にあるのであれば，少なくともその段階では（その論点につき）暫定的にせよ心証開示するには時期的に熟していなかったというべきようにも思われる。すなわち，端的に時期を誤ったのではないかと思われる。もっとも，結果から遡って時期を誤ったというのは容易であるとしても，行為時点ではそのことを判断するのは難しい（だから婉曲的表現によって余裕をもたせることには合理的な理由がある）といえるかもしれない。しかしながら，自縛回避の要請は事案解明度あるいは解明度と裏腹の関係にあるように思われる。事案の解明度が乏しい論点については暫定的なものであっても心証開示をするのは適切でなく，事案解明度が不十分であることは行為時点でも判断できるであろう。解明度[*380]（高橋・重点民訴下35頁注10，三木・手続運営406頁・462頁）が高いとは新たな証拠によってそれまでの証拠調べの結果が覆されるおそれが少ないという意味であるが，解明度が十分ではないということは行為時でも判断可能であろう。

　これは，つまり，暫定的な心証とは撤回される可能性のある心証という意味ではないということである。ある争点についての暫定的心証は，それ自体はほぼ確定的であると考えられるのである。争点整理段階でなされる心証開示は，主文に直結する結論としての心証ではなく，複数の論点のうち主要な争点となるべきものと，そうではないものとに段階的な重みづけをする際に開示される心証である。何も心証が開示されないようではそもそも争点に軽重をつけることはできないからである。主要な争点については心証は白紙のままであるが，それほどでもないもの[*381]，あるいは，たとえば要件事実に該当する主要事実について書面上形式的には争いの対象になっているものの，実質的にはそれほ

[*380] 解明度とは，十分に証拠調べないし事実審理を尽くしたという度合い，あるいは，新たな証拠によって立証命題の蓋然性が変動することのない程度を指す概念である。審理結果の確実性ともいえる。もっとも，今後，発展が予想される概念と考える。解明度は太田勝造教授の提唱する概念である。三木浩一教授は解明度と異なるものとして信頼度という概念を提唱している。

[*381] たとえば，上述の代理の事例でいえば，Aの顕名行為についての論点である。顕名があったという点を自白するものではないが，それが当該訴訟において証拠等から認められるであろうことは予想したうえ，主要な論点である代理権の授与に攻防を集中していくというものである。仮に，代理権の有無について心証を開示するとすれば，それは結論直結の心証開示となるであろう。代理権の有無については，争点整理段階でなされる心証開示の対象としてはふさわしくないのである。このことを裁判官が間違えず，かつ，代理人弁護士が誤解しなければ，争点整理は比較的順調に進むのではないかと思われる。

第10章　口頭でのやり取り

ど衝突しているとはいえないものなどについては，ほぼ確定的な心証を開示しながら，主要な争点に絞っていくのである。

　こうして，あくまで争点整理段階の暫定的な心証開示であり，結論直結の心証ではないこと[*382]を明らかにしたうえで，争点の重みづけを行う際に主要な争点とはなりにくいものを区別するためにその論点についての暫定的（であるがその論点限りではほぼ確定的な）心証を開示するというやり方であれば，婉曲的表現によるわかりにくさを回避できる可能性が生まれるのではないかと考える[*383]。

　　＊「心証」という用語
　　　2016年3月16日に開催された日弁連のライブ実務研修「民事訴訟における争点整理の現状と今後」のパネルディスカッションでの裁判官の発言によると，「心証」という言葉の使用をできるだけ避け「見通し」という言い方をしているとのことである。「心証」という用語は，請求認容か棄却かという最終的な結論が出ているという誤解を与えるからということである。もっとも，「見通し」という用語のほうが，個々の論点の心証よりも総合的な判断をしようとしているかのように聞こえ，結論を見通しているのではないかというニュアンスが伝わるおそれもある。このように，用語の使い方には難しい問題がある。そこで，文脈的に「まだ現段階では最終的な結論や心証をもっているものではないのですが……」という断りを入れてから話すほうが伝わりやすいのではないかとも思われる。

XXI　心証を開示しない裁判官

　裁判官の中には，争点整理段階では心証を開示しない，という意見がある。ある論点について心証がとれたとき，それ以上はその点については語らない，というのである。仮に，そのこと[*384]を開示すると，一方当事者の代理人による反証[*385]活動が始まってしまうから，ということである。原告が立証活動の対象としていた事項の証明の程度が上がってきて，裁判官に高度の蓋然性を超えるような心証を与えそうになれば，被告が反証活動を行い裁判官の心証を高

＊382　判決（内容）の見通しについてではないこと。
＊383　あわせて，代理人が物語的な主張立証をしなければ，解明度にブレーキがかけられることもないので，裁判所の自縛回避の動機が乏しくなることになる。
＊384　ある要件事実に該当する主要事実の存在又は不存在について心証がとれたということ。
＊385　ここでは，裁判官が形成した心証をぐらつかせようという目的の行為という程度の意味である。立証責任の所在を意識して「反証」という用語が使われているのではないと考える。

XXI　心証を開示しない裁判官

度の蓋然性という証明度以下に戻そうとするのはむしろ自然な訴訟追行態度である[386]。したがって，上記の「反証」活動が始まることを避けようとする動機は妥当でないもののように見える[387]。

しかし，事はもう少し複雑のようである。すなわち，その考え方には，争点整理段階で開示した心証に抵抗して出てくる主張や証拠には，それまでの心証を覆すほどのものが含まれていることはほとんどない，という経験に裏打ちされているようなのである。確かに，いったん形成された心証を覆滅するほどの重要な証拠があるのであれば，訴状とともに，そうでなくとも，訴訟の早い段階で既に提出されているものと思われる。間接的な証拠をいくら多数調べてみても心証を覆すまでには至らないことは多いであろう。証拠の数をできるだけ多数にするため，より間接的な証拠が増えてしまっているだけという可能性もある。これは間接事実の積み重ねにより主要事実を認定していくという事実認定の過程とは異なり，主要事実からさらに関連性の薄い間接事実や間接証拠が多数ちりばめられることによって，かえって，どんどん心証が主要事実から遠ざかっていってしまっているというイメージになるであろう。

そして，さらに，争点整理段階での暫定的な心証開示を，判決主文に直結するような最終的な心証開示と誤解してしまっているのではないかという認識[388]も

---

[386]　もっとも，相手方に立証責任が分配されている事実についても，通常，そのような事実はないことを積極的に立証していく活動をすると思われる。相手方の立証がうまくいきそうになるまで待ってはいない。

[387]　心証をとったシーンを悟られたくないという趣旨のようにも見え，段階的に個々の論点について心証を開示しながら争点整理を進めていこうとする方針とは反するようにも思われる。

[388]　2016年3月16日日弁連ライブ実務研修「民事訴訟における争点整理の現状と今後」のパネルディスカッションでの裁判官の発言同旨。なお，このライブ実務研修では，次のような論点が提示されディスカッションされており，大変興味深いものであった。ここでは，いくつか例を掲げておく。たとえば，①「負け筋の場合は，争点が整理されずに混乱した状態のほうが，勝訴の可能性を残したり，和解交渉を有利に進めたりする上で，よいのではないか」，②「主要事実や間接事実ではないが，依頼者が特に拘っている事実があるので，これを主張したいが，適切か」，③「予備的請求・抗弁を早めに出すと，主位的請求・抗弁が弱いことを自認するようなものではないか」，④「準備書面や証拠の提出期限を守らなくても，特にペナルティが課されるわけではないし，早く出すと相手方が期日までに反論を用意してくるかもしれないから，期日ぎりぎりに提出するほうがよいのでは」，⑤「争点整理により，敗色濃厚であることは否めなくなる。それならば，今からでも，新たな攻撃防御方法を提出して，争点を新たに増やして審理を混乱させたほうが，相手方と裁判所に訴訟追行につき嫌気を起こさせ，そこそこの和解を得られるのではないか」などである。http://www.nichibenren.or.jp/activity/improvement/training.html

第10章 口頭でのやり取り

背景にあるようである。複数の論点のうち，実質的な争点ではない，あるいは，判決主文を左右するような重要な争点は他にあると考えて，争点間の重みづけを行っている段階での心証開示は，人証調べの後などに和解勧試の前提として行われる心証開示とは，本来，別物である。もし，その区別がはっきりしない状況であったとすれば，代理人は，まだ，心証開示がなされるのは早すぎるという事件の見立て[389]から，より間接的なものであることは重々承知のうえで，主張や証拠の提出を行っているのかもしれない。代理人の想定したしかるべき心証形成時期との齟齬（心証が開示されるのは，もっと先（将来）であるべき，と思っているということ）の調整の意図でなされている可能性もある。もっとも，裁判官の心証形成（開示）時期を訴訟代理人がコントロールしようとする利益[390]は裁判の迅速化の要請とほぼ正面から衝突するものであり，法的に保護されるものでないのではないかと思われる。

　暫定的な心証開示は，複数の争点間の重みづけを行うときになされるものであるが，これを和解勧試の前提としての心証開示と誤解してしまう背景には，民事訴訟法（平成8年6月26日法律第109号）の制定前にしばしば実施されていた弁論兼和解の影響が残っているのかもしれない。「本件についてですが，次回は弁論準備期日でもよろしいですか。」と裁判官に意見を求められたとき，民事訴訟法168条に基づいて当事者の意見を聴いているにもかかわらず，何らかの和解解決の糸口が見つからないか，あるいは，和解へ向けた裁判所としての提案がないわけではない，という裁判所の意向（本当はそのような意向はなく，白紙状態であるがそれがあるものとして）を汲み取ってしまうことがあるのかもしれない。

---

[389] 代理人（弁護士）が，当該事件について，ある程度時間をかけたほうがうまく和解解決ができるのではないかという見立てをしている場合などが考えられる。もっとも，民事訴訟について，当初より依頼者からじっくり時間をかけて進めたいという希望がなされることは少ないように思われ（通常，早期解決を望む当事者・依頼者が多いと思われる），時間のかけ方について依頼者と代理人との間に齟齬が生じている可能性も指摘しうる。

[390] 「時のコントロール」と呼んでもよいであろう。事実を小出しにすることによって，解明度の上昇にブレーキをかけ，裁判所からなされる心証の開示時期，あるいは，心証を形成する時期自体を調節しようという意味と考えられる。和解解決のための判決の主文に直結するような心証開示と，争点整理段階の実質的な争点とそうでないものとの軽重をつけようとする心証開示の区別がつかない状態であればこのようなことが起きるかもしれない。あくまで争点整理段階での心証開示は争点の重みづけのためのものであり，実質的な争点（判決の結論を左右するような論点）については心証は白紙であるという姿勢ないし信頼が得られるかどうかが鍵のように思われる。

XXI 法的観点指摘義務

＊証明度

　通説は証明度として裁判官が確信をもつに至る高度の蓋然性の基準を要求するが，そのほか優越的蓋然性で足りるという説もある。また，構造的に証拠の偏在がみられるような特定の事件類型においては実定法解釈上の根拠を示して引下げを説く説もある。この最後の説がわが国の現状に親和的であろう。ちなみに，アメリカ法においては，事件の種類に応じて数段階の証明度が区別されていると説明される。刑事事件において用いられる「proof beyond a reasonable doubt」，民事通常事件において一般的に用いられる「preponderance of the evidence」，特殊な民事事件において用いられる両者の中間的な「clear and convincing proof」である。

＊弁論兼和解と弁論準備手続との相違

　消費者訴訟という文脈であるが，弁論兼和解という手続的運用について「民訴法改正で法制化が検討され，『弁論準備手続』という形で採用されるに至った（民訴168条以下）。」と評価する見方がある（大村敦志・消費者法〔第4版〕333頁「弁論兼和解のメリット」（法律学大系・有斐閣，2011年））。

　もっとも，弁論準備手続の目的は，争点及び証拠の整理のためと定められており（民訴168条1項），これを和解を勧めるために法廷外（和解室など）で当事者と話し合いを行う手続と理解することには異論があるであろう。

　同書も「弁論兼和解によって，本来は，法によって黒白の決着をつけるべき問題に，密室の中で足して二で割るような解決が与えられて終わる。……裁判の社会的機能をも考慮に入れるならば，これが望ましいことであると直ちに断ずることはできない。一回限りの解決ではなく多くの事案に共通の解決を目指すことが重要だという意見ももっともだからである。」と述べている。

　それまでの弁論兼和解の運用が平成8年民事訴訟法（平成8年6月26日法律第109号）において弁論準備手続として採用されたとは考えにくいが，上述のような評価が現にあるということは，弁論準備手続について弁論兼和解のような運用が期待されてしまうことがあるのかもしれない。しかし，その期待は手続的には保護されていないと思われる。

XXII 法的観点指摘義務

　民事訴訟審理構造論には，情報開示による民事訴訟として法律問題指摘義務が論じられている（山本・民訴構造17頁）。これは裁判所の義務である[391]。当事

---

[391] 当事者の負う事案解明義務についての議論とは異なる。

者(代理人)が法律問題を指摘する義務を裁判所に対して負うのではない。すなわち「裁判所が当事者の主張しているのとは異なる法律問題又は主張されていない法律問題を判決の基礎とするとき，裁判所はその点について指摘して当事者に攻防の機会を与えねばならない旨の義務」と説明されている(山本・民訴構造169頁)。

　確かに，新訴訟物理論ではなく旧訴訟物理論を採用するというだけでは，不意打ち防止の問題についての解決には至らないであろう。また，弁論主義による不意打ち防止の効果にも限界が指摘できるであろう。一般条項に関しては何が主要事実か明確でない場合があるからである。また，一般条項それ自体の主張が単なる法的意見の陳述とされてしまうのではないかという危惧もある。たとえば，明確に権利濫用の抗弁は主張していないものの，裁判所が主張立証された事実から原告の権利行使を権利濫用と判断できるとすれば弁論主義による不意打ち防止の限界がこの場面でも露呈するであろう。また，裁判官の積極的な関与による法律面での不意打ち防止の方法としての釈明義務も，法律問題についての指摘義務の必要性を示唆するものと考えられる。裁判長(陪席裁判官も裁判長に告げて)は，訴訟関係を明瞭にするため，事実上の事項だけでなく，法律上の事項に関しても，釈明を求めることができると定められているからである。

　民事訴訟法の改正課題(ジュリスト増刊)にも法的観点指摘義務が立法論として掲げられている[*392](三木＝山本・改正課題73頁)。「裁判所は，当事者が明らかに看過し，又は重要でないと考えた法的観点については，当事者に当該観点について指摘し，意見を述べる機会を与えた場合でなければ，裁判の基礎とすることができない」という規定の新設を提案するものである。

　現行民事訴訟法(平成8年6月26日法律第109号)には，法的観点指摘義務の定めはない。しかし，もし，そのような規定があれば，裁判官が，争点整理段階で，口頭でのやり取りを始めるきっかけを得られるであろう。「まだ，現段階では，事案について，心証をもっているものではありませんけれども，裁判所としては，法的観点を指摘するという義務がありますので，事案について誤解しているところがないか，確認させていただいてもよろしいでしょうか。」と

[*392] 三木浩一＝山本和彦・民事訴訟法の改正課題73頁・有斐閣・2012年。

述べて，口頭でのやり取りを始めることができるであろう。義務規定[*393]があれば，裁判所が懸念する代理人の反発は受けにくいようにも思われる。

　心証開示を争点整理のためのそれと和解のためのそれとに分け，後者は裁判所の手続裁量であるが，前者のうち争点を指摘するのは義務であるとする見解もある[*394]（加藤・裁量190頁以下参照）。すなわち，争点整理における争点の指摘という形態の心証開示については，「それをしたほうがよい，してもしなくてもよい，しないほうがよい，すべきでない」か迷うという事態は通常想定することはできず，そのような意味で，裁判所に裁量はない，というものである。また，争点を指摘するだけでなく，もう一歩進んで，ある要証事実の存否についても，裁判所の認識・判断を明らかにすることも，原則として「それをすべきである」あるいは「したほうがよい」という意味で裁量の幅はほとんどないと述べられている。いずれにせよ，争点整理段階において，争点を指摘するのは，裁判所にとって義務的なものであり，複数の争点の数を減らし，重要な争点に絞っていく作業には，個々的な論点については，ある程度裁判所の心証を開示する必要があるという見識が示されていると思われる。

XIII　三者三様の法的思考

　以上，見てきたとおり，口頭のやり取りに関する話題は専らミクロ正当化の場面を想定してきていたように思われる。口頭でのディスカッションをしやすいものになるように，ノン・コミットメント・ルールが提案されたのも，主要事実について自白の成立の懸念を払拭するためであり，あるいは，口頭での発言を後に書面で不利益に引用されないためであった。ノン・コミットメント・ルールの提案自体，口頭の議論がミクロ正当化の場面を前提としていることを示していたともいえる。

　しかし，口頭でやり取りする話題の対象が，マクロ正当化に関するものであったり，これとオーバラップする発見の過程に関するものであったりすること

[*393]　民事訴訟規則でもよいかもしれない。
[*394]　心証開示には，争点整理のための心証開示と和解のための心証開示があると述べ（190頁），その上で，争点整理における争点の指摘という形態の心証開示については裁量はないというべきである，と述べられている（192頁）。

第10章 口頭でのやり取り

も十分考えられる。否，むしろ，マクロ正当化や，その背景となる発見の過程のほうが口頭でのディスカッションにはなじむように思われる。

上述のように，原告代理人，裁判所，被告代理人が，それぞれ独自に発見の過程や正当化の過程における法的思考を行い，それらが裁判過程において常に最低限重なっている[*395]領域がミクロ正当化の過程ではないかと考える。そして，ごくシンプルな事案であれば，三者三様に独自（相互に交渉なし）に法的思考（ミクロ正当化以外の法的思考）を行っても，それらの内容はほぼ一致することになり，特に不都合な点はないと思われる。

しかし，そうではない事案では，原告代理人のマクロ正当化に関する法的思考や，被告代理人のそれ，その上での裁判所からの釈明権の行使や争点整理段階における暫定的心証開示に現れてくるそれ[*396]などが，口頭でいろいろやり取りされたほうが，民事裁判による紛争解決能力を上げる（適正な手続保障をしながら迅速な解決を実現することに資する）ものと考える。法規範の定立に関し制定法の条項の解釈や先例の判決理由に示された規範の射程に関する話題，ある書証からある事実を立証する場面（証拠力の評価など），あるいは，ある事実から他の事実を推認する場面で働く経験則に関する話題などは，口頭でのやり取りによって，ある程度噛みあわせておいてから[*397]，双方代理人による書面の主張を求めるほうが効率的のように思われる。

さらに困難な事案では，マクロ正当化の過程に加え発見の過程に関する話題についても口頭の議論の対象となされるのが望ましいのではないかと思われる。ミクロ正当化による細かい詰めはひとまず置いて[*398]，おおよそ認知症の高齢者への家族の監督責任を厳しく追及していく社会を目指すほうがよいのか，および未成年子の行為については両親の監督義務の免責など認めないという方向

[*395] 対話が成り立っている，議論が噛みあっている，という意味合いである。
[*396] 法的観点指摘義務があれば，なおさら，マクロ正当化の大前提の正当化の場面，すなわち，制定法から解釈して導かれる法規範の定立に関する話題が裁判所から指摘されることになるであろう。
[*397] 全く噛みあわないことがわかれば，それを前提として進められるので，やはり，口頭でのやり取りにはメリットがあると思われる。噛みあわないことがわかるまで数ヵ月を要するよりは時間的にも労力的にも有益であろう。
[*398] もちろん，訴状，答弁書，準備書面には，ミクロ正当化に関する主張がなされ，その法律構成もある程度理解されている状態において，という意味である。

性が望ましいのか，現代の社会に暮らす人々にとって受け容れやすい形である程度普遍化可能なルールとは何か（複数の考えうる選択肢のうちどれが相当か）を探求する作業は，裁判所と原告代理人，被告代理人の三者[*399]でなされる口頭の議論がふさわしい場なのではないか，と思うのである。

XXV なぞかけ

しかしながら，この場に参加する代理人にとって，そのような口頭でのやり取りは頗るストレスフルなもの[*400]になるように思われる。裁判所は，普遍化可能性の候補たる規範仮説の選択を純粋に思考するであろうが，原告代理人は原告の，被告代理人は被告の，それぞれの利益を図りながら，発見の過程における生活事態（の内面化）と規範仮説（の普遍化可能性）の熟慮，マクロ正当化における大前提と小前提の導出，それらについての視線の往復（インダクションとアブダクション）についていかなければならないからである。

ミクロ正当化の場面でのディスカッションであれば，規範と事実と結論の関係[*401]が見えやすく，口頭のやり取りで出される話題が自己の依頼者にとって有利な話題か，そうでないか，ということについて，ある程度見通しを立てながら会話に参加できるであろう。しかし，発見の過程という多少抽象的にならざるを得ない話題には，それが自身の依頼者にとって有利なのか不利なのか一見して明らかではなく，不明のまま進まざるを得ないというリスクを感じることになるであろう。また，マクロ正当化の過程（における大前提の導出の例）でいえば，たとえば制定法の解釈として導き出される複数の規範のうちどれが選択されるのが相当かという会話には，ミクロ正当化への移行構想（演繹風の思考）が透けて見えるので，自身の依頼者にとっての有利不利を考えながら議論の行方を見ようとして，かえってその時々の話題についていくのが難しくなるかもしれない。「なぞかけのようだ」といって口頭でのやり取りが拒否されるシーンもあるようである。それは，準備が十分でないままにミクロ正当化より

[*399] 当事者が増えればそれだけ増えることになるであろう。
[*400] 感情的対立という意味ではない。実質的な内容において緊迫する度合いが高いように思われるのである。
[*401] 演繹風の法的三段論法を前提とするシンプルな思考方法による関係となる。

第10章　口頭でのやり取り

前の段階（マクロ正当化の過程，あるいは発見の過程）の話題について口頭でのやり取りをせざるを得なくなった場面にあてはまることなのかもしれない。

そういう意味で，弁論準備期日に出頭するには，締め切り（期日の1週間前であることが多いと思われる）を守って準備書面を提出し，期日ではどのような話題が出るだろうかといろいろ頭の中でシミュレーション*402しながら，期日で起きた出来事はすべて想定内のことにおさまるように準備しておく必要があり，少なくともそれが理想といえるであろう。弁論準備期日を単なる書面の交換の場にしないようにするのであれば避けられない準備作業ではないかと思われる。

＊なぞかけ

なぞかけは，「AとかけてBと解く。その心は，C」という形式をもっている。全部で3つの要素で構成され，2つの要素が提示された後，最後の要素が提示される。たとえば，アブダクションに沿った口頭の議論がなされるとすれば，確かになぞかけのような会話になるかもしれない。次のとおりである。

裁判官：「民法714条の監督責任の規定ですが，同居している妻が認知症の夫が与えた損害について責任を負わないとすれば，どういうことになりますかね。」

代理人：「その同居の妻は法定の監督義務者には当たらないということになりますね。」

また，たとえば，インダクションであれば，次のとおりであろう。

裁判官：「民法752条の義務を負う妻が，認知症の夫の監督義務者に当たらないとすれば，同条の義務は，どのような内容のものになりますかね。」

代理人：「その義務は，あくまで夫婦間の相互義務にとどまるもので，第三者との関係での義務は含まないと解釈すべきことになるでしょうね。」

このような会話を自身の依頼者にとって有利なのか不利なのかも同時並行で考えながら対応するには，日頃から，判決三段論法の構成要素（規範，事実，結論）の順序を入れ替えて，アブダクション，インダクション，ディダクションを自由自在に行える訓練を経ておくほうがよいのかもしれない。

＊期日の入れ方

弁護士としては同じ日に関連性のない複数の事件の弁論準備期日を入れないようにするのがコツと思われる。たとえば，東京地裁での複数の事件を受任している横浜の弁護士が同じ日に期日を入れれば東京への移動が1回で済んで効率的なようにも見える。しかし，複数の事件について，いっぺんにシミュレーションを準備するのは逆に効率が悪いと思われる。次回期日も同じ日になるとすれば，準備書面の提出期限もお

---

*402　ミクロ正当化の場面のディダクション風の思考の考慮要素を入れ替えて，インダクションやアブダクションをやってみる作業もそのひとつといえるであろう。

およそ重なってくるので書面作成の負担が同じ時期に偏ってしまう。また，期日の終了後，法律事務所に戻って，記録をキャビネットに戻さず，その場で簡単に次回提出予定の準備書面案を書いてみるのもよいと思われる。もちろん，完成品はできないが，口頭でのやり取りをして記憶がはっきりしているうちに文字にしておくと，後日，その書面案に加筆・修正することができる。その日（か数日中）のうちに書き出してみると，完成までどの程度の時間が必要か，必要な調査・打ち合わせは何であるかなども，具体的になってくるであろう。自身が主任の事件である場合は，他の弁護士に対して時間的に余裕をもって相談や指示する機会を確保できる。

XXV 締切りのメリット

民事訴訟法162条は準備書面の提出の期間について定めている。期日では，ごく当たり前のように書面の提出の締切日を決め，その1週間後くらいに次回の期日が指定される。しかし，締切日は守られず，準備書面が当日か期日の直前になって提出されることも多いようである。提出期限を遵守しなくとも[403]，特に罰則もなく，失権効もない。ただ，締切りを守って書面を提出すると，その期日で提出した書面の内容をもとに簡単な口頭でのやり取りがなされ，それが訴訟追行のヒントになることが多い。そういうメリット[404]はあるのである。また，口頭でのやり取りがマクロ正当化の過程や発見の過程に及ぶ場合，締切りを守って書面を提出しているほうが対応しやすいであろう。裁判所も事前に提出された書面をもとに話題を提供するからである。

> *書面の締切り
>
> ちなみに，知財部では締切りは厳守されていると思われる。締切り厳守の話題で，しばしば語られるのが iMac 事件である。ソーテック社の e-one というパソコンが iMac の形態に類似しているとして製造販売等の差止めが求められた仮処分事件である。この事件（東京地決平成11・9・20判タ1018号144頁，iMac 不正競争仮処分事件）は，申立てから1ヵ月以内で決定がなされたとして迅速な審理がなされたと評価

---

[403] 2016年3月16日日弁連ライブ実務研修「民事訴訟における争点整理の現状と今後」のパネルディスカッションでの裁判官の発言によれば，書面の締切りを守らないことによるメリットは全くないとのことである。意図的に期日を空転させて紛争解決を長引かせているのでは，と感じてしまうそうである。

[404] 相手が一度も締切りを守らない弁護士であったとしても，当方は締切りを守るメリットといえば，やはり自分の書面の印象を期日でのやり取りを通じて知ることができるという点にあると思われる。このメリットは，いつも締切りを守って書面を提出する努力をしていると実感できると思う。また，どうしても書面提出までに時間がかかる場合，日頃から締切りを守って提出していると，多少，先の締切りを求めても許容してもらえるであろう。

第10章　口頭でのやり取り

されている。この手続では，債務者から意見を聴くため審尋期日が指定されたが，債務者は答弁書，準備書面，疎明資料を提出せず，口頭で意見を求められても，債務者の行為の正当性について理由を説明しなかったので，審尋期日が打ち切られている（審尋のための続行期日を指定していない）。この決定には，審理について付言した箇所がある。次のとおりである。

「当裁判所は，争いに係る事実及び法律関係に関して，債務者からの意見を聴くために，審尋期日を指定した。債務者は，右期日に答弁書，準備書面及び疎明資料を提出しなかった。また，当裁判所は，口頭による意見を求めたが，債務者は，債務者商品を製造，販売することができる正当性に関する理由を説明しなかった。そこで，当裁判所は，審尋期日を打ち切った（審尋のための続行期日を指定しなかった。）。ただし，当裁判所は，債務者に対して，防御を尽くすため，期限を付して，主張，立証資料の提出の機会を与えた。これに応じて，債務者から別紙二『答弁書』が提出されたが，右答弁書を検討しても，なお，前記の認定，判断を左右するには至らない。一般に，企業が，他人の権利を侵害する可能性のある商品を製造，販売するに当たっては，自己の行為の正当性について，あらかじめ法的な観点からの検討を行い，仮に法的紛争に至ったときには，正当性を示す根拠ないし資料を，すみやかに提示することができるよう準備をすべきであるといえる。しかるに，本件においては，前記のとおり，審尋期日において，債務者から，そのような事実上及び法律上の説明は一切されなかった。そこで，当裁判所は，迅速な救済を図る民事保全の趣旨に照らして，前記のような審理をした。」。ちなみに，提出された答弁書の最後には今後の立証計画等という段落があり，弁理士の鑑定のため最低1ヵ月以上の期間が必要という旨の記載もあったものである。

＊期日直前（当日）の書面提出

　期日直前になって，あるいは，当日，書面を提出した代理人には，口頭でその内容を説明させるという訴訟指揮がなされる場合があるが，このやり方はあまり評判がよくないようである（2016年3月16日日弁連ライブ実務研修「民事訴訟における争点整理の現状と今後」のパネルディスカッションでの弁護士の発言）。というのは，書面の締切りを守らなかったうえ，さらに，自身の主張を口頭で説明する機会（書面を作成したばかりなのでその内容を詳しく覚えており流暢に説明可能である）が与えられ，しかも，相手方代理人にとっては直前に書面が提出されているため，十分に書面に目を通す時間がなく，その場で，すぐに反論のコメントができないまま，ただ聞いているしかない（その意味で締切りを守らなかったほうの弁護士の独壇場となる）という立場に追い込まれるてしまうからである。ただ，裁判官としては，期日を空転させてしまいたくないという一心でそのような説明をさせているようである。

XXVI　手続保障と迅速化

＊長文の書面
　　網羅的ではあるが不必要なほど長文の書面が提出された場合などに，重要性という点で論点（話題，事項）に強弱をつけ，ピックアップした項目について主に相手方に反論を促すことがあってもよいと思われる。たとえば，仮に 1 〜 30までの項目があるとして，裁判所が現段階で重要と思われる 2 と 5 と15の項目について反論を用意するよう促し，それ以外については適宜反論してもらえば足りる，というような訴訟指揮をするなどである。

XXVI　手続保障と迅速化

　争点整理手続における口頭でのやり取りがミクロ正当化の場面だけでなく，マクロ正当化の過程や発見の過程にも及び，客観的なるものとしての価値判断にも対話を成り立たせ[405]，そのうえで暫定的な心証が開示されながら争点が絞られ[406]，手続保障（口頭でのやり取りがなされているので不意打ち的な裁判がなされるおそれは少なくなるであろう）と迅速な裁判（口頭でのやり取りで争点に関する言い分を噛みあわせることができれば当事者代理人にとっても効率的な訴訟追行が可能になるであろう）の両立を進めることができれば，おそらく民事訴訟手続[407]による紛争解決能力をより向上させることができると思われる。すべての法律家にこの企てに参加する可能性が開かれている。

＊適正手続と迅速化
　　手続保障を十分なものにしようとすればその分審理が長引きやすく，迅速化の要請と衝突しやすい。つまり，二兎は追えない関係にある。しかし，口頭でのやり取りが円滑に機能すれば，その両者を適切なバランスのうえに実現できるようになるかもしれないと考える。

---

[405] 法実証主義と価値相対主義の結びつきは必然的ではなく，法実証主義は客観主義とも結びつきうる（第 1 章Ⅶ）。
[406] 争点を絞った後は集中証拠調べが実施されるイメージである。
[407] 簡易裁判所においては，簡易な手続により，迅速に紛争を解決することが求められる（民訴270条，民訴規170条）。比喩的にいえば，緻密ではないラフな判断こそ簡裁らしさという意味になると思われる。それゆえ，紛争解決能力の向上といっても地裁と同様の手続を求めていくという方向性ではないと考える。訴額140万円を超えない（裁33条 1 項 1 号）という点以外は地裁と同様，といういわば「簡裁のミニ地裁化」は求められてはいないと思われる。簡易な手続での争点整理が模索されるべきであろう。もともと口頭で訴えを提起でき，（請求原因ではなく）紛争の要点を示せば足り，口頭弁論は書面で準備しなくともよく，尋問は書面の提出で代えられ，判決事項も要旨で足りるなど，簡易な手続が予定されているので，事物管轄以外は地裁と同じという方向性を目指すのは困難なように思われる。

第11章

要件事実論

I 要件事実論（「裁判規範」としての民法説）

　上述のとおり，本書では，要件事実*408と要件事実論は区別して論ずる。要件事実論とは，立証責任の分配に合わせて民法の条文の書き直しをしようとする考え方である（賀集・要件32頁）。たとえば，債務不履行の要件としての債務者の帰責事由は，債権者にその存在について立証責任があるのではなく，債務者にその不存在について立証責任があると解釈されているので，債務者の責めに帰すべき事由によることが障害事由となるよう「但書」にするなどして条文を書き直しておくというものである。

　要件事実論の考え方は，こうして書き直され，構成し直された民法のことを「裁判規範」としての民法と呼んでいる。この「裁判規範」という用語は独自のネーミングである*409（賀集・要件32頁，岡口・入門31頁）。ここでいうところの「裁判規範」としての民法とは，原告・被告の主張立証，特に立証責任を念頭において再構成した民法（賀集・要件34頁）のことを指す。このように「裁判規範」という用語が，通常の意味での裁判規範とは異なる意味で用いられているので，要件事実論における「裁判規範」という意味の場合，「　」をつけて表

---

*408　本書では，要件事実とは実体法の定める一定の法律上の効果を発生させるための要件を構成する各個の要件のこととし，この要件事実に該当する具体的な事実のことを，主要事実とする。上述したとおり，具体的な事実のことを要件事実と呼ぶ考え方もある。

*409　「最近，伊藤滋夫教授が，『裁判規範としての民法』という提唱をしています（伊藤滋夫・ジュリ869号19頁（1986年））が，ここでいう『裁判規範』は，同教授の独自のネーミングであって，上記の意味の裁判規範とは異なるものです（賀集唱・司法研修所論集90号34頁（1994年）参照）」と述べている（岡口・入門31頁）。要件事実論のいう裁判規範という用語は独自のネーミングと説明されている。

229

第11章 要件事実論

記することとする。裁判規範に対するものは，行為規範であるが，要件事実論が「行為規範」としての民法というときは，立証責任，つまり事実の存否不明という事態を前提としない民法のことを指している（賀集・要件34頁）。

「裁判規範」としての民法は，訴訟上事実が存否不明になったときにも裁判官が判断をすることが不能にならないように立証責任のことまで考えて要件が定められている民法のことであり，その要件が，当該要件に該当する事実が立証されない場合には，その要件による効果が発生しないものと扱うのが民法上妥当な結果になるような形式で定められている民法のことである（伊藤・要件183～184頁）。

この「裁判規範」と「行為規範」という用語は，裁判において問題となる立証のことを考慮した規範であるか否かが区別の基準となっている。要件事実論では，民法は，立証責任を念頭に置いて再構成された民法（「裁判規範としての民法」）と，立証責任を前提としない民法（「行為規範としての民法」）の2本立ての構成となる[*410]（並木・原論15頁）。裁判官の判断の仕組みに合わせた機能主義的なアプローチにより再構成された民法と，制度の趣旨や存在理由に沿って展開される民法とに分かれるものの，両者は車の両輪とも呼ぶべきもので（賀集・要件38頁），要件事実論は民法典に内蔵されていない新たな規定を設定するものではない（伊藤・ジュリ869号24頁）。

たとえば，「契約は合意があり，錯誤がなければ有効である。」ということと，「契約は合意があれば効力を生じる。但し錯誤があれば無効である。」ということは，実体法の性質としては同じことを述べている（トートロジー）と解される。その意味で，たとえば本文と但書という形式に組み替えても新たな規定を設定するというものではないといえる。他方，訴訟手続を加味すれば，両者は異なること[*411]になるであろう。前者では原告は合意と錯誤の不存在の双方を主張立証することになるが，後者では原告は合意のみ主張立証すればよいことになり，差が生じるからである。その意味では純粋の実体法以外の考慮を入れてい

[*410] 並木・原論は，実質的意義の民法を構成する要素である個別的法規範は，原則として行為規範（生活規範）と裁判規範（裁決規範）から成り立っているとし，これを法の重層構造と呼んでいる。

[*411] 錯誤の事実が真偽不明に陥ってしまった場合，前者では錯誤があったと擬制され，後者では錯誤はなかったと擬制される。

る（高橋・重点民訴上542～543頁参照）と解される。

II　要件事実論（包括説・手法説）

　要件事実論の定義は複数の考え方がある[*412]（鈴木・弁護士25頁）。上述したものは「『裁判規範』としての民法説」と呼ばれるものである[*413]（伊藤・構造14頁）。そのほか，包括説と呼ばれるものや手法説と呼ばれるものがある[*414]（実民訴・3期5巻22頁，加藤・細野・要件4頁）。

　包括説は，要件事実論について包括的な定義をするもので，「法律が定める要件に該当する具体的な事実を考察の中心に据えることにより，訴訟当事者間の主張立証責任の分配を論じることの意義を強調し，そして，それを実践する諸営為の総体」とする[*415]（実民訴・3期5巻22頁）。また，同趣旨の見解として，「証明という要素が不可欠の訴訟の現場で，実体法をどう正しく適用していくかをめぐる法的思考である」という見解も挙げられている（同書・同頁）。次に，手法説は，「民事訴訟のプロセスにおける主張・反論という攻撃防御の構造について，実体法の解釈を踏まえて論理構造に従ってそれを的確にとらえていくという手法」とされる。手法説では，要件事実の抽出→主張立証責任の分配→主張の順序の規整（請求原因か，再抗弁か）という作業がある，とされる。包括説と手法説は必ずしも対立するものではないと説明されている（実民訴・3期5

[*412]　鈴木道夫・弁護士実務と要件事実論では，要件事実論という用語の射程範囲について，「主に研修所民事裁判官が明らかにしてきた要件事実論（要件事実と主要事実とは同義で用い，いわゆる修正された法律要件分類説の立場から主張立証責任を分配し，主張責任と立証責任の所在は一致する）を基礎にこの用語を使用する」と述べられている。通常，要件事実論という場合，おおよそそのような認識であろうと思われる。
　　また，同論考は「要件事実論は，弁護士にとっては一つの『型』なのであり，弁護士が携わる業務の中を通奏低音となって流れている。」と述べる（同書32頁）。

[*413]　「要件事実論とは，要件事実というものが法律的にどのような性質のものであるかを明確に理解して，これを意識した上，その上に立って民法の内容・構造や民事訴訟の審理・判断の構造を考える理論である。」，と述べられている。

[*414]　要件事実論の到達点として，大きく3つの考え方がみられるとされ，包括説，裁判規範としての民法説，手法説が紹介されている。また，「要件事実論は，その意味で，スキルなのである。司法修習生は，その基礎を学び，法律実務家になった後も，たゆむことなく修練を積み重ねていくことにより，その操作が巧みになっていくものである」と述べられている。すなわち，要件事実論はスキルと理解されている。

[*415]　「要件事実論の到達点」参照。同書25頁の注1）及び注2）参照。同論考は，前者を山野目説，後者を高橋説と呼んでいる。

第11章　要件事実論

巻24頁)。他方,「裁判規範」としての民法説は,要件解釈論の中において前倒しで主張立証責任の分配を試みており（実民訴・3期5巻24頁),修正法律要件分類説は採らないとされている。

なお,修正法律要件分類説とは,法律要件分類説が法規の表現方法や形式的構造から権利根拠規定・権利障害規定・権利消滅規定に分類するのに対し,実体法の趣旨や価値判断など実質的観点から修正するという考え方である。包括説・手法説は,主張立証責任の分配について,通説である修正法律要件分類説をとっている,と説明される。

また,「裁判規範」としての民法説は,ある規定の要件の存否が不明の場合には,構造上当然にその規定が適用されないと説明し,あえて法規不適用原則（法規不適用説)を採ることをしない。法規不適用説（高橋・重点民訴上519頁）とは法律要件に該当する事実が証明されない限り実体法規を適用しないという考え方である。当該事実の訴訟における証明に実体法規の適用,すなわち法律効果の発生を結びつけている。

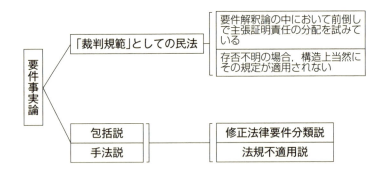

＊ローゼンベルクの法規不適用の原則

　　ローゼンベルクの法規不適用の原則については次のように説明されている（高橋・重点民訴上519頁)。「実体法は,その要件事実の存在が認められたときにはじめて適用されるのであり,要件事実の不存在が認められたときはもちろん,真偽不明のときにも適用されない,とするものである。すなわち,真偽不明を法規の不適用に直ちに結びつけるのであり,自己に有利な法規が適用されないことにより当事者の一方が被る不利益を証明責任と定義したのである」と。そして,次のようにこの説を批判している。「実体法は,法律要件が存在しているときに法律効果を発動させると理解すべ

きであり，そうだとすれば法律要件が存在するか不存在であるかが不明の場合には，法律効果も発動させてよいか発動させない方がよいのか，実体法自身から直接には出てこないというべきであろう。法律要件の真偽不明を直ちに実体法不適用に結びつける『法規不適用の原則』には飛躍があると言わざるを得ない」と。

　この批判は説得的である。確かに，実体法は，法律要件に該当する事実があれば法律効果が発生し，それがなければ法律効果は発生しないということを規律しているが，いずれかわからない場合については何も語っていない。語っていないことが特に実体法学（たとえば，民法学）として不十分であるとも思えない。本来，そのような特殊な場面を受けもつ別個の学問領域があってもよいように思われる。もっとも，以前は「要件事実論をやっていなければ民法学をやったことにならない」という論調があったとのことである。昭和40～50年ころ「我妻先生の『民法講義』も間違っている。」という衝撃的なレトリックが使われていたらしい（実民訴・3期5巻4頁）。

Ⅲ　法規不適用説と証明責任規範説

　法規不適用説と対立するのは証明責任規範説[416]（小林・証拠165～170頁参照）である[417]（大島・完全76頁）。証明責任規範とは，真偽不明のとき，その事実はなかったものとみなすか，反対に，あったものとみなすかを決める規範のことである。すなわち，法律要件を充足する事実の主張が真であるとき，当該事実は存するとして実体法規を適用し，偽のときは当該事実は存在しないとして実体法規を適用しないが，真とも偽とも判断がつかない場合において，その事実は存しないと擬制して法規の適用を否定するか，その事実は存すると擬制して法規の適用を肯定するかを裁判官に指示する，という規範である。

　対比的に述べれば，法規不適用説は，実体法は法律要件が証明されたときに適用されると考え，証明責任規範説は，実体法は法律要件が存在するときに適用されると考える（高橋・重点民訴521頁注(7)参照）。法規不適用説は実体法の適用を「証明」の有無にかからせ，証明責任規範説は「存在」の有無にかからせている。

---

[416] 証明責任規範の存在と独自性については，「法規不適用の原則を批判し証明責任規範の存在と独自性を認めようとする考え方は，ドイツでは1966年にライポルドが主張して以来，学説上有力になり多数説といえるところまできていたし，わが国でも賛同者が増えてきている」と述べられている。

[417] そこでは「法律要件の存否が真偽不明の場合，その法律効果の発生が認められないが，その理由の説明として，法規不適用説と証明責任規範説がある」と説明されている。

第11章　要件事実論

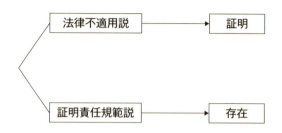

　法規不適用説では，たとえ（神様の目から見れば）存在していても，その証明に失敗すれば実体法の適用は認められないことになる。

　他方，証明責任規範説では，存在したという事実の証明に失敗しても，他方存在しなかったという事実もまた証明されてはいないため，実体法の適用を否定する，すなわち，法律効果の発生を否定するという結論をとることもできず，結局，当該実体法を適用すべきか，不適用とすべきか，実体法自体からは導くことができないので，他の規範が必要になるところ，それが証明責任規範であると考える。たとえば，債務不履行の帰責事由がなかったという証明に失敗し，他方，それがあったという証明もなされていない場合，証明責任規範は，裁判官に，それはあったという擬制をするように指示する。この場合，債務者は債務不履行責任を免れないことになる。

　証明責任規範は，いわばデフォルト値を決めるルールといえる。デフォルト値とは，コンピュータ・プログラム用語である。プログラムを実行させる際，本来必要な値が未入力となってしまったときにあらかじめ準備されていた値（デフォルト値）を入力されたものとみなして動作させるやり方がある。要件事実を充足する主要事実の存否が不明となったときは，その値は空白（入力を怠ったという意味でデフォルト状態）となっているはずである。そこで，空白になってしまった場合，「不存在という値を入れよ」あるいは「存在という値を入れよ」というルールがあれば，結論を出すことができるようになる。

　証明責任規範は，通常，主張事実が真偽不明に陥ってしまったときは，その事実はなかったものとみなし（原則規定），特別な場合はあるとみなす（特別規定）ように指示する。

　法規不適用説では，すべての要件・効果の形式をもつ法準則に対し，ひとつ

Ⅲ　法規不適用説と証明責任規範説

ひとつ要件事実のデフォルト値を決める作業[*418]をしなければならない。民法だけでも1000条を超えており，全実体法についてそれを完遂するのは気が遠くなる作業である。しかし，地道な作業を行えばいつかは完成[*419]するであろう。もっとも，全体が完成しないうちに一部の改正が必要になるであろう。

証明責任規範説では多くの場合，真偽不明のときはなかったものとみなすので，逆に，あったものとみなすものをピックアップすれば足りるものと思われる。そのほうが効率[*420]的であろう。

一般的に証明責任規範を定立できる制定法があれば，証明責任規範について個々の条文から独立してそれ自体を検討対象にできるというメリットがある[*421]。たとえば，証拠の偏在が著しい類型についての特則を作ることなど検討しやすくなるであろう。これは，個別の事案によって，ある争点につき受訴裁判所に立証責任の所在を変更させる権限を付与する契機を与える。証明責任に関するルールやその解釈の独自の発展性を志向することは法規不適用説では難しいのではないかと思われる[*422]。

　　*真偽不明と法の欠缺

　　　　真偽不明に陥った場合の対処については，本来，法の欠缺といえる事態ではないか

---

*418　具体的には，本文とただし書の書き分けなどである。

*419　我妻栄・新訂債権総論1頁・岩波書店・1964年「新訂版の上梓に際して」の言葉が思い浮かぶ。「民法講義ⅠからⅦまでを書こうとする私の仕事は，わが国の道路舗装工事に似ている。終点まで完成する前に，初めの方が破損して用をなさなくなり，乏しい予算で，補修工事と新築工事の両面工事をしなければならない。貫通道路が完成するのはいつの日か。心細い限りである。」

*420　春日・証明105頁・判夕350頁では，「実体法から峻別される証明責任規範は，事実問題のnon liquetを要件とし，裁判官に対し判決の内容を指示するという本来的な効果を規律する。」「証明責任規範は，その擬制的特性（Fiktionscharakter）を介して，裁判官に対し本案判決の道を開いてくれるのである。しかのみならず，主要事実の存在を擬制したり，その不存在を擬制することにより，実体法の適用の可否を決定し，裁判官がどのように判断すべきかという判決内容までも特定してくれる。前者が証明責任の『特別規定』と呼ばれ，後者が証明責任の『原則規定』と呼ばれることは既に述べたとおりである。」と述べられている。
　　すなわち，主要事実の不存在を擬制する（不存在とみなす，不存在というデフォルト値を入力する）のが原則規定であり，その逆が特別規定と呼ばれている。特別規定にあたる条項を各実体法（民法，特許法等）からピックアップするほうが作業効率がよいと思われる。

*421　いわば構造化されることになるので，立法や法改正作業は効率化されるであろう。個々の条文の本文とただし書の関係にそれほどこだわることなく実体法の制定，改正ができることになるからである。証明責任の所在はひとまずおいて，法内容の条文化に集中できることになる。こうして，常に個々の条文（の本文・ただし書という構造）が証明責任の分担の役割まで背負わされることがなくなることになる。真偽不明の場合に存在が擬制される場合のみ定めれば足りる。

第11章 要件事実論

と思われる。民法117条は無権代理人の責任の発生について代理権の授与（の不存在という要件事実）を証明されたかどうかにかからせているので真偽不明になってしまった場合は責任が発生するものと明確に定められているが、そのような定めのない条項については、真偽不明の場合の対処法は白紙である。主張された事実が真か偽か判然としないとき、一般的に法の適用の有無を決する法（少なくとも制定法）がないのである。

　ここで、たとえ真実であっても証明されない限りは法規の適用はないと考えることが「言うまでもない」ことであり法的議論のパラダイムのひとつであると考えられているとすれば、これには2つの説明が可能であろう。1つは、もともとそういうものであるという慣例（convention）によりそうであると説明する場合であり、もう1つは各人のそれぞれがそうであると考えた結果が法律実務家の間では一致していると説明する場合である。これらには次の相違がある。前者ではこの結論を受け容れるためには特に実質的な理由が必要とまでは考えられておらず、これに対する批判は的外れのもののように考えられやすいであろう。あたかも棋士が将棋の王将（の駒）が1回に1マスしか動けないことを受け容れているかの様相である。他方、後者によれば、各人の考えを支える実質的な根拠への批判についてそれを的外れとまでは考えず、いかに意外な批判であったとしてもそれを受け容れる可能性があるであろう。要件事実論によって確立された実務が上述の将棋のようなものであれば、法規不適用説を批判する見解はいかにも的外れに見えるであろう。しかし、将棋の国際大会が開かれるにあたってルールが再検討され王将がゲーム中1回だけ2マス動くことが認められたとすれば、将棋はもっと人を興奮させ興味深いゲームになるかもしれない。ところが、法律家は、逆に裁判の最中においてでさえも、確立された実務の変更を求めることさえあるのである。

＊証明に関する規範を導く制定法

　証明に関する一般的な制定法が、実体法とは別個に定められていたとすれば、証拠法に関する解釈論が発展し、そのような学問領域が生まれ、たとえば、証拠の偏在問題について、解釈論を超えてその研究の成果を基礎に立法的解決なども実現できていたかもしれない。小林・証拠iv頁のはしがきには、「どのような訴訟においても、証

＊422　証明責任規範を定立させる制定法があれば、そこでたとえば証拠の偏在という事実を証明責任の分配に影響させることなどができるであろう。倉田・要件13頁では「当事者を訴訟の結果に納得させることと同時に、その訴訟の結果が正当性を維持できるかどうかということにも配慮して証明責任の分配を考える必要があるんじゃないかと思います。そういった意味合いで、訴訟前の証拠収集過程での当事者の行為責任や証拠提出過程での当事者の行為義務を、補充的にであれ－具体的証明責任という形で－証明責任の分配のファクターに加ええないものか、そう思っています。」（春日偉知郎発言）と述べられている。今から30年も前に証拠収集過程や証拠提出過程を証明責任の分配の要素に採り入れようとする提案がなされていたのである。証明責任規範を無用とする要件事実論がこのような提案を封じてしまっていたとすれば失われた時間は大きいと思われる。

拠による事実の確定は共通であるから，証拠法一般を対象とする独立の研究分野や書物が存在してもおかしくないのに，わが国では，現在までのところ証拠法という独立の学問領域は存在せず，各訴訟法ごとに別々に研究がなされてきた」と述べられている。

もし，民事訴訟法に証明責任規範を導く条項があったとすれば，訴訟法的観点から証明に関する研究が発展し，証明妨害や著しい証拠の偏在が認められる場合に事案ごとにある争点についての証明責任の転換や，証明の対象となる事実の性質によって証明度の基準の引下げ（証拠の優越で足りるなど）が実現されていたかもしれない。証明責任規範説はそのような法律にも柔軟に対応できるであろう。たとえば，著しい証拠の偏在により真偽不明となった場合には当該事実を存するものとみなす，などである。他方，法規不適用説や要件事実論ではこれらの問題（著しい証拠偏在，証明妨害，証明度の変化）には無力であろう。

Ⅳ　証明度に関する規範

欲をいえば，証明度についても別途規範が設定されるとよいと思われる。証明責任を転換させるほどではないが，証明度を下げて事実認定をするのがふさわしい類型ないし領域もあるように思われるからである[423]。

原則的証明度として高度の蓋然性の基準を維持する立場に立つ場合でも「現実にみられる証拠の偏在や事柄の性質に起因する証明困難を克服するため，例外的に，証明度を軽減することが許されるか」という論点は，検討されるべきとされている[424]（加藤・認定58～59頁）。仮に，証明度が例外的に軽減される場合，代理人としては予測可能性がほしいところである。自身が証明責任を負担していない事実について，その証明度が下げられていたということを判決の言

---

[423]　たとえば，当事者の意思の合致を証明する契約書が存在するような事案とおよそ書証など作成されることがありえないような事案（たとえば不貞行為の有無，セクハラ行為の有無など）とで，同じ高度の蓋然性という用語が使われていようとも，同じ水準で判断されているとは限らない。それは，結局，証明度を変化させて，公平かつ妥当な結論を導き出そうとしているように思われる。

[424]　「現代型訴訟に代表される当事者対等が実質的に維持されていない証拠偏在型の訴訟のなかには，証明度を軽減しなければ，かえって当事者の実質的公平および実体的正義に反する結果を招来するケースがあることは，現実の問題として認めざるを得ない。したがって，理論的にも訴訟政策的にも，例外的に，原則的証明度を軽減することにより立証者の負担を軽減する余地を肯定すべきであろう。」と述べて例外的な証明度軽減を肯定している。訴訟代理人としては現に係属している当該訴訟において当該争点の証明度が軽減されているのかそうでないのか知りたいと思うであろう。証明度の軽減に関する規定があれば，そのことを知ったうえで立証活動ができるようになると思われる。

第11章　要件事実論

渡し後に知ることになるのでは不合理と思われるからである*425。

　①事実の証明が事柄の性質上困難であること（必要性，相当性），②証明困難である結果，実体法の規範目的・趣旨に照らして著しい不正義が生じること（必要性，補充性），③原則的証明度と等価値の立証が可能な代替手法が想定できないこと（補充性）という要件のもとに証明度の軽減を構想する見解もあり，賛同を受けている。特定の事件類型において実定法解釈上の根拠を示して引下げを説くべきという説もある（高橋・重点民訴上584頁）。

　たとえば，「事実の性質上その存否を証明することが困難であり，その結果が著しく公平に反する結果となるおそれがあるときは，裁判所は，優越的蓋然性により，事実を認定することができる。ただし，他に立証手段がある場合は，この限りでない。」という法律を制定*426し，この法文からの解釈による証明度に関する規範の定立を促すことも考えられる。あるいは，たとえば，特許権侵害訴訟について技術的範囲に帰属することが肯定された後（中間判決後）の損害論における逸失利益の認定（算定）は，証拠の優越で足りる，あるいは，優越的蓋然性で足りる，と特許法に定めて，双方当事者からの積極的な立証活動を促す施策も考えられる*427。

　＊証明責任規範と証明度との関係
　　　証明責任規範はいわば二者択一であるが，証明度は連続性（高いものから低いものまでグラデーション）がある。証明度が高く要求されると，証明責任規範の二者択一性の帰結が大きな影響を及ぼすが（どちらの当事者が証明責任を負っているかの差が

---

*425　仮に，ある事実につき，証明度が軽減されたうえで認定されたのかどうか，判決理由を見てもわからないとすれば，当事者は高度の蓋然性ではなく優越的蓋然性の基準で判断されていたということさえ気づかないおそれがある。たとえば，医療関連訴訟を例とすれば，ある診療行為と患者の死亡との因果関係の存否が，高度の蓋然性基準で判断されたのか，あるいは，優越的蓋然性の基準で判断されたかどうか，判決書を読んでもわからないという事態は問題のように思われる。

*426　もっとも証拠の偏在が認められるケースには，証明度を下げるより，偏って存在している証拠の提出を促す方策のほうが真実の発見に資するのではないかと思われる。

*427　端的に「○○の事実の認定は優越的蓋然性で足りる」と定めれば足りるので，その対象を決める議論が熟せば，条文の作成作業（立法）は比較的容易であろう。現行の特許法102条の規律は，本文と但書の書き分けや推定規定の導入ではなく，証明度の調整で対応するほうが合理的と思われる。一般に，証明責任の所在を転換させるような対応よりも証明度を低減させるほうが細やかな利害調整ができるように思われる。いわば，前者は大鉈であり，後者はカッターナイフのイメージである。証明責任を転換させると高度の蓋然性という証明度をもって逆転することになるが，証明度の低減であれば証明責任の所在は維持したまま適切なラインを設定できるのではないかと思われる。

大きくなるが)，証明度の基準が低くなるとそれが緩和され，証明責任の所在による判決の可能性が少なくなっていく。もしそうなれば，証明責任があるほうもないほうも立証活動に熱心[428]になっていくであろう。これは民事裁判の活性化につながることのように思われる。

仮に条文案を掲げるとすれば以下のとおりである。これにより二者択一性と連続性のイメージがわくのではないかと思われる。

架空の民事訴訟法第247条の2

裁判所は，事実についての主張が真偽不明となったとき，それが証拠の著しい偏在又は証明妨害によって生じているという特別の事情が認められない限り[429]，その事実はなかったものとみなすことができる。

架空の民事訴訟法第247条の3

事実の性質上その存否を証明することが困難であり，その結果が著しく公平に反する結果となるおそれがあるときは，裁判所は優越的蓋然性によりその事実を認めることができる。ただし，他に立証手段があるときはこの限りでない。

V　要件事実論の考え方

法規不適用説とは，実体法規は，その法律効果を法律要件に該当する事実の証明に結びつけていると解し（実民訴・3期5巻29頁），真偽不明をただちに法規の不適用に結びつける（高橋・民訴概論219頁）とするものである。包括説・手法説は法規不適用説を採っている。少なくとも，要件事実論の立場で証明責任規範説を採用している見解はないようである[430]。

また，「裁判規範」としての民法説はあえて法規不適用説をとるまでもなく，ある規定の要件の存否が不明の場合には構造上当然にその規定が適用されない，

---

[428] 証明度を緩和して高度の蓋然性を求めないことにすると訴訟代理人（弁護士）の立証活動がおろそかになっていくのではないかという懸念もある。もっとも，その分，相手方の反証活動や反対事実の立証活動は活発になるであろうから，にもかかわらず，立証活動をおろそかにするのであれば当該事実はなかったものと認められることになってしまうであろう。とすれば，それほどおろそかにならないのではないかとも思われる。

[429] 証明責任規範自体について証明責任を問題にするのは不合理であろう。みずから所持する書証等を提出して証拠の偏在状態を解消すれば足りる。

[430] 要件事実論の立場では，証明責任規範は無用とされるが，たとえば民法117条1項のように証明責任規範というものが，現に存在するため，それをどのように位置づけるかが問題となる（岡口・入門32頁・67頁参照）。同法419条2項や949条但書も個別の証明責任規定である。

第11章　要件事実論

としている*431（伊藤・要件227頁）。「裁判規範」としての民法説は法規不適用の原則の考え方を自身に予め取り込んでいると解される。

ここで，法規不適用説を採用している包括説・手法説，及び法規不適用の原則から導かれる帰結を構造上当然に取り入れている（と解される）「裁判規範」としての民法説を，要件事実論の考え方と呼ぶこととする。

要件事実論の考え方では，要件事実（主要事実）が立証されたか，あるいは立証されたとまではいえないのかのどちらかを区別できれば判決をすることができる，ということになる。しかも，自由心証主義のもとで事実認定をしている裁判所にとって，その事実が立証されたのか，それともされていないのか，不明に陥るということはありえない。裁判官はみずから立証されたのか，そうではないのかを判断できるからである*432。

そうだとすると，要件事実論の考え方では，証明責任（という概念）は不要になるであろう。証明責任はある事実主張が真偽不明となったときに発動されるものであるからである（髙橋・民訴概論214頁）。要件事実論の考え方では，真偽不明に陥ったために（本案）判決が書けないという事態が生じない。立証されたかされないかを区別できれば足りるからである。

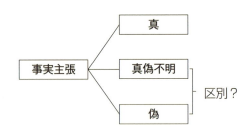

---

*431 「裁判規範としての民法においては『A事実の存否が訴訟上不明の場合には，A事実の存否を訴訟上不明なものと扱う』という考え方，換言すれば，『A事実が存在したことが訴訟上明らかな場合に限って，A事実を存在したものと訴訟上扱う』という考え方，によって，その規定の要件を構成すべきである。これが，裁判規範としての民法の構成原理の基礎をなす考え方である」と述べられている。これは法規不適用の原則が「裁判規範」としての民法の構成原理として採用されていると解しても不当ではないであろう。「裁判規範」としての民法説では，要件解釈論の中において前倒しで主張証明責任の分配が試みられているといえる（実民訴・3期5巻24頁参照）。

*432 真偽不明はありえても，立証不明はありえない。立証されたかどうかは裁判官がみずから判断することができるからである。

V　要件事実論の考え方

　要件事実論の考え方では，確定的な偽と，真偽不明とを区別する必要性がない。ある事実主張が偽であると判断できるときでも，その主張が真ではないという意味で，真偽不明と同一の扱いを受ける。それでも何ら不都合は起きない。要件事実論の考え方では，確定的な偽とは区別されるところの真偽不明という概念が消失するのである（永島・要件180頁）。真偽不明がない世界では証明責任の必要性がない。確定的に偽と判断できるのであれば，そもそも証明責任の出番はない。証明責任の所在によって事実の有無を擬制する必要性がない。真偽不明でも，確定的な偽でも，どちらも真とはいえないという意味で同じ取扱いを受けることになる。

　要件事実論の考え方は，真偽不明への対処法である証明責任の理論のうえにそれを基礎づけることはできないと考える。要件事実論は，本来，証明責任論とは全く別個に独立して打ち立てられなければならない。証明責任の理論に要件事実論の考え方を「接ぎ木」するようなことは困難である。真偽不明のない世界を真偽不明への対応を目指した世界に「接ぎ木」しても，決して1つの世界となることはないと思われる。要件事実論の考え方が証明責任論という民事訴訟法の基盤を一時的に利用することは認めるべきではないであろう（本章Ⅷの＊「最初から出直しを迫られる」参照）。要件事実論の考え方は，真偽不明になっても裁判を可能にする法技術（証明責任）から出発しながら，結局，真偽不明という概念が必要のない世界を作り上げ，みずからをその存立基盤（である証明責任論）から切り離してしまうように見えるからである[*433]。

　＊矛　盾
　　真か偽かではなく，立証されたかされていないかが区別できれば判決できる要件事実論が，真偽不明（に陥って判決することができなくなること）への対処法である証明責任に依拠して構築されていること自体に矛盾がある。もともと証明責任論と法規不適用の原則とは別世界（前者には真偽不明があり，後者にはない）の理論であり，それらを融合させる要件事実論には無理がある。証明責任論は主張事実の真偽を問題にし，真偽不明に対処する法技術であるが，法規不適用の原則では立証されたかされなかったかを区別できれば足り，かつ，立証されたかされなかったかが不明という事態は起きないのである。

＊433　鶏と卵の関係に見立てるのであれば，鶏自身が自分は卵から生まれたことはない，と述べているようなイメージとなる。「私の母親はこの世に生まれてきたことはない」と述べる人物の発言にも類するかもしれない。

第11章　要件事実論

Ⅵ　法律効果の発生時期

　要件事実論の考え方では，要件事実を充足する主要事実が訴訟で立証されたとき実体法が適用されると考えるので，最終的には，判決が確定してはじめて法律効果が発生すると解することになるであろう*434（岡口・入門31頁参照）。訴訟上確定されない限り，法律効果は仮象にすぎないとすれば，訴訟が提起されない場合，提起されても判決以外で終了する場合，法律効果は発生しないということになる*435。たとえば，近所の八百屋で野菜を買ってお金を払っても，それが訴訟上確定されない限り，法的には売買代金を支払ったということにはならないということになる。単なる野菜と金銭について物質の移動がなされたにすぎない。しかし，通常，売買契約が締結されれば，代金債権や目的物引渡請求権などが発生し，弁済すればその債務は消滅すると考えられている。要件事実論の考え方では，この違和感はとりあえず視野の外に置くしかないであろう。契約書の事前のチェック（内容の確認）は弁護士の通常の業務であるが，そのペーパーにたとえ署名・捺印がなされても，それだけでは契約当事者間には権利も義務も何ら発生も変更も消滅もしないと考えている者がどれだけいるだろうか，ということである。

Ⅶ　証明可能性というメガネ

　実体法は法律効果を裁判手続の外部に存する事実に結びつけているのか，そ

---

*434　「みなさんは，法律効果というのは，現実の社会において法律要件に該当する事実があった時に発生すると理解されているかもしれません。例えば，売買代金請求権は売買の合意がされた時に発生すると思われていることでしょう。ところが，実はそうではありません。民法は，現実社会における行為規範ではなく，裁判における規範ですから，判決三段論法は，裁判において，主要事実の存在が立証されたときに成立し，法律効果は，判決の確定によって発生します。判決が確定するまでは，法律効果の仮象があるにすぎないのです。」と述べられている。

*435　仮に要件事実論のとおり「裁判で確定するまでは，法的には権利も義務も発生していませんし，消滅もしません。」という考え方を国民に周知させていっても望ましい公正な社会は実現されないように思われる。債務者は債権者に向かって「支払義務があると言うのであればまず確定判決をとってからにしてほしい。」と堂々といえるようになってしまうのは問題であろう。

Ⅶ 証明可能性というメガネ

れともその事実の訴訟上の証明に結びつけているのか。要件事実論の考え方は後者である。

　レオンハルト（Leonhard）やローゼンベルク（Rosenberg）（倉田・要件5頁参照*436）は，法律効果は主要事実の存否の証明に結びつくという実体法の理解を「前提」にしている。レオンハルトは出発点から既に証明責任規範を実体法中に埋没させ，ローゼンベルクは出発点では証明責任規範の存在を承認したが結果的にはその否定に至っているとされる（春日・証明101頁）。他方，これに反対するライポルト（Leipold）は，法規の文言によれば，法律効果は主要事実の存在に結びつけられており，その証明に結びつけられているわけではない，例えば，BGB823条1項の損害賠償義務は故意又は過失による違法な生命・身体等の侵害の証明を要件としているのではなく，侵害そのものを要件としている，と素描している（春日・証明103頁）。

　レオンハルトやローゼンベルクの「前提」を受け入れるとすれば，当事者は，訴訟外ではたかだか将来起こるかもしれない訴訟での（不確実な）証明の結果を予測し，その予測に即して行動するにすぎなくなると考えられる（春日・証明104頁）。国民は，実体法に即して自己の行為を規律するのではなく，権利義

---

*436　ローゼンベルクの規範説の特徴を簡潔に整理して「「(c')　裁判官は，①主要事実につき不存在の確信をいだいたときのみならず，②その存否いずれの確信にも至らなかった場合も法規を適用しない（法規の不適用），となります。このノンリケットの解決策こそローゼンベルクの規範説の大動脈と言えましょう。証明責任規範はこうして『法規不適用原則』に吸収されてしまうわけで，実体法と証明責任規範との峻別は不要になります。」「規範説の『法規不適用原則』は法の適用という面からは一つの公準として要請されているのですが，これは一種の法的価値判断ではないかと思います。」と。
　その後，すぐに倉田氏はこの春日氏の「価値判断」という用語に少々納得ゆかないと発言している。おそらく，春日氏は，他の価値判断もありうる（つまり証明責任規範説の採用）という点に含みを残そうとしたところ，倉田氏はこれに否定的な態度を示したようにも見える。
　しかし，その後，春日氏は「……規範説が完全であるとは思っていません。」「……結論は法的安定性と具体的妥当性との緊張関係の中で模索されるべきと考えるのですが，証明責任の問題に即していうならば，規範説は，前者つまり法的安定性に重心をかけすぎているのではないか，という疑念を拭いえないのです。」と述べ，事実解明義務と証明責任の連続性を示唆している。
　これは興味深い見解である。証明責任規範を導く制定法が，証拠の偏在という事情を考慮に入れたり，一方当事者が事実を明らかにすることに過度に消極的な態度をとり続けたりしたことを，証明責任の分配の考慮要素に採り入れる可能性を示唆したように見えるからである。証拠の偏在を無視した状態での法的安定性とは証拠を持たざるものの敗訴という安定性に他ならず，これは真実発見や具体的妥当性の前に譲歩をすべきではないかという価値判断につながるであろう。

243

第11章　要件事実論

務を基礎づける事実の証明可能性を予測しながら自己の行為を規律し始めることになる。

　要件事実論の考え方の問題点は、そこにあるかもしれない。すなわち、この考え方は、国民に対し、証明可能性というメガネ[*437]を通して、自己の権利関係、法律関係の基礎となる事実群を認識させ、それらの発生、変更、消滅をコントロールするように仕向けるのである。メガネならまだ外して見ることができるが、それが当人の目そのものとなってしまうと、目を外して見ることはできない。証明可能性という事実認識が内面化し、当人の認識の形式そのものとなってしまうと、そこから抜け出すことは難しいであろう。その外側に別の世界があること自体に気づかなくなるからである。

　証明可能な売買契約が売買代金債権を発生させる。証明可能な賃貸借契約が賃料債権を発生させる。証明可能な消費貸借契約が貸金返還請求権を発生させる。あらゆる実体法の要件事実に「証明可能な」という枕詞がつけられる。今起きた現実が、後に証明不可能になるのであれば、権利義務は発生しない、目の前の現実の証明が難しくなる程度に応じて振る舞えばよい、否、もっと積極的に、できるだけ自分（自社）のみに証拠が残るように行動しよう、相手に証拠を与えなければならないとしても、できるだけ最小限のものにしよう、そのように自身（自社）の行為を規律し始めるであろう。そして、そのような行動をとらなかった者がそのような行動をとった者よりも不利に扱われるのは致し方ない、と。もし、要件事実論の考え方がそのような現実社会を指向しているのであれば、訴訟における広範な証拠開示制度が必須になってくるであろう。米国流のディスカバリの導入が要件事実論の考え方の問題点を緩和してくれるかもしれない。しかし、わが国の民事訴訟では、相手方や第三者の所持する証拠へのアクセスのハードルは高い。証拠の偏りがあるとそれがそのまま訴訟の結論や立証活動の有利不利に影響を与えてしまいやすい構造にある。

---

*437　手垢のついたありふれた比喩であるが、概念枠という考え方の説明としては伝わりやすいと思われる。なお、この発想は、野矢・語り88頁参照。

Ⅷ　要件事実論の真理概念

　実体法上，法律効果（発生，変更，消滅）は，訴訟手続内での主要事実の証明（訴訟上の証明）に結びつけられていると解するのが，要件事実論の考え方である。すなわち，法律効果は，訴訟上証明されたものとして手続内で構成された事実に依存することになる。このように，要件事実論の考え方は，訴訟上の証明とは独立に了解される実在論的な真理概念を持ち合わせていない。少なくともその必要性がない。訴訟外の単なる事実は訴訟上の証明を経ていないので法律効果とは無関係なものであるからである。

　他方，事実の存否が訴訟上の証明とは独立していることを受け入れるのであれば，実体法は法律効果を訴訟審理の外部に存する事実（の有無）に結びつけていると解することになるであろう。この説に立てば実在論的な真理概念を中心とする古典論理[*438]の基礎の上に証明責任論を構築できるであろう。すなわち，裁判外の事実の有無によって法律効果が決まる。訴訟上，当事者は事実を主張する。事実主張は命題である。争点整理の結果，立証命題が絞られる。立証命題は真理値を有する。裁判外の事実と合致していれば真，合致していなければ偽である。その事実主張が真であれば，その事実を要件事実とする法律効果が肯定され，偽であれば否定される。もし，真偽不明に陥ってしまった場合，実体法は法律効果については沈黙しているので，証明責任規範に基づいて当該事実の存在・不存在が擬制され，法律効果の発生の有無が判断される。

　要件事実論の考え方では，訴訟上の証明を経て構成された事実が法律効果と結びつけられているので，裁判外の事実の有無によっては法律効果は決められない。訴訟上，当事者は事実を主張するが，その事実主張は古典論理を基礎とした真理値を有する命題ではない。従来の真理値に代えて，証明されたか，そうでないかという新たな真理値（二値）を導入することになるであろう。証明されれば，その事実を要件事実とする法律効果が認められ，証明されなければ認められない。証明されないものの中には，反対事実が証明された（確定的な

　[*438]　アリストテレスまで遡る伝統的論理学やフレーゲの述語論理のことである。

第11章　要件事実論

偽の）場合と存否不明な場合とが含まれる。両者を区別する必要性がないため両者を区別する概念も不要になる。証明されたか，されなかったかが不明（証明不明）という事態は生じない。証明されたかどうかの判断は裁判所ができるからである。そして，証明責任規範も不要となる。

このように，要件事実論の考え方は，従来からの証明責任論とは異なる構成的な真理概念（証明されたか，されなかったかという二値を有するもので，真か偽かではない）を持ち込んでいるので，実在論的な真理概念を中心とした古典論理を基礎とすることができず，全く独自にその論理を構築しなければならないものと思われる。要件事実論の考え方は，従来より真偽不明への対処のため構築されてきた証明責任論を発展させた（その意味で連続性のある）新たな証明責任論ではないのである。むしろ，最初から出直しを迫られるのである。こうしてみると，要件事実論の考え方には，直観主義論理を彷彿させるところがある（野矢・論理学163頁）。

> ＊**最初から出直しを迫られる**
> 　要件事実論の考え方が証明責任論という民事訴訟法の基盤を一時的に利用することを認めるべきではない（「本章Ⅴ「要件事実論の考え方」参照）と述べたのは，この意味である。もし，要件事実論という考え方が，従来からの証明責任論とは違うものであって，その意味で一から出直しをする考え方であるけれども，実務的には採用する合理的な理由があるので検討してみたいという趣旨であれば理解できるが，要件事実論の考え方のデビューはそのようなものではなかったようである。「要件事実論をやっていなければ民法学をやったことにならない」という論調や「我妻先生の『民法講義』も間違っている。」という衝撃的なレトリックが使われていたとのことである（実民訴・3期5巻4頁（本章Ⅱ「要件事実論のローゼベルクの法規不適用の原則」参照））。
> 　要件事実論の考え方は，「真偽不明」という用語でなく「存否不明」という用語を使っているので，真偽不明への対処法としての証明責任論とは別物であることを意識しているものと思われる。真偽は主張を前提としている。主張された命題が事実に合致していれば真，そうでなければ偽と考えるからである。主張は言語によってなされる。もし言語がなければ，嘘をつくことさえできないであろう。すなわち，偽がなくなる。言語がない世界を想像すれば，そこには現実しかなくなるであろう。要件事実論のいう「存否」とは主張を前提とするのかどうか，主張なしに存否が判断されるということか，言語により表現されたものが事実に対応するかどうかではなく，事実が存在するかしないかを言語なしに感得するということか，など真偽不明概念と存否不明概念の対比は興味深いところである。
> 　もっとも，いわゆる白表紙（第1巻5頁）では，立証責任の概念を真偽不明概念を

Ⅸ 排 中 律

用いて説明している。次のとおりである。「訴訟上，ある要件事実の存在が真偽不明に終わったために当該法律効果の発生が認められないという不利益又は危険を立証責任と呼ぶ（客観的立証責任と同義，証明責任ともいう。）」。ここでは証明責任論の基礎のうえに要件事実論が築かれているように見える。客観的立証責任と同義と説明されている。

Ⅸ 排 中 律

　要件事実論の考え方では，事実は，訴訟上証明されたか，あるいは，証明されなかったかのどちらかということになりそうである。しかし，現実には事実であっても証明できない事柄*439はあるであろう。たとえば，現に人が死亡しているのに，その死亡原因が証明できないこともある。心停止は明らかであるものの心停止を招いた原因が何かが確定できない場合*440もある。

　証明されなかった事実にも真実が含まれていることがあり，逆に，証明された事実にも真実でないものが紛れ込んでいるおそれがある。要件事実論の考え方では，訴訟において証明された事実に対して法の適用をするため，そこには排中律が成り立たなくなる可能性がある。排中律（A∨￢A）*441とは，「『A』が真であるか，又は『Aではない』が真である」ということを意味する。事実は認識とは独立に在るという実在論的見方*442をすれば，事実は存在したか又は存在しなかったかのどちらかであるということは確定しており，存在しなかったということを仮定して矛盾が出ることを示せば，事実が存在したことを証明したことになる*443。

---

*439　いわゆる「言った，言わない」の問題も，その典型例であろう。
*440　たとえば，医療訴訟において，患者の死亡原因が確定できない場合には，それに対応する診療行為（何をすべきであったかなど）も決まらないことになるであろう。
*441　命題論理の諸定理のひとつである。「A又はAではない」という論理法則はトートロジーで，恒真関数である。真理値によらず常に真となる論理式である（野矢・論理学37～38頁）。
*442　一般に，われわれの認識と独立に世界が在ることを受け入れる態度は，実在論的態度といわれる。いわば神様の視点から見ているのである。それを本書では実在論的（見方）と呼ぶ。反対に，事実は訴訟手続による証明を経ることによって構成されると見る場合，それを構成主義的（見方）と呼ぶこととする。
*443　否定除去型の背理法である。すなわち，「￢Aを仮定して矛盾が出る，それゆえ，A」という形式をもつ。排中律を使えないと，この型の背理法は成り立たなくなると思われる。
　　なお，否定導入型の背理法は「Aを仮定して矛盾が出る，それゆえ，￢A」という形式であり，これは使うことができるものと思われる。

第11章 要件事実論

　しかしながら，要件事実論の考え方では，積極的に事実の存在を証明しなければならず[*444]，事実の不存在を仮定して矛盾が出ることを示しても，訴訟上，事実の存在を証明したことにはならないであろう。たとえそれが真実であっても訴訟上証明に失敗することはあるからである。たとえば，実在論的見方では，因果関係という事実（主要事実）は，それが「ある」か「ない」かのどちらかであるということは予め確定しているから，「ない」ということを仮定して矛盾が出れば，因果関係はある，といえることになる。生じた結果に先行する当該行為がなかったと（仮定）すればその結果は生じなかったであろう，といえれば条件関係ないし事実的因果関係の存在は肯定されたことになる。すなわち，これは，いわゆる条件関係の公式（「あれなくしてこれなし」）の思考法である[*445]。

　ある行為（たとえば診療行為）と発生した事実（たとえば患者の死亡）との間に原因結果の関係があるということが事実的因果関係があるということを意味する。逆に，原因結果の関係にはないということが事実的因果関係はないということを意味する。そこで，訴訟上，仮に当該行為がなされていなければその人が死亡することはなかったであろうという高度の蓋然性[*446]が認められれば，当該行為は発生した結果の原因であるとされ，事実的因果関係は肯定される。

　このように条件関係の公式は，原因結果の関係にあることを積極的に証明しているのではなく，原因と考えられる行為がなかったと仮定して，その仮定では結果は生じなかったであろうことを示すことによって当該行為と結果とが原因結果の関係にあることを論理（の力）を使って証明していると考えられる。

　ところが，要件事実論の考え方を採ると，この条件関係の公式が使えなくなるか，あるいは，たとえ使っても事実的因果関係を証明したことにはならなくなるのではないかと思われる。条件関係の公式が成り立ったとしても，積極的にその行為が当該結果の原因であることが証明されてはいないからである。す

[*444] 要件事実論の考え方は，法規不適用説を採用するか，それを予め組み込んでいる。

[*445] 条件関係という用語は，条件関係の公式を指すこともあれば，条件関係の公式を適用して認められた対象のことを指すこともある。以後，本書では，条件関係の公式を使って認められたものを事実的因果関係（がある）と呼ぶこととする。

[*446] 最高裁は，訴訟上の因果関係の立証は，一点の疑義も許されない自然科学的証明ではなく，経験則に照らして全証拠を総合検討し，特定の事実が特定の結果発生を招来した関係を是認しうる高度の蓋然性を証明することであり，その判定は，通常人が疑いを差し挟まない程度に真実性の確信をもちうるものであることを必要とし，かつ，それで足りるものである，と述べる（最判昭和50・10・24民集29巻9号1417頁〔ルンバール事件〕）。

IX 排中律

なわち,条件関係の公式が成り立つ場合でも,その行為がなかったとしたらその結果は生じていなかったであろうということを示しているにとどまり,それ以上,その行為があったからその結果が生じたということまで直截に証明していない。

＊条件関係の公式の前提

　　条件関係の公式は,事象Aを取り去って考えたときに事象Bもなくなると考えられるときは,AB間に原因・結果の関係（条件関係・事実的因果関係）があると認めるものである。この公式が適用されるには,条件関係はあったかなかったかのどちらかであるという前提が必要になってくる。条件関係があったかなかったかのどちらかであるからこそ,「あれなくしてこれなし」という関係が認められることによって論理を使って「あれがあったからこれがある」という原因と結果の関係を導くことができるのである。要件事実論が前提とする法規不適用説のように,真偽不明を法規の不適用に直接結びつけて考える説に立つ場合,証明された事実に対して法が適用されるので,事実が存在したこと,又は,存在しなかったことのどちらもまだ証明されていない段階で,その事実が存在したか,存在しなかったかのどちらかである,ということを予め確定しておくことはできない。それゆえ,法規不適用説では条件関係の公式を使用する前提が欠けているのである。法規不適用説では,条件関係が存在するという事実が積極的に立証されなければ因果関係を要件とする法規を適用することはできないことになり,仮定的にAという事実を取り去ってみればBという事実は発生していなかったであろうと「あれなくしてこれなし」という関係が立証されても,まだ「あれがあったからこれがある」という立証に失敗する可能性が残っている。いまだ法規の適用はできない状態にあるのである。

＊真理表

　　確かに（AならばB）の真理値は ｛(AでないならばBでない) ならば (AならばB)｝ の真理値と一致していると思われる。ここでは,真を1とし,偽を0とし,否定を¬とする。この表で①の列と②の列の真理値は一致している。つまり,｛(AでないならばBでない) ならば (AならばB)｝ と (AならばB) とは論理としては同じ意味だということになる。

A	B	AならばB	¬A	¬B	¬Aならば¬B	(¬Aならば¬B) ならば (AならばB)
1	1	1	0	0	1	1
1	0	0	0	1	1	0
0	1	1	1	0	0	1
0	0	1	1	1	1	1
		①				②

第11章 要件事実論

　もっとも，日本語で（AならばB）という場合の「ならば」には曖昧なところがあり，条件法の「ならば」だけではなく，因果的「ならば」や同値を表す「ならば」などがある（野矢・論理学29～33頁）。なお，濱上・研究224頁は，事実的因果関係について真理値表を作成し「事象Aを取り去って考えたときに結果Rもなくなるときは，事象Aから結果Rが生じていると考えられる。この命題を簡略にすると，事象Aがないならば結果Rが生じないときは，AからRが生じたと推論できる。これを論理式で類比的に表現すると以下のようになる。(¬A→¬R)→(A→R) この命題をc. s. q. n.（conditio sine qua nonの略語）の理論の第1命題ということにする。この第1命題は，因果関係を肯定するための命題である。以下，真理値表によって，c. s. q. n.の理論の第1命題は論理的に正しいものであることが証明されている。」と述べ，真理値表(1)を掲げる。そして，同書によれば，conditio sine qua nonは，因果関係を肯定することに用いることは正しいが，因果関係を否定することに用いることはできないという。もっとも，同書225頁の真理値表(2)には誤植があるように思われる。1行目の左から5列目の「R̄」は，「R」と思われる。

X　対　比

　口頭弁論（弁論準備）において，（事実的）因果関係がある，という事実主張がなされたとする[447]。この主張が裁判外の事実と一致しているのであれば真，そうでなければ偽である。事実的因果関係はあるかないかのいずれかである（排中律が成立している）。とすると，先行する行為がなかったと仮定すれば，その結果は発生しなかったであろう，という条件関係の公式（「あれなくしてこれなし」）が成り立てば，その表裏として，その行為があったからその結果が発生したということが論理をもって証明されることになる。それゆえ，事実的因果関係がある，という主張は真と判断される。他方，条件関係の公式が成り立たない関係にあれば事実的因果関係があるとはいえず，そして，いずれとも判断できない場合は真偽不明となり，証明責任規範[448]の指示に従って事実の有無が擬制されて裁判がなされる。

---

[447]　実務上，損害賠償請求訴訟は多い。その場合，事実的因果関係があるという主張がなされている。さらに，これに加えて，相当因果関係がある，あるいは，保護範囲に入っているという主張がなされる。逆に事実的因果関係が認められないのに相当因果関係が認められる（あるいは保護範囲に入る）ということはないと思われる。条件関係の公式が成り立たないのに，法的にみて，因果関係が認められるということはない，と考える。

[448]　真偽不明の場合に主要事実の存在を擬制するよう指示するのが特別規定であり，他方，主要事実の不存在を擬制するものを原則規定という（春日・証明105頁・判タ350号）。

XI 評価的要件という視点

　他方，要件事実論の考え方では，実体法の適用を証明の有無にかからせているため，事実的因果関係がある，という主張がなされ，条件関係の公式を使って，仮にその行為がなかったとすればその結果は生じなかったであろうということが成り立ったとしても，必ずしも，その行為があったからその結果が生じたものであるということを積極的に証明したことにはならないように思われる[*449]。依然として，直接，その行為と結果との事実的因果関係がある，ということを訴訟手続において証明し続ける必要があるように思われる。訴訟外の事実の存否は，必ずしも訴訟上での証明・不証明に対応しているものではなく，表裏の関係にはない（排中律が成立していない）。訴訟上証明されなかった事実が訴訟外で真実ではないとは限らない。現実には事実であっても証明できないことがあるからである。また，その逆もありうるであろう。

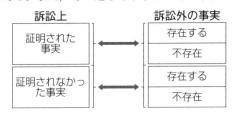

XI　評価的要件という視点

　この点，因果関係の本質は，真理値の存在する「あるかないか」の問題としてではなく，どの程度事実が存在するのかという事象の確率性の問題として捉える（河村・因果239頁）という考え方がある。この説は，いずれの因果関係概念によっても「AのためにBが生じた」という場合の「ために」という表現には，何ら具体的事実が含まれていない，と述べる。この説は因果関係は評価

[*449] たとえ，あれなくしてこれなしの関係が成り立っても，要件事実論（法規不適用の原則）は事実的因果関係が実在論的にあるかないかのどちらかであるという（表裏の）関係でなく，証明されたかされていないかという基準で判断するため排中律を使うことができず，あれがあったからこれがあったという関係は，なお証明されてはいない状態にあると思われる。あるかないかのどちらかであることが予めわかっているからこそ，ないことを仮定して矛盾が出れば，そのことにより論理の力を使って，あることを証明したことになるのであるが，証明されるか証明されないかのどちらかという世界では，ないことを仮定して矛盾が出ても，ないことが否定されたにすぎず，まだあることは証明されていない。あるのに証明に失敗することもありうるからである。

第11章　要件事実論

的要件である*450（河村・因果251頁）と見ている。また、「『そのために』という因果関係を表す事実のように一見みえる表現の中には、何も具体的事実は含まれていないと考えられる（伊藤・講義245頁）」と明確に指摘する説もある*451（伊藤・講義244頁）。

　このように、因果関係には事実的基礎はなく、事実の存否という形式による「ある」か「ない」かという真理値を有しないと解するのであれば、排中律はその前提を失うであろう。そうであれば、条件関係の公式も使えなくなるものと思われる*452。

　実際、法哲学会のシンポジウムでは「実務では『因果関係』は『事実』と考えられていると言われたが、現在は、相当数の裁判官は『因果関係』は『法的判断』であると考えており、私見もそうである。」との質問*453がなされ、「因果関係については事実として捉える考え方と法的評価として捉える考え方があるが、因果関係を事実認定の対象として議論する現場があるので、それを一つの問題として取り上げた」との応答*454がなされている（日本法哲学会編・暗黙知166頁）。また、「これまで裁判実務では（相当因果関係とは区別される）因果関係の事実的要件性を当然の前提にしてきたものと思われ、因果関係を評価的要件と捉えることには、裁判実務上、種々の懸念が予想されるが、その懸念は、運用次第で、解決可能な問題である」と述べられている*455（河村・因果252頁）。

　このように、裁判実務では因果関係は事実と解されて運用されてきているも

---

*450 「このように、因果関係の複合的構造及び訴訟における攻撃防御方法の機能の適切な実現という各視点からすると、因果関係の法律要件としての性質は、評価的要件であると考えるのが相当である」と述べられている。
*451 「『あることがなかったから』その結果がこうなった、といった因果関係の問題は、上記のような積極的な事実の連鎖としての因果関係の問題とは異なる性質の問題なのではなかろうか。こうした因果関係は、いわば消極的な事実の連鎖の関係を観念することによって思考上はじめて可能になる性質のものであると思われる。こうした因果関係の場合には、この因果関係そのものを要件事実の上で記述すること（具体的な事実で記述すること）は、不可能であるように思われる。」と述べられている。
*452 事実的因果関係は、あるか、ないか、のどちらかである、ということを前提にしなければ条件関係の公式は使えなくなるところ、要件事実論の考え方では、事実は証明されるか、されないかのどちらかであるので、条件関係の公式が使えなくなりそうである。そこで、因果関係から事実的基礎を抜き去り、存否ではなく、法的評価と解すれば、要件事実論の考え方をとっても、その評価基準のひとつとして条件関係の公式が使えると考えることもできそうに見える。
*453 伊藤滋夫会員の質問である。
*454 中村多美子会員の応答である。

のの，これを評価的要件として解する説，あるいは，具体的事実は含まれていない法的判断と解する説なども有力といえるであろう。因果関係の構造を，起点と終点と，その中間にある連結点に分析し，起点と終点を含む各連結点の間を結ぶ規則性（法則性）は目に見える形での事実ではなく，確率の問題であると考えるのである（河村・因果245～246頁）。この因果関係の構成要素のうち，連結点は事実と考え，各連結点を結ぶ規則性は，確率[455]評価の問題であり（河村・因果247頁），事実ではない，とするのである。因果関係があるとの主張は，因果関係があるか，ないかという単一の事実の存否を主張しているものではなく，因果関係の各連結点を結び規則性という確率評価を含めて，その複合的な構造を主張しているものと理解すべきであり，そうすると因果関係の法律要件としての性質は，評価を含むもので，単純な事実的要件ではない，ということになりうる。

　この説では，立証命題となるのは，起点と終点を含む各連結点を構成する事実自体であり，その事実と事実の間の規則性（法則性）自体は立証命題[457]ではなく，評価ないし法的判断の対象の一部となる。

　また，この説では，事実的因果関係が肯定された後に行われる相当性の判断（ないし保護範囲の判断）も法的評価であるから，その関係が問題になる。事実的因果関係を肯定する場合の評価とは区別される相当性の判断とは何か，という問題に直面するであろう。

XII　思 考 の 癖

　上述の見解は，おそらく，起算点（たとえば，暴行）と終点（たとえば，人の死亡）とその間の連結点（たとえば，転倒による頭部挫傷）は，それぞれ高度の蓋然性が認められることによって事実として認定されるが，起算点と連結点との

---

[455] 同書注24に因果関係を評価的要件であると解した場合の裁判実務上の懸念が紹介されている。
[456] 多数回の試行・観測による相対頻度の極限値として把握されることになろう，とされる。ただし，特定的・一回的事象では，この「確率」が主観的確率として把握されることはありえよう，という。主観的確率とは評価者の内面に属するということになるのかもしれない。
[457] 命題は真か偽かのいずれかである。命題は真理値を有するものをいう。

第11章　要件事実論

間，(連結点と連結点との間)，連結点と終点との間をそれぞれ架橋する規則性(法則性)自体は事実の問題ではなく，法的な評価ないし法的判断ということになると思われる。

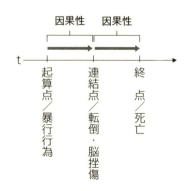

　もっとも，評価をより柔軟に行うためには，中間の連結点の存在が高度の蓋然性までに達していなくとも，たとえば，優越的蓋然性，相当程度の蓋然性(須藤・使命339頁・360頁)，証拠の優越等のレベルでも因果関係の有無を評価する対象として採り上げてもよいように思われる。そのほうが総合的な評価には資するであろう。

　しかしながら，事象間の因果性から事実的基礎を取り去ってしまうことには躊躇を覚える。歴史上，事物間に働くとされる因果関係の実在性を疑い，結果，懐疑論に陥ってしまった思想として，デヴィッド・ヒューム(David Hume 1711-1776)の例があげられる。トートロジーに由来するデカルト流の明晰判明な真理観では知識の進歩や発展を与えてくれないのではないかという批判的観点から，科学的な知識の獲得とその拡大を目指したイギリス経験主義は，ロック，バークリー，ヒュームと受け継がれ，その結果，自然界の事物について一切その真実を把握することができない(懐疑論)という破壊的な結論に辿り着く。人は事物間の因果関係に関する判断を行うが，それは想像力に作用する習慣(という原理)によっている，とヒュームは結論づけている。因果関係とは，いわば人の思考の癖(野矢・語り204頁)にすぎないということになる。

　確かに，因果関係の正体を「人はある A という事象に直面すると，別の B という事象を予期せずにはいられない」という人の内面に起きる感受性のこと

254

XII 思考の癖

と解するのはひとつの見識なのかもしれない。そうすると，因果関係という概念は人が経験から取得する習性にすぎない，ということになる。

　訴訟における因果関係とは，Ａという事象があれば，人はその後Ｂという事象が起きるであろうと思いがちである，そういう習性が人にはある，と評価されることだとすれば，裁判官による因果関係の認定は著しく主観化するか，少なくとも，第三者的にその認定過程をトレースすることが困難になるおそれがある。あるいは，合理的な通常人であればそう思う習性がある，という意味あいに解するとしても「合理的な通常人」を想定しただけではその判断がより客観性をもつものになるとまではいえないであろう。また，因果関係自体は事実（の有無についての認定）ではないことになるので，高度の蓋然性という基準も使えなくなるように思われる。

　私たちには，化膿性髄膜炎の患者に腰椎穿刺による髄液採取とペニシリンの随腔内注入（以下，単に「ルンバール」という）を実施すれば，その後，その患者に脳出血が起きる，と考える習慣はないので，因果関係は否定されることになるであろう。他方，血管が脆弱で出血性傾向のある患者が泣き叫んでいるのに約30分程度押さえつけて何度もやり直しながらルンバールを実施すれば，その後，その患者に脳出血が起きる，ということもありがちなのではないかと評価することもできる。とすると，因果関係が肯定されることになる[*458]。後者の評価には，「あまり無理なことをするとよくないことが起きる」という人々がもつ習慣的な思考[*459]が影響しているおそれがある[*460]。

　Ａという事実とＢという事実を見せられて，その間に関係性があると思う習性があるか否か，あるいは，人はそういう風に思いがちかどうか，そのよう

[*458] いずれもルンバール事件（最判昭和50・10・24民集29巻9号1417頁）の事実経過を参考にしている。
[*459] ある種の迷信も含まれうるであろう。「罰が当たる」とか「そういう流れだった」なども同様である。あまり無理なことをするとよくない結果につながると思いがちだからこそ，泣き叫ぶ患者を押さえつけ何度も穿刺をやり直したという事実を抽出することによって因果性を肯定する方向へ人の評価を誘導できるのかもしれないともいえる。
[*460] 仮にそうだとすれば深刻な問題を提起することになるかもしれない。多くの人がありがちと考えそうな習慣性を目指して取捨選択した事実を拾い出し，それを順番に連続して並べてみせることによって，因果関係の評価に大きな影響を与えることができることになるからである。そうなると，起算点と終点の間の連結点となる事実として何を取り出して順番に並べるとありがちな出来事として構成できるかという視点こそスキルであると考えられるようになるであろう。

なものを仮に因果関係の有無の評価ないし法的判断に採用するとすれば，かなりの程度で裁判結果に対する予測可能性を害することになるように思われる。それでは法的安定性を害する（因果関係が争点になりそうな事件は実際に裁判をやってみるまではわからないという状態に陥る）であろうし，判決理由をみても事実的因果関係を肯定（否定）した客観的な合理的理由をトレースすることは難しくなるであろう。

*思考の癖と因果関係

　　マウスを箱の中の迷路に入れ，ある場所に来たら電気ショックを与えるようにすると，そのマウスはそこへ近づくことと痛い思いをすることとの間に因果関係があると思うかもしれない。そしてやがてそこへは近づかなくなるであろう。箱の中のマウスは因果関係があると思っているかもしれないが，実は危険を避けようとする生命の習性にすぎないのかもしれない。箱の外から（の視点で）は，そのような事実が観察できるであろう。しかし，（箱の外からの視点でみると）そこには因果関係はないであろう。実験のため人が作為的に電気ショックを与えているにすぎないからである。

　　マウスの例ではなく，人の場合はどうであろうか。人が入れられた「箱」とは現代社会では何を指すのであろうか。時間や空間など，ア・プリオリな形式のことであろうか。それとも日常的な社会生活のことであろうか。果たして，人類自身，その「箱」の外からみずからを観察することはできるのであろうか。超越的な視点から我々を眺めることによって，因果関係は単なる習性を超えた実在性にまで達することができるのであろうか。

　　たとえば，地球など太陽系の惑星が太陽の周囲を公転する状況を思い描くとき，いったい私たちはどの視点に立ってそれを眺めているのであろうか。宇宙の始まりを想像するときいったい私たちはいつの時点に立っているつもりでそれを考えているのであろうか。決して降り立つことのできない地点・時点からの眺望としての世界は，人類がかかえている「思考の癖」に果たして気づかせてくれるのであろうか。

XIII　事実の蓋然性と心証形成の度合い

　それでは，因果関係をどの程度事実が存在するのかという事象の確率性の問題として捉える考え方（河村・因果239頁），すなわち，事象間の規則性を確率概念で捉える考え方についてはどうであろうか。

　この考え方に対しては，事象の確率性の場面と，心証形成の度合いの場面の混同を招きやすいという問題点を指摘[*46]できるであろう（三木・手続運営372頁）。前者は確率値であり，後者は心証度のことである。それらが同一視されるおそれがある。すなわち，事実の蓋然性（の程度）と，形成された心証の程度とは，

XIII 事実の蓋然性と心証形成の度合い

紛らわしいのである。例として次のモデルを掲げる。

あるイベント会場に1000人のファンが集まったとする。そのうち801人は無賃入場者であった。つまり正規の入場料を支払ったのは199名であった。イベントを企画したX社は入場料の支払を求め，ある入場者Yを訴えた。そして，Yが無賃入場者である確率は80.1%であると主張した。このモデル事例で，Xが勝訴するとすれば抜き差しならないパラドクスが生じる。なぜなら，X社が個別に1000人全員を訴えれば全員に対して勝訴することになりそうだからである[*462]（三木・手続運営393頁）。そのうち199名は入場料を支払っているのであるから，この結論は不当である。仮に入場料を二重取りされる者がたった1人であったとしても，このパラドクスの導く結論は致命的といえる。論理的にみて，確実に誤判を発生させる結果となるからである[*463]（三木・手続運営396頁）。

これは，事実としての確率性ないし蓋然性[*464]（三木・手続運営368頁）と，形成された心証の度合いないし程度とを混同した結果生じてしまったパラドクスといえる。高度の蓋然性を基準とすれば，証明度は十中八九間違いないという程度が必要となり，（多少無理に）数字で表せば80％以上の心証が得られなければそれを事実として認定することができないことになる。しかし，上記の例ではYがお金を払わずに入場した確率は80％を超えているのであるから証明度は足りているように見える。これは，事実としての蓋然性が80％を超えているかどうかと，心証形成が十中八九間違いないという程度に達しているかどう

---

*461 「たとえば，トライブは統計的数値あるいは統計的数値を基礎に数学的に算出された数値と証明主題そのものとが，きわめて混同されやすいことを指摘している。彼が批判の対象としたのは，法学者フィンケルスタインと統計学者フェアッリイが共著で発表したベイズ理論を使用した事実認定である」と述べられている。
　　トライブは，往々にして数値化が容易な事実について蓋然性計算を行い，それをもって証明主題自体の蓋然性が算出されたと錯覚しやすい，と述べているとのことである。
*462 イギリスの哲学者L.J.Cohenの「無賃入場者（Gatecrasher）事件」モデルが紹介されている。このゲートクラッシャーモデルを参考にした。
*463 この結果を肯定する見解もあるとされる。つまり，無賃入場者事件で原告を勝訴させることは被告に対する不正義を招来するであろうが，有利な確率を有する原告から救済を奪う不正義のほうが大きい不正義であるかということである。もっとも，それでは，会場で多数の無賃入場者がいることが判明した場合，それを取り締まるより，逆に，人物の特定をしたうえその数を増やすように誘導したほうが訴訟では有利になるという帰結になるであろう。
*464 三木・手続運営368頁では，「訴訟法の論考においては一般に『蓋然性』の語が用いられるが，本稿では『確率』の語を用いる。前者は哲学用語であり，後者は数学用語であるが，訴訟上用いられる場合の意味は基本的には同じである」とされる。

かとは，別の問題と見るべきことを示している。

　これらの区別は，一見，当たり前のことのように思え，上述のモデルを想起すればそのパラドクスにも容易に気がつきそうであるが，最終的に得られた計算値が極端な数値*465（三木・手続運営379頁）となったとき，その数値の迫力に圧倒されてしまうおそれは否定できない。とりわけ，最近でいえば，ビックデータなどを基礎にコンピュータにより解析・算出された結果としての数値には，いわゆる「数字の魔力」が強く働くであろう。

　逆に，医学的にも厚生労働省からも認められた検査方法の場合，それによる合併症の発生率が通常それほど高いはずはないのであるから，ほとんどの検査の実施行為とその結果としての死亡との因果関係は否定される方向へ誘導されるであろう。それを実施すれば80％以上の患者に合併症が生ずるような検査方法が医学的にも（行政的にも）認められることは通常ありえないと思われるからである。

XIV　裁判外と裁判内

　因果関係という要件事実から事実的基礎を抜き去るとすれば，裁判外において不法行為に基づく損害賠償請求権が発生することは否定しなければならない。そのほか，広く因果関係を要件とする法適用についても同様の結論となる。たとえば，裁判外にAという事実がありBという事実があるとする。それぞれを裁判において証明すれば，AとBとの事実的因果関係は裁判所による法的判断の問題ということになる。AB間の事実的因果関係自体は立証の対象にはならない。右の図のようなイメージとなる*466。

　＊465　1200万分の1という数字が主張された事例が紹介されている。コリンズ事件（People v. Collins, 68 Cal. 2d 319, 438 P.2d 33, 66 Cal. Rptr. 497（1968））である。検察官は「本件被告人ら以外の何者かがこれらの特徴を備えて存在する確率は，1200万分の1かそこらである」と主張したという。
　＊466　AとBとを架橋する矢印がAB間の事実的因果関係を示す。裁判内とは，訴訟が提起され，その審理の中で因果関係が判断されるというイメージで，裁判外とは訴訟提起前，あるいは，訴訟がそもそも提起されることなく進む場合のイメージである。裁判外にはABをつなぐ事実的基礎をもつ因果関係はないが，裁判内では裁判官の判断によって法的な判断として事実的因果関係が肯定されるというイメージである。

XIV 裁判外と裁判内

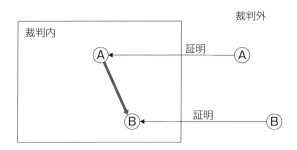

　この場合，裁判外には因果関係はないので，裁判外で法律効果が発生する余地はないことになるであろう。これこそ要件事実論の考え方と整合的である。AB間の事実的因果関係はあるかないかのどちらかであるという前提を失うので条件関係の公式は使えない＊467。事実的因果関係があると法的に判断されれば法律効果が発生＊468し，そうでなければ法的効果の発生は否定される。法的判断であるから，事実的因果関係について真偽不明は現れない。

　他方，因果関係に事実的基礎があるとすれば，次頁の上図のようなイメージとなるであろう。Aという事実も，Bという事実も裁判上証明するとともに，AB間の事実的因果関係も証明することとなる。その証明は条件関係の公式を使うことになる。裁判外ではA事実とB事実との間の事実的因果関係はあるかないかのどちらかであるので（排中律），AがなかったとすればBは起きなかったという関係があることを明らかにして，AB間の事実的因果関係の存在を証明する。AがなかったとしてもBは起きていたということになれば，事実的因果関係は不存在であり，どちらともいえない場合は，真偽不明となり，証明責任規範に基づき事実的因果関係の不存在が擬制されて判断されることになる。

＊467　もっとも，訴訟における法的判断の評価基準のひとつとして条件関係の公式を用いることも考えられる。しかし，その場合それは既に事実的因果関係の有無を判断する公式ではなくなっているように思われる。
＊468　事実的因果関係が認められたとしても，相当性の判断は残る。あるいは，保護範囲としてどの範囲まで責任を認めるのが妥当かという判断は次の判断として残っている。

第11章　要件事実論

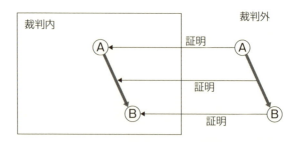

　事象の確率性と考える説では，下の図のようなイメージであろう。裁判外では，法律効果は確率的に発生することになりそうである。不法行為に基づく損害賠償請求権は，事実的因果関係の確率に応じて発生することになる。もっとも，法規不適用の原則を採用するか，要件事実論の考え方を採るのであれば，やはり，裁判外ではたとえ確率的にも法律効果は発生しないと解することになると思われる。

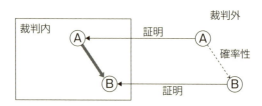

XV　判決起案の手引との整合性

　要件事実論の考え方[469]では，実体法の適用を主要事実の証明にかからせているので，主張された事実が証明されたか，そうではないかが区別できれば足りる。裁判所は，みずからその事実が証明されたかどうかを判断できる（証明されたかどうかが不明という状況は起きない[470]）ので，真偽不明の概念は不要となる。いわば，真なのか，そうでないのかが区別できれば足り，それ以上，確定的な偽と真偽不明の区別も必要ない。

---

[469]　上述のとおり，法規不適用説を採用している包括説・手法説，及び法規不適用の原則から導かれる帰結を構造上当然に取り入れていると解される「裁判規範」としての民法説のことである。
[470]　真偽不明の状態はありえても，証明不明という事態はありえないであろう。

XV　判決起案の手引との整合性

『民事判決起案の手引』（判決手引71頁）にも「事実の認定について説示をするに当たっては，ある当事者が立証責任を負う事実について，それが証拠によって認められるか又は認めるに足りる証拠はないかの説示をすれば十分であって，要証事実の不存在や反対事実の存在を認定できる旨説示する必要はない」と述べられている*471（松本・証明責任31頁以下）。

これを具体的にいえば，たとえば，原告が貸金返還請求訴訟を提起している場合，返還合意の存在が契約書の内容によって認められるか，又は，返還合意の存在を認めるに足りる証拠はないかについて判決理由で述べれば十分であって，それ以上，進んで返還合意はなかったと認められるとか，贈与（や出資）の事実の存在を認定できるというような説明をする必要はない，ということである*472（高橋・民訴概論229頁）。これは，返還合意の存在が証明されるか，証明されないかを区別すれば足り，さらに進んで，返還合意はなかったことや，返還合意とは矛盾する事実（贈与や出資など）の存在を認定する必要はないということを意味している。

したがって，返還合意があったという事実主張が真であるかどうかが確定されれば足り，真とは認められない場合，それ以上，それが偽であるか，真偽は不明なのかにについてそれほど関心はないということになる。本来，確定的に偽であれば，法（規範）の適用が否定されるので，偽であるかどうかは重要なはずであるが，要件事実論の考え方では，確定的な偽については，真偽不明と同一の扱いをしてもかまわないことになる。

上記手引は，続けて「要証事実の不存在や反対事実の存在は立証命題ではない*473から，これらが認められる場合であっても，原則として，その存否が不

---

*471　E. Schneider（シュナイダー）の説を紹介し，この西ドイツの少数説が，より徹底した形でわが国の実務家（司法研修所編『六訂民事判決起案の手引』（1978年）76頁を引用している）によって説かれているという指摘がある。

*472　わが国の実務慣行について次のとおり指摘されている。「わが国の実務慣行は，要件事実Aが真偽不明の場合をも，要件事実Aを認めることができないと表現する。すなわち，要件事実Aを認めることができる，できないという2分類の表現をわが国の実務は採るのであり，認めることができないという表現が，積極的に要件事実Aの不存在が認定された場合と真偽不明の場合との双方を含んでいる。」

*473　この点，争点整理の結果絞られる立証命題という観点からは，疑問もありうる。要証事実の存在とその不存在とはいわばコインの表裏の関係にあり，要証事実の不存在を意味する命題は要証事実の存在を意味する命題と単に真偽が反転する命題にすぎない。争点としては同じことなのではないかと思われる。事実はあるかないかのどちらかであるからである。

明の場合と同一の表現で判示するのが相当である。」と述べている。すなわち，要件事実の不存在や反対事実の存在が認定できる場合であっても，それが真偽不明であった場合と同一の表現で説示せよ，と述べているのである。反対事実が存在するとの心証を得ても証明責任判決*474と同一の表現をするとすれば，それが真偽不明に陥ったため証明責任の分配に沿ってなされた証明責任判決なのか，反対の事実が積極的に認められたものなのか判決の理由をみてもわからないことになる*475（岡口・入門21頁）。

　他方，同手引は，事案によっては，要証事実の不存在又は反対事実の存在を認定することが望ましい場合もある，とする。そのような説示をする場合，「……を認めるに足りる証拠はない。」の次に，例えば「かえって，証人何某の証言によれば，原告主張のような契約は締結されなかったことが認められる。」とする，と述べられている。そして，次のように続ける。「しかし，通常このような事実の認定は必要ではないのみならず，認定を誤る危険が伴いがちであるから，初心のうちは避けた方が無難である。」と。

　すなわち，主張された事実が偽であると確信した場合であっても，真偽不明の場合と同一の表現で説示するほうが，認定を誤る危険が少ない旨述べられている。本来，証明責任判決の必要はないにもかかわらず（換言すれば，本来，証明責任が働く場面ではないにもかかわらず），証明責任判決と同じ表現でよいと推奨していることになる。その理由は，そうしなければ認定を誤る危険を伴いがちだから，という。この説明の仕方は，要件事実論の考え方が，真偽不明と確定的偽を区別する必要性を認めないことと整合しているといえるであろう。

＊474　真偽不明に陥ってしまった場合に，証明責任の所在に従って結論を出した判決のことを指す。

＊475　「司研・新問題研究7頁は，立証責任の定義を，『ある要件事実（＝主要事実）の存在が真偽不明に終わったために当該法律効果の発生が認められない不利益』としますが，主要事実の不存在が立証された場合の不利益を含めない趣旨ではなく，証明責任規範説に立っているわけでもありません。要件事実論の基本概念についての定義であるにもかかわらず，疑義を抱かせるものといわざるを得ません」と述べられている。つまり，証明責任の定義に「主要事実の不存在が立証された場合の不利益」を含むものであるとされている。しかしながら，主要事実の不存在が立証された場合は，端的に，実体法の適用を否定できるのであるから，真偽不明でないにもかかわらずこれを証明責任の領域に持ち込む必要性はないものと考える。

XVI　判決理由は誰のため

　『民事判決起案の手引』（判決手引71頁）の述べる，認定を誤る危険を伴いがち，という言葉の意味は曖昧である。少なくとも，受訴裁判所は，その審理の結果として反対事実が認定できると考えているのであるから，認定を誤るリスクが高まっているという見方は，当該受訴裁判所からの視点ではない。いわゆる神様のような超越的な視点に立ち，自身が確信した事実も，そのような視点からみれば間違っていることがあるかもしれないと考え，とすれば，その真偽は不明としていたほうが，より間違いの幅は少なくてすむ[476]という意味であれば，本来，立証責任の適用場面ではないにもかかわらず，証明責任判決を下すべきとする理由としては不十分のように思われる。

　この点，積極的に反対事実を認定した判決は，上級審からみると，一見，立証責任の所在を誤ったかのように見えてしまうという理由も含まれているのかもしれない。しかしながら，判決理由は上級審の担当裁判官の理解のしやすさのためにのみあるのではなく，その効果を受ける当事者のため（たとえば，控訴すべきかどうかの判断をするため）にあるのであるから，真偽不明に陥っていないにもかかわらず，証明責任判決（真偽不明の場合）と同一の表現を推奨することには疑問が残る。反対事実の認定に基づく裁判を回避する理由にはならない。上級審の審査を容易にするためというのであれば，裁判所が前提とした証明責任の分配の理解を判決理由中に示しておけば足りるからである。複雑な事件や立証責任の所在につき判例・学説上の争いがある場合などは，むしろ，そのような説示が望ましいといえるであろう。

　他方，たとえば，法的責任を問われている被告にとってみれば，同責任を基礎づける事実を認めるに足りる証拠はない，という説示と，原告主張のような事実はなかったことが認められる，という説示とには，大きな違いを感じるであろう。確定的な偽を説示するという傾向は，むしろ，立証責任を負担しない一方当事者の積極的な主張立証活動に動機づけを与え，争点整理手続を充実さ

---

[476] もし，このように考えるのであれば，反対事実が認められることと真偽不明とは，程度の差こそあれ連続するひとつの概念で包括できるというニュアンスがあることになる。

第11章　要件事実論

せ，真実発見システムとしての訴訟審理に活性化をもたらす可能性がある。

　あるいは，別の理由として，反対事実の積極的認定が敗訴当事者の不服申立てを誘発させてしまうという見方[477]もあるかもしれない。実務的には反対事実を認定しないほうが敗訴当事者の納得を得られるし，弁論主義の下での有限の証拠によって処理していることから裁判所の態度として好ましいという説明も同様の趣旨のものといえる 。しかしながら，そもそも，不服申立てをすること自体に消極的評価をする必要はないであろう。また，敗訴当事者にとってみれば，反対事実の認定であれ真偽不明に陥ったことによる証明責任判決であれ，敗訴判決の変更に利害を有するという点に変わりはない。そして，反対事実の認定ではなく真偽不明であったと説示すべきであるという理由では不服申立ての動機とはならないであろう。また，裁判所の態度としての好ましさという点は，それが裁判所の事実認定過程を不明瞭にすることによる当事者や上級審に誤解を与える問題を上回る美徳とは思われない。

　見方を変えれば，要件事実論の考え方では，本来，証明責任を問題にする必要のない場合，すなわち，確定的に偽と認定できるケースを，あたかも証明責任のフィールドに取り込んでいるかのごとくとなる。

　このように，裁判所は反対の事実の存在につき，その心証を得ていたとしても，結果として外観上は証明責任判決と同じ内容の判決を下すことになるのである[478]（小林・証拠169～170頁）。

---

[477]　第1審判断に「反発」を感じて控訴するという見方である。

[478]　「判決の理由説示の点も，現在の実務で主流である反対事実が認められる場合も証明責任により要証事実が不明である場合と同様に記載するやり方は，裁判官が事実の存否につき自由心証により判断できる場合であっても常に証明責任の分配を考えなければならない点で裁判官に過重な負担を要求するし，証明責任の分配の誤りから本来的に不要な争いを招き上告理由を作り出すおそれがある。要証事実の不存在または反対事実の存在が認められる場合にその点を明確にせず証明責任判決をすることは，かえって民訴法247条の趣旨に反しかつ判決から裁判官の事実認定過程を正確に知ることができなくなるし，その根拠として法規不適用の原則を援用することに対しては前述した同原則への批判があてはまる。」。
　前述した同原則への批判とは，たとえば「法規の要件事実に該当する事実が存否不明であったからといって法規が不適用とは限らず，法規が適用されることもある」「実体法は裁判以前に存在する行為規範として機能しているのであって，事実が存否不明な場合に機能する裁判規範は，証明責任規範であって実体法とは別個の独自の法規範ではある。」「法規不適用の原則では，法規の要件事実に該当する事実が証明された場合のみ実体法が適用されるにすぎないから，実体法の私人に対する効力は，訴訟で証明できるかを予測して行動するという間接的なものにすぎなくなるが，これは実体法が人々の行為規範として機能している現実の社会生活と合わない。」である（同書166頁）。

＊立証責任を負わないほう（当事者）は完璧に勝訴できない？

　証明責任の分配によって，ある論点（主要事実の存否）について，その証明責任を負う側と負わない側とに峻別されることになる。そして，証明責任を負わない側にとっては，その論点では「完璧」に勝訴する可能性を喪失させられてしまう。たとえば，製造物に「欠陥」があったかどうかが争点となった訴訟では，製造業者は，最大限自己に有利な判決理由として「欠陥があったとは認められない」という説示しか得られないことになる。しかし，製造業者としては「欠陥はなかったと認められる」という説示がほしいところであろう。それを目標として立証活動をしたいと思っていても「欠陥があったとは認められない」という理由でしか勝訴できないことにやがて気づかされることになろう。そのほか，不法行為に基づき損害賠償請求訴訟を提起された被告も同様である。「過失はなかったと認められる。」とは判示されず，過失があったと（まで）は認められない」という判決理由でしか勝訴できないであろう。

　このように，証明責任を負わない側にとって判決理由を含め完全に勝訴する途はもともと封じられていることになる。

XⅥ　それらしく間違う

　事実主張が真偽不明となってしまい，やむを得ず証明責任の所在に従って判決をするとき，この判決を証明責任判決と呼ぶ。上述のとおり，確定的に偽であると思われる場合でも真偽不明と同様の判決理由の説示をするとすれば，それが証明責任判決なのか，そうでないのかの区別はつかない。

　しかし，裁判所が証明責任の所在によって判決内容を決めることは少ないとされている。元裁判官の次のようなコメントがある（田尾ほか・事実認定55頁，日本法哲学会編・暗黙知133頁注32参照）。「認定が難しく，どうも分からない，しかし，真偽不明で立証責任で事を決するほど分からないような気もしないから認定するというようなことは実務としては，かなりあったように記憶します。一般に裁判官が立証責任で事を解決している例は少ないものです。各訴訟の主要なテーマについて立証責任によって処理する判決はあんまりありません。したがって，一応，合理的な疑いを超えた確信に近いながらも，なお一抹の不安の消えないまま認定することも少なくありませんでした。そのような場合，私は，いつも『それらしく間違いたい』，『それらしい間違いをすべきだ』と思い実行してきました。」

　確かに，多数の事件の訴訟代理人となる弁護士として，頻繁に重要論点が真

第11章　要件事実論

偽不明に陥り証明責任判決がなされるという事態は望んではいない。やはり，証明責任の所在で判決するというのは例外的で異例なことであるべきと思われる。

　ところで，上述のコメントのいう真偽不明で証明責任の所在によって事を決するほどでもないから一抹の不安はあるものの事実を認定するという趣旨は，どのようなものであろうか。

　同コメントは，弁済と不貞行為を例として掲げている。弁済したと主張しても領収証がない場合，不貞行為があったと主張しても男女がホテルに入ったということまでしか明らかでない場合，それぞれ，弁済の主張を偽，不貞行為の主張を真と考え，弁済の事実を否定し，不貞行為の事実を認めるというものである。仮に真実は弁済がなされていても領収証がないのであれば裁判官が事実と違うことを認定しても致し方ないと思い，本当は男女関係はなかったとしても二人でホテルに入ったのであればそう思われても仕方ない，そういう間違い方をそれらしく間違うと表現している。ただ，この２つ例の「それらしさ」は異なる内容を指しているように思われる。

　たとえば，死亡した親から子への生前贈与が証明責任の所在で決しなければならないほど心証がとれないものではないから，一抹の不安を残しながらも生前贈与はなかったと認定する場合，判決理由の説示は，積極的に「生前贈与はなかったと認められる」ではなく，「生前贈与があったとは認められない」という表現になるであろう。これが上述の手引の推奨する説示法である。しかし，「生前贈与があったとは認められない」という理由では，結局，真偽不明に陥ったのか，その主張が偽であると判断したのか，いずれなのかはわからないのである。裁判官の内心では証明責任の所在で事を決するほどでもないと考えながら，判決の理由では証明責任の所在で決着をつけたのか，そうでないのか不明となってしまうのでは，自由心証主義と緊張関係を有することになる[479]（小林・証拠170頁）であろう。

　逆に，上述のコメントの意味が，一抹の不安はあるものの証明責任の所在

---

[479]　「要証事実の不存在または反対事実の存在が認められる場合にその点を明確にせず証明責任判決をすることは，かえって民訴法247条の趣旨に反しかつ判決から裁判官の事実認定過程を正確に知ることができなくなる」と述べられている。

XVI　それらしく間違う

で決するほどではないから生前贈与を認定するという趣旨の場合はどうか。もし，そうだとすると，それは，高度の蓋然性には達してはいないけれども，その水準の近くまではきているので，一抹の不安は残るものの認定したという意味になる。すなわち，証明度を下げた上で事実認定をしているということになる。確かに「一応，合理的な疑いを超えた確信に近いながらも，なお一抹の不安の消えないまま」と述べられており，これは接近しているが達してはいないレベルで事実認定したことを意味しているように見える。

このように，それぞれの「それらしさ」には証明度の違いがあるように思われる。従来から裁判実務において経験則に反しない範囲で証明度を引き下げて事実認定をすることがあったということになるであろう。

「それらしく間違う」とは，訴訟外に客観的な事実があることを想定している[480]。もし，そのような客観世界が実在しないのであれば間違うということもできないからである[481]（日本法哲学会編・暗黙知133頁注32参照）。ただ，上述の手引に則って考えるのであれば，その間違いとしての「それらしさ」には異なるものが含まれることになる。証明度を下げて認定するという意味で「それらしい」（達していない）のか，確定的な偽を，確定的な真とは認められない，と表現するので「それらしい」（奥ゆかしい）のか，である。「奥ゆかしいそれらしさ」は当事者にとって裁判の結果は変わらないが，「達していないそれらしさ」は結果が逆転するので大きな差が出ることになる。

---

[480] 事実は，民事裁判の手続によって構成されると考えるのであれば，構成された事実こそが真実であるということになり，（再審請求などが認められる場合を除いて）間違った事実認定は存在しなくなるであろう。そうして，裁判所は外界とは切り離され誤判のない世界を手に入れることができるであろう。

[481] 「民事裁判は，実際に法廷に提出された訴訟資料に基づいて判断をするものであって，その意味でやむを得ない制度的限界はあり，必ずしも客観的な歴史的事実と合致しなければならないものではない。」と述べられており，訴訟外にある客観世界の実在を前提としていると思われる。

第11章　要件事実論

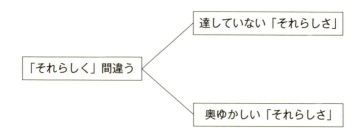

　もし，証明度を下げて認定する「それらしさ」について，証明度に関する規範に基づいて，裁判所から判決前の審理段階で事前に示唆されていた*482とすれば，第1審で訴訟上の和解が成立していた可能性は高まるであろう。第1審判決の内容を検討して第2審で和解解決を図るよりも迅速な解決が見込まれる。証明度に関する規範を導く制定法*483があれば，それが可能になるであろう。

　もし，真偽不明で決するほどでもないと確定的な偽の心証を得ているのに，判決理由では確定的な真とは認められないと説示する「それらしさ」について，心証のとおり判決理由を記載すれば，控訴を思いとどまらせる可能性が増大するかもしれない。もし，真偽不明というレベルであれば，もう少し間接証拠（直接証拠があれば既に第1審で提出しているはずと思われる）や間接事実を厚く積み重ねる努力をするために控訴の必要性を感じるかもしれない*484。

＊482　現在の実務では難しいと思われるが，たとえば「本件の審理における○○という争点について，合議した結果，証拠構造に鑑み，高度の蓋然性では判断しないことと致しましたので，あらかじめ，お伝えいたします。」と述べることなどが考えられる。こうして，証明度の不意打ち（当事者には知らされないまま高度の蓋然性を下回る証明度で事実が認定されること）は少なくなるであろう。現在の民事裁判では，仮に証明度の不意打ちがあったとしても，不意打ち自体に気づく可能性がほとんどないといえる。たとえば，判決後，「あの証言でこの事実を認めるのか」という感慨をもったとすれば，そのシーンなのかもしれない。

＊483　たとえば，民事訴訟法247条の3として「事実の性質上その存否を証明することが困難であり，その結果が著しく公平に反する結果となるおそれがあるときは，裁判所は優越的蓋然性によりその事実を認定することができる。ただし，他に立証手段がある場合はこの限りでない。」などである。

＊484　もっとも，控訴期間が限られているので，結論に不満があれば，とにかく控訴という場合もありうるであろうし，間接的な事実や証拠を積み重ねてみても芳しい効果が生じない可能性も高いであろう。主要事実から「遠い」間接事実や証拠が多数提出されるということ自体が弁論の全趣旨として考慮されるという悪循環に陥るおそれがある。

XVIII 主張責任

　要件事実論の考え方は，証明責任の所在と主張責任の所在とが一致する[485]（伊藤・要件68頁）と述べる。

　ところで，弁論主義は，判決の基礎をなす事実の確定に必要な資料の提出を当事者の権能及び責任とする建前である（高橋・重点民訴上404頁参照）。その内容は３つのテーゼで示される。その第１テーゼは，主要事実は当事者の弁論に現れない限り，判決の基礎とすることができない，つまり，裁判所は，当事者によって主張されていない主要事実を判決の基礎とすることができない。それゆえ，当事者の一方にとって，自己に有利な主要事実につき，その主張がないと当該法規が適用されず不利な裁判を受けることになる。この不利益ないし危険を主張責任[486]という。証明責任と対比的に述べるならば，証明責任はその主要事実が証明されない結果当該法規が適用されない不利益のことであり，主張責任はその主要事実の主張がない結果当該法規が適用されない不利益のこと，といえる。

　しかし，事実が主張されない場合の不利益負担者と事実が主張されたものの結果として真偽不明に陥った場合の不利益負担者とは当然に同じでなければならないか，という指摘が成り立つであろう。一応，証明責任の分配に主張責任の分配も対応させるものの，合理的な理由があれば一致させなくともかまわないという例外を認めるのが妥当であろう。

　たとえば，最高裁判所判例解説（三村・解説112頁）は，均等論の第４要件につき，主張責任の所在と証明責任の所在は一致しないとしている（梅本・民訴783頁参照）。均等が認められるためには５つの要件が必要であると解釈されている（最判平成10・２・24民集52巻１号113頁〔ボールスプライン事件〕）。（本書の目的は均等論自体を詳しく解説するものではないので）その要件をごく概括的に述べれば，特許

---

[485] 「私見によれば，主張責任と立証責任は常に一致する」と述べられている。「裁判規範」としての民法という考え方によれば，定義上一致することになるであろう（高橋・ジュリ99頁）。
[486] 責任という用語が与えられているが，その責任をとらなくとも，相手方当事者にとっては何ら不都合はない。むしろ，責任が果たされなければ有利になる。それゆえ，通常，相手方は特にその責任をとってほしいとは思わない。

第11章　要件事実論

請求の範囲と異なる部分が，①特許発明の本質的部分でないこと，②それが置換可能であること，③製造時には当業者が容易に想到できたこと，④対象製品が出願時の公知技術でなく，同技術から容易に推考できるものではなかったこと*487，⑤対象製品が意識的に除外されたものではないこと，である。上記解説では，①～④までは特許権者に証明責任があり，⑤については侵害者にあるが，④*488については主張責任は侵害者にあると解されている。すなわち，侵害者の製品が特許出願時に存在したすべての公知技術との関係で同一又はこれから容易に推考できるものではないことの主張立証をさせると特許権者に過大な負担をかけることになるので，侵害者が特定の公知技術との関係においてこれを争わない限り，特許権者の側から，この要件を満たすことを積極的に主張立証しなくともよいが，侵害者において，特許出願時に特定の公知技術が存在したことを指摘し，当該公知技術との関係で第4要件の充足性を争う旨主張した場合は，特許権者の側で，侵害者の製品が当該公知技術と同一又はこれから容易に推考できる範囲に属するものではないことを立証しなければならず，もし，真偽不明に陥れば，均等は認められないと解するのである。

　主張責任と証明責任が常に一致するという要件事実論の考え方では，均等論に関する最高裁判所判例解説のような解釈を認める余地はなくなるであろう。

　理念的には，弁論主義が尽きたところに自由心証主義があり，自由心証主義が尽きたところに証明責任がある。証明責任の所在によって判決をするのは例外的ないわば最後の手段である。ごく例外的にしか現れない真偽不明への対処法（証明責任）を，自由心証主義を超えて弁論主義が適用される場面にまで及ぼし，本来，裁判所と当事者（原告被告両者）との関係を規律する弁論主義について，その第1テーゼと証明責任の所在を結びつけて一方当事者の主張責任の

---

*487　仮に，その特許の出願の時に公知であるか，公知のものから容易に推考することができた技術であれば，その範囲まで含めて特許査定がなされることはなかったと考えられる。当該判決も特許法29条を参照して「特許発明の特許出願時において公知であった技術及び当業者がこれから容易に推考することができた技術については，そもそも何人も特許を受けることができなかったはず」と述べている。

*488　特許請求の範囲の文言を超えて特許庁の審査を経ていない領域まで特許権の効力を拡張するものであるから，特許権者に証明責任があると解し，ただ，特許権者の側で対象製品が特許出願時に存在したすべての公知技術との関係で同一又はこれから容易に推考できるものでないことを主張立証しなければならないとすると，立証すべき対象があまりにも広範になりすぎて，訴訟実務上，現実的でない，とされている。

概念化の基礎に据えるのは，若干，前倒しのしすぎの感がないではない。例外的で少数の事象への規律を，原則的で多数の事象の規律に一般化している[*489]ように思われる。

XIX　証明責任判決

　判決理由の説示では確定的な偽と真偽不明を区別しない言い回しをすることが推奨されているので，証明責任判決の全体数を知ることをできないであろう。しかし，上述のとおり，裁判官の印象としても「一般に裁判官が立証責任で事を解決している例は少ない」とされている[*490]。つまり，実際には証明責任判決は少ないと思われる。

　高度の蓋然性の基準は，あえて確率的な数値に表すとすれば，おおよそ80％程度であるとする見解が相対多数であろう（三木・手続運営435～436頁）。もっとも，諸外国では，80％程度という証明度の理解はあまり例をみないそうである。フランス・ドイツなど大陸法諸国では刑事訴訟とほぼ同程度とされているので，数値で表現すれば90％を超えるものでなければならず，他方，アメリカをはじめとするコモンロー諸国では刑事訴訟と民事訴訟では大きく異なり，民事訴訟は証拠の優越の水準であり，あえて数値で示せば50％を超えればよいとされているので，高度の蓋然性基準は比較法的には珍しいとされている（三木・手続運営436頁）。

　仮に，高度の蓋然性の基準を80％と解するとすれば，逆に，20％を下回る場合は，その反対の事実が証明されていることになる。たとえば，生前贈与の

[*489]　たとえば，日常生活において一般に可能性が低いと思われる出来事については（たとえば，隕石の落下による事故発生の可能性など）端的に無視して行動しているように思われる。すなわち，私たちは，事象の発生可能性の程度に応じて柔軟に生活態度を修正しながら生きている。訴訟代理人にとって，結果として真偽不明に陥ってしまうかどうかわからない時期から万一の真偽不明に備えて主張責任や証明責任の分配を意識し，決して自身の責任以上の訴訟行為をしないように気をつけておくことなどあまり現実味のあることではないように思われる。自身に証明責任のない事実についても，反対事実を主張してその立証活動を行い，あるいは，充実した理由づけをした否認活動が通常と思われる。むしろ，事案解明協力義務に関連する事例も現れている（最判平成4・10・29民集46巻7号1174頁〔伊方原発事件〕，最判平成7・1・27民集49巻1号56頁〔アンデレちゃん事件〕）。

[*490]　訴訟代理人としての経験からも，そのような印象を受ける。

第11章 要件事実論

主張の心証が20％未満であれば，それは生前贈与はなかったという事実が高度の蓋然性をもって認定できることになる。

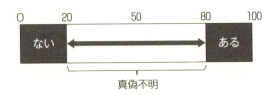

したがって，立証命題の真偽の蓋然性が 0 ％〜 100％まであるとすれば，証明責任が機能する領域は，実に20％から80％までの60％（80 − 20 ＝ 60）の割合を占めることになる。とすると，事実認定の6割部分は証明責任で決されるという計算になる。確かに全体のスケールの6割*491ほどの領域を証明責任に委ねるのは真実発見のシステムとしては不合理と思われる（三木・手続運営441頁）。

しかしながら，上述のとおり，証明責任判決は少ないとすると，この6割の領域は，スケール全体の6割を占める割合では使われていないことになる*492。これは，訴訟実務の実際では証明度を下げて事実認定がされているのではないかということを推測させうる。仮に，証明度を70％とすれば証明責任で決する領域は4割（70 − 30 ＝ 40）に減り，60％とすれば2割（60 − 40 ＝ 20）になる。仮に，全体の2割程度が証明責任判決であったとすれば，数値上，60％程度の証明度に達すれば事実認定がなされていることを示すことになる。これは優越的蓋然性のレベルとなる*493。

事案によって，受訴裁判所が，その証明度を変化させる場合，そのことを当事者・代理人に明らかにする運用が必要になる。しかし，証明度に関する（証

---

*491 　見方を変えれば，あらかじめ五分五分以上の確率で証明責任の所在で決着がつく，ということがわかっていることになる。

*492 　事実認定の過程では，高度の蓋然性を超える心証を得ることが多く，高度の蓋然性を超えない場合は，逆に，その否定が高度の蓋然性を超えることが多い，ということになりそうであるが，果たして，実際，そうなのであろうか，という問題意識が生まれることになる。

*493 　第86回日本民事訴訟法学会大会次第によれば，太田勝造氏の報告「訴訟上の判断 − 統計学の考え方と事実認定 − 」において，証明責任判決に対する国民の態度として「証明度を『高度の蓋然性』とすることに国民は納得しない。他方4分6分や6分4分の場合はアンビヴァレンス」と記載されている。そして「高度の蓋然性という証明度についても，一般国民の納得の観点からは，その設定が高すぎると評価される可能性が示唆される」と述べられている。

明度の規範を導く）制定法なしにこれを実現するのは困難かもしれない。

＊優越的蓋然性説

　高度の蓋然性説がわが国の通説・判例とされているが，優越的蓋然性説なども有力である。確かに，民事訴訟においては，刑事事件のように被告人を推定無罪とする根拠（たった一人の冤罪もなくすため）はないので高い証明度を要求しないことにも合理性があると考える。たとえば，被告の地位が高度の蓋然性基準によって保護されているとすれば，まず自力救済をして既成事実を作ってしまってから，相手（原告）に訴えを提起させるほうが有利になるであろう。しかし，それは法が求める規範に沿った行動を導くものではないであろう。

＊証明度の不意打ち

　裁判所が証明度を変化させるとき，そのことを双方当事者に告げる機会が必要になるであろう。いわば「証明度の不意打ち」を避けるため，当事者の手続保障が重要になってくるものと思われる。ある事実について証明度を下げる場合，予めそのことが当事者（代理人）に告知されれば第１審における訴訟上の和解を促進させ，迅速な解決に結びつく可能性がある。たとえば，不貞行為の有無が争点となり，高度の蓋然性基準であればその事実が認定されるかどうか微妙と考えられていたところ，第１審判決ではその事実が認定され，その控訴審にて和解解決を目指すという場合，もし証明度を下げて認定することが予め告げられていれば，第１審での和解解決もありえたと思われる。

XX　事案解明協力義務

　要件事実論の考え方は証明責任の所在と主張責任のそれを一致させる。これによれば，証明責任を負わない当事者は，訴訟で証明活動を行う必要はなく，相手方の本証が成功しそうになって初めて反証をすれば足りる，ということになる（高橋・重点民訴上572頁参照）。しかしながら，仮に，そうだとすると，次の最高裁判決[494]（最判平成４・10・29民集46巻７号1174頁）の判示[495]を説明することができないであろう。

　同判決は，原子炉設置許可処分についての取消訴訟において，同処分の性質に鑑み，被告のした判断に不合理な点があることの主張立証責任は，本来，原告が負うべきものとしている。しかし，そのうえで，被告の側が，当該施設の安全審査に関するすべての資料を保持していることなどから，まず，被告の側において，その判断の依拠する具体的審査基準や調査審議，判断の過程等，被

第11章　要件事実論

告の判断に不合理な点のないことを相当の根拠，資料に基づき主張立証する必要があるとした。そして，被告が主張立証を尽くさない場合，被告がした判断に不合理な点があることが事実上推認される，という。

このように，主張立証責任は原告にあるが，主張立証をする必要は被告にあり，まず*496，被告が主張立証を尽くさなければ，判断の不合理性が事実上推認されてしまうのである*497。

これは，すべての安全審査資料を保持するという，証明責任を負担しない側の当事者に，まず，不合理な点がないという反対事実についての主張立証を行わせようとするものである。証明責任があるとされる当事者と，まず主張立証活動を行う必要があるされる当事者とは一致していない。

しかも，この判決は，公正な裁判がなされるため理念的な事案解明への協力

＊494　判示をそのまま引用すると次のとおりである。
　　　「右の原子炉施設の安全性に関する判断の適否が争われる原子炉設置許可処分の取消訴訟における裁判所の審理，判断は，原子力委員会若しくは原子炉安全専門審査会の専門技術的な調査審議及び判断を基にしてされた被告行政庁の判断に不合理な点があるか否かという観点から行われるべきであって，現在の科学技術水準に照らし，右調査審議において用いられた具体的審査基準に不合理な点があり，あるいは当該原子炉施設が右の具体的審査基準に適合するとした原子力委員会若しくは原子炉安全専門審査会の調査審議及び判断の過程に看過し難い過誤，欠落があり，被告行政庁の判断がこれに依拠してされたと認められる場合には，被告行政庁の右判断に不合理な点があるものとして，右判断に基づく原子炉設置許可処分は違法と解すべきである。原子炉設置許可処分についての右取消訴訟においては，右処分が前記のような性質を有することにかんがみると，被告行政庁がした右判断に不合理な点があることの主張，立証責任は，本来，原告が負うべきものと解されるが，当該原子炉施設の安全審査に関する資料をすべて被告行政庁の側が保持していることなどの点を考慮すると，被告行政庁の側において，まず，その依拠した前記の具体的審査基準並びに調査審議及び判断の過程等，被告行政庁の判断に不合理な点のないことを相当の根拠，資料に基づき主張，立証する必要があり，被告行政庁が右主張，立証を尽くさない場合には，被告行政庁がした右判断に不合理な点があることが事実上推認されるものというべきである。」。後述のとおり，「まず，その依拠した……（中略）……主張，立証する必要があり」とされている。
＊495　なお，本判決は，同処分の適法性の評価根拠事実についての主張立証責任は被告にあると判示したのだと理解したい，という考え方もある。すなわち，原告に主張立証責任があると述べているのは，従来の伝統的な要件事実論に対する一種のリップサービスの意味しかなく，本事件はまさに主張立証責任の理論の適切な対応が可能であった事案である，という（伊藤・事案解明87頁）。
＊496　「まず」という点が重要かもしれない。証明責任を負う当事者による主張立証により何らかの「手懸り」が得られるということは条件とせず，最初に「まず」証明責任を負わない当事者から主張立証を尽くすことが求められているからである。
＊497　被告が事案解明義務を果たしても，結果として真偽不明に陥ってしまった場合は，その危険は原告が負担する趣旨と考える。事案解明義務はノンリケットを超えることを要求するものではないと思われる。

を一般的に求めたというものでもない。協力を拒否する行為へのサンクション的な効果についても触れている。すなわち，当事者の一方がすべての資料を保持するような証拠の偏在（専門知識の偏在も含まれているようにも見える）状況が認められる場合，証明責任を負わない当事者に行為義務を負わせ，その義務違反行為については，立証命題が存在することを推認するという効果の発生を認めているのである。これは，法準則（要件・効果という形式）の形をとっているものといえる。それゆえ，この事案解明への協力義務は，公正な裁判のための一般的な理念（法原理）にとどまるものではなく，要件・効果という形式をもつ法準則として法規範の一部を構成するものになっていくと思われ，今後，要件，効果について検討されていくことになるのではないかと考えられる。要件については，証拠の偏在や専門知識の偏在，証拠との距離などが検討され，効果については，証明責任の転換や事実上の推認，証明度の引下げなどが考えられるであろう。

　もっとも，事案解明義務は本来訴訟法上の義務であり，要件事実それ自体とは直接，関係がないところからスタートしている，という指摘がある（伊藤・事案解明30頁〔山浦善樹発言〕）。確かに，要件事実に該当する主要事実を構成する事実かどうか，それを証明する証拠であるかどうか，とはある程度の距離を置いて，関連情報の提供に協力する訴訟法上の義務と構成するほうがよいように思われる。そして，要件についてはその判断時期について検討する必要があると考える。訴訟の初期の段階で事案解明協力義務の要件を検討するのは困難と思われるからである。

XXI　要件事実と要件事実論

　本書では，上述のとおり，要件事実と要件事実論は区別して論じている。
　制定法の法文を解釈することによって法規範[498]を定立し，当該法律効果を導く要件となる事実は何かという視点から，それらを要件事実として把握することは重要である[499]。しかし，こうして要件事実を抽出・把握しようとする

---

*498　ここでは，要件・効果という形式をもった法準則のことを指す。

第11章 要件事実論

ことと,それらを証明責任の所在に応じて分配することとは,一応別個の作業と考える。要件事実論は,要件事実と証明責任を何らかの形で関係づける考え方である。そこで,要件事実の抽出をすることと,抽出された要件事実を証明責任の所在に沿って分配することとは,区別して論ずべきと解する。

上述した包括説も,訴訟当事者間の主張立証責任の分配を論じることの意義を強調しており,手法説も要件事実の抽出の次に主張立証責任の分配を論じそれから主張の順序の規整(請求原因,抗弁,再抗弁)へと構造的な理解をしている。「裁判規範」としての民法説は要件解釈論の中に主張立証責任の分配を前倒しで取り入れていると解されるので,いずれの要件事実論であっても証明責任の所在との関連性を意識しているものである。

法的思考の一部として要件事実を意識することは重要であるが,さらに,これにとどまらず,要件事実論の考え方を採用するということは,そのこと自体に既にひとつの選択をしていることを意識すべきであろう。すなわち,前者はいわばニュートラルな立場[500]であるが,後者は証明された事実に法を適用するという法規不適用説を採るか,予めそれを前提として組み入れて考える立場を採っているからである。

つまり,要件事実の重要性を述べる立場から証明責任規範説を採ることはできるが,要件事実論を採りながら証明責任規範説を採るという説はなく[501],要件事実論の立場では,法規不適用説をとるか,予めそれを組み入れてしまうしかないであろう。要件事実論を採用するとは証明責任規範説は採らないという態度を採ることになるが,要件事実の抽出を重要視したとしても証明責任規範説を採ることは差し支えないと考える。

---

[499] そして,法律家は当該要件事実に該当する具体的な事実,すなわち主張事実は何かを確かめ,これを立証する証拠に関心を向ける。
　　ここで,具体的な事実とは,人が経験可能な事実のことである。たとえば,過失によって他人の権利を侵害したという要件は抽象的であるが,○年○月○日,○○(場所)で,Aさんの運転する自動車がBさんの運転する自動車に追突した,という事実は,具体的で人が経験することが可能な事実である。

[500] 法規不適用説にも証明責任規範説にも結びつく立場である。

[501] 要件事実論では証明されたかされなかったかを区別すれば足り,真偽不明(という概念)がなくなるので,真偽不明を要件とする証明責任規範の発動の前提を欠くことになると思われる。

XXI 要件事実と要件事実論

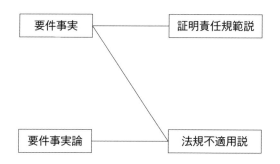

　要件事実の抽出を重視する立場でも，各要件事実に関する主張が真偽不明に陥った場合にも判決を言い渡すことができるように，その要件事実を「ない」とみなすのか（原則規定），それとも「ある」とみなすのか（特別規定），証明責任規範に則って法的に思考することができる。

　他方，要件事実論では，証明された事実に法を適用し，証明されなかった事実には法を適用しないだけであるから，真偽不明に陥り判決を言い渡すことができなくなるという困難な事態が生じない。裁判所（官）にとってみれば，その事実が証明されたのか，証明されなかったのかいずれか不明に陥るという可能性はないのである。にもかかわらず，真偽不明への対処法である証明責任によって本文とただし書の書き分け等をしなければならないところに，要件事実論のかかえる矛盾がある。要件事実論は，本来，真偽不明への対処の仕方である証明責任論とは異質な理論なのである。

　要件事実論では，確定的に偽と判断される主張も，証明責任判決の理由と同様に説示される[*502]。確定的偽のケースをあたかも証明責任のフィールドで処理しているように見える点でも，要件事実論は真偽不明を前提とする証明責任論とは異質な考え方といえる。本来，確定的に偽の場合は法の適用を否定できるのであって，証明責任の出番はないはずなのである。

[*502] 立証命題となった事実が「あったとは認められない」，という説示になる。この表現では，当該事実主張が真偽不明に陥ったのか，確定的に偽と判断されたのか，区別がつかない。

第12章

まとめ

ここでは上述したところ[503]を短文で表現してみたい。次のとおりである。
- 法文は制定法の文言である。
- 制定法は法源のひとつである。
- 法規範は法源から解釈によって導かれる。
- 制定法の条文そのものは法規範ではない。
- 法規範の標準的な形式は法準則である。
- 法準則は「要件⇒効果」という形式を有する。
- 法規範は法準則の総体以上のものである。
- 要件事実は法準則の「要件」の部分にかかわる。
- 要件事実とは実体法の定める一定の法律効果を発生させるための法律要件を構成する各個の要件のことである。
- 要件事実に該当する具体的な事実のことを主要事実という。
- 主要事実は現実の社会における経験可能な具体的事実である。
- 主要事実のことを要件事実と呼ぶ考え方もある。
- 争点とは法(規範)の適用に意味ある主張事実の不一致のことをいう。
- 法適用に意味ある事実とは主要事実,間接事実,補助事実である。
- 争点を明確化しこれを絞ることを争点整理という。
- 争点は判決書に明記される。
- 争点整理の結果,整理された争点を立証命題と呼ぶことがある。
- 立証命題とは立証活動の対象(目標)となる命題のことである。
- 当事者は法規範を適用すべき事実(命題)を主張する。
- 命題とは文が記述している意味のことである。

---

[503] 第9章の「具体例での検討」は除く。

第12章 まとめ

- 命題は真か偽かいずれかの値をとる。
- 主張された命題が事実に合致すれば「真」，事実に反すれば「偽」である。
- 当事者の主張する事実は真か偽かのいずれかである。たとえ，訴訟上，真偽不明となっても，それは真か偽かのいずれかのはずである。
- 主張の真偽は，それが訴訟上証明されるかどうかとは別である。
- 証明に失敗しても主張が真であることはありえ，その反対もありうる。
- 真偽は事実主張の性質であるが，それは主張とその外部との関係に依存している。
- 訴訟上，主張された各事実がすべて整合的であっても，訴訟外の事実と対応していなければ偽である。
- 立証命題が真偽不明に陥り証明責任の所在によって判決が言い渡されるとき，その判決を証明責任判決と呼ぶ。
- 裁判過程において，法規範は訴訟手続内で構成され，事実は訴訟手続外にあるものが認識される。
- Aという事象とBという事象とが原因と結果の関係にあることを因果関係があるという。
- 事象Aと事象Bとの間に条件関係の公式が成り立つとき両者の間に事実的因果関係が肯定される。
- 事実的因果関係はあるかないかのどちらかである。この前提がなければ条件関係の公式（「あれなければこれなし」）は使えなくなる。
- 排中律が成り立っていなければ，AなければBなしという関係を証明しても，「AがあるからBがある」という関係を証明したことにはならない。
- 実定法（positive law）とは特定の誰かにより歴史上（時系列上）のある時点で定められた人為的な法のことである。
- 法とは実定法であるとするのが法実証主義（legal positivism）の潮流である。
- 法実証主義は自然法の法的資格を否認する。
- 法実証主義は，法と道徳，在る法と在るべき法を区別する。
- 自然法は客観主義と結びつき，価値相対主義は法実証主義と結びつくが，法実証主義は価値相対主義とも客観主義とも結びつく。
- 法実証主義と客観主義が結びつくと，裁判過程において価値に関する対話

が可能になる。
・2つの前提から1つの結論を導く推論を三段論法という。
・法的三段論法とは法規範を大前提とし具体的事実を小前提として判決を結論として導く推論形式である。
・法的（判決）三段論法は小前提と結論に単称命題を含む。
・法準則のもつ「要件⇒効果」の関係は古典論理における実質含意ではない。
・法的（判決）三段論法は論理ではない。論理「的」（風）なものである。
・法的な概念を用いてなされた主張は抗弁等によって覆滅可能（defeasible）である。
・法的三段論法は個体を扱う（例化を問題にする）ので伝統的論理学では捉えきれず述語論理を用いる必要が出てくる。しかし，大前提にあたる法規範（法準則）が「要件⇒効果」の形式をとり，「⇒」が実質含意ではなく覆滅可能性を前提としているため述語論理でも捉えることができない。
・トゥールミンの議論図式は覆滅可能性という法的三段論法の大前提のもつ性質に適合的である。
・トゥールミンの議論図式は次のとおりである。

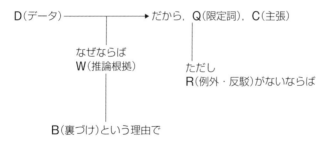

・小前提のマクロ正当化はDをCに代入することによって大前提のマクロ正当化と同様の図式で説明される。
・法的思考は発見の過程と正当化の過程とに区別される。
・正当化の過程はマクロ正当化とミクロ正当化の過程に区別される。

第12章 まとめ

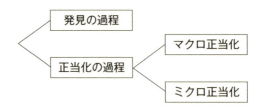

- マクロ正当化は，大前提（法規範）がいかにして正当化されるか，小前提（事実認定）がいかにして正当化されるか，の問題である。
- ミクロ正当化の過程は大前提と小前提から結論を導く推論である。
- 法的（判決）三段論法はミクロ正当化の過程である。
- 判決の正当化（ないし発見）において決定的に重要な過程はミクロ正当化が可能になる以前の段階にみられる。
- 判決を導く法的思考がミクロ正当化にとどまらないもの（発見の過程までをも含むもの）だとすれば人工知能による判決生成の企画は失敗に終わるであろう。
- 法的思考は法規範の定立にかかわる法的問題と事実の確定にかかわる事実問題に分けられる。

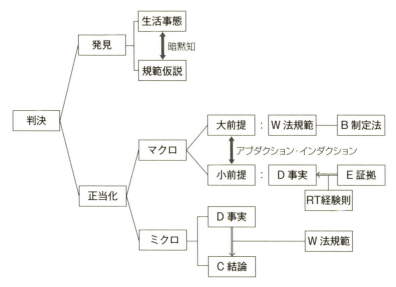

- 大前提（法規範）の正当化と小前提（事実認定）の正当化はそれぞれ独立になされるものでなく両者の間を行ったり来たりしながら行われる。これを視線の往復という。
- 視線の往復は発見の過程における生活事態と規範仮説との間でもなされる。
- 生活事態とは法的観点が捨象された生の事実である。
- 規範仮説とは実定法から離れた規範的な仮説である。
- 内面化とは何かを暗黙知における近位項として機能させるための手段である。
- 法的問題と事実問題は別個独立に検討されるのでなく，法的問題に着目しているときも暗黙のうちに事実問題を内面化しており，事実問題に取り組んでいるときも暗黙のうちに法的問題を内面化している。
- 発見の過程における規範仮説（法的問題）と生活事態（事実問題）との視線の往復では暗黙知が働いている。
- 正当化の過程での大前提と小前提との視線の往復はインダクションとアブダクションの繰り返しである。
- 推論形式には，ディダクション（演繹），インダクション（帰納），アブダクションがある。
- ディダクションは分析的でインダクションとアブダクションは総合的である。
- アブダクションは結論と大前提から小前提を推論する。
- インダクションは結論と小前提から大前提を推論する。
- ディダクションは大前提と小前提から結論を推論する。
- アブダクションとインダクションには誤謬の可能性がある。これを可謬性という。
- 発見の過程における視線の往復はマクロ正当化における視線の往復とオーバーラップしてくる。
- マクロ正当化における大前提の正当化の過程は，（主に）制定法から法規範を導く過程（BからWへ）のことであり，これを法の解釈という。
- 大前提と小前提との視線の往復により選択された法規範は，それが（主に）制定法の法文から解釈によって導かれたものとされることによって正

第12章 まとめ

- 当化される。
- いわゆる困難な事例（ハード・ケース）だけでなく，そうではない事例でも解釈は行われている。
- マクロ正当化における小前提の正当化の過程は，証拠から事実を認定する過程（E⇒D）のことであり，事実から他の事実が推認される過程をも含む。
- 日本語も英語もそのほかの言葉も相互に翻訳可能であればひとつの言語とみる。
- 言語の限界が法定証拠主義の限界であり，この世界を拒否したのが自由心証主義である。
- 自由心証主義では言語化されない何か（非言語的なもの）も事実認定に採り入れられる。
- 経験則の体系化は労多くして功少ない。
- 経験則の体系は言語化されていないものを取り扱うことができない。
- 非言語的なものも採り入れる自由心証主義の観点からみれば，経験則の体系化は常に不満足なものに終わる。
- スキーマも言語化されないまま自由心証主義に取り入れられる。
- 言語によって語られた内容（たとえば契約文言）は語られない事態（たとえばスキーマ）によって支えられている。
- 法的に構成された主張は最終的にディダクション風に整えられて訴訟審理に現れる。
- 訴訟の審理は法的思考の一部分のみでなされてしまう傾向がある。
- 要件事実論は訴訟審理をミクロ正当化に縮減する（押し込めてしまう）傾向がある。
- 発見の過程やマクロ正当化の過程は，原告訴訟代理人，被告訴訟代理人，裁判所（裁判官）の三者間で議論されない傾向がある。
- 弁論準備手続における口頭でのやり取りは法的思考を三者間で流通させる可能性を秘めている。
- 争点整理は要件事実を道標として進められる。
- 要件事実を道標にするのみでは発見の過程やマクロ正当化の過程が捨象されていく。

・口頭でのやり取りとは情報交換的なディスカッションである。丁々発止の議論をするものではない。
・口頭でのやり取りを後押しする工夫としてノン・コミットメント・ルールが提案されている。
・ノン・コミットメント・ルールには批判的意見がある。
・争点を絞るとは複数の争点のうち主要な争点とそうでないものに段階的な重みづけをする（軽重をつける）ことである。
・心証開示には，争点整理のための心証開示と，和解勧試のための心証開示とがある。
・ほとんどの裁判官は争点整理のため心証開示をしていると述べ，多くの代理人弁護士はそのような開示は受けていないと述べる。
・複数の争点について段階的な重みづけをするには主要でないものについて暫定的な心証開示が必要になる。
・主要なものでない争点についての暫定的な心証開示はその争点についてはほぼ確定的なものである。
・争点整理のための争点ごとの暫定的な心証開示が，判決主文に直結するような最終的な心証開示と誤解されると反発が起きる。
・裁判官が当事者代理人の反発を懸念すると心証開示は婉曲的になり伝わりにくくなる。
・法的観点指摘義務の定めがあれば裁判所は争点整理段階における心証開示をする契機を得られる。
・提出期限を遵守して書面を提出すると期日において当該書面に対する裁判所の印象を知ることができる。
・要件事実と要件事実論とは区別される。
・要件事実を抽出することと，それを証明責任の所在によって分配することとは区別される。
・要件事実論には複数の考え方がある。
・要件事実論とは立証責任の分配に合わせて民法の条文の書き直しをしようとする考え方である。
・法規不適用説とは法律要件に該当する事実が証明されない限り実体法規を

第12章 ま と め

- 適用しないという考え方である。
- 要件事実論は，法規不適用説を採るか，あるいは，予め証明責任の分配を要件解釈の中に取り込んでいる。
- 訴訟上証明されなかった事実が訴訟外で真実ではないとは限らない。
- 法規不適用説は実体法の適用を「証明」の有無にかからせ，証明責任規範説は「存在」の有無にかからせている。
- 要件事実論は証明責任規範を無用とする。
- 証明責任規範は，事実主張が真偽不明のとき，その事実はなかった（又はあった）と擬制（仮定）することを指示する。
- 要件事実論では主要事実が立証されたか／されなかったかを区別できれば足りる。
- 裁判過程では主要事実が立証されたか／されなかったかが不明に陥ることはない。
- 要件事実論では真偽不明には陥らない。
- 証明責任は真偽不明への対処法である。
- 要件事実論では証明責任という概念は不要になる。
- 要件事実論において確定的な偽と真偽不明とは区別されない。いずれも真ではないという概念で一括りにできる。
- 要件事実論では主要事実が訴訟で立証されたときに実体法が適用される。
- 要件事実論では判決が確定して初めて法律効果が発生する。
- 要件事実論は行為者に証明可能性という視点で行為する動機を与える。
- 要件事実論は訴訟上の証明とは独立した実在論的な真理概念をもたない。
- 要件事実論では条件関係の公式が使えなくなるおそれがある。因果関係はあるかないかのどちらかであるという事実的基礎があるからこそ，あれなければこれなしという公式によって原因と結果の関係が論証される。
- 排中律が成り立たないところでは条件関係の公式は使えない。
- 主張された事実が真か偽かいずれかであれば排中律が成り立つ。他方，主張された事実が立証されたか／されなかったかのいずれかであれば排中律が成り立たない。それゆえ，後者では否定除去型の背理法が使えない。
- 因果関係から事実的基礎を奪い法的評価と解する考え方もある。因果関係

の有無が事実でなく，評価であるとすれば，真偽不明は起きなくなる。条件関係の公式は法的評価基準のひとつとされることになる。
・事実的因果関係を法的評価とすると相当性や保護範囲の判断との区別が曖昧になる。
・因果関係が評価的な要件であるとすると因果関係の有無の判断に人の抱きやすい思考の癖（慣習・習性・予期・ありがちなど）が影響しやすくなる。
・因果関係を事象間の確率性（確率値）として捉えると心証形成の度合い（心証度）と混同を招きやすい。
・『民事判決起案の手引』の判決理由の示示の仕方は要件事実論と整合的である。
・要件事実論では証明責任を負わない当事者が判決理由で完全に勝訴することはできない。反対事実の認定はなされないからである。
・「それらしく間違う」とは実在論的態度である。
・「それらしく間違う」には「奥ゆかしいそれらしさ」と「達していないそれらしさ」がある。前者は確定的な偽と真偽不明を区別せず，後者は証明度を下げている。
・ある事実の有無について証明度を下げて認定する場合は，事前に訴訟当事者に知らされるべきである。
・一般的に証明度に関する規範を導く制定法が必要である。
・一般的に証明責任規範を導く制定法が必要である。
・一般的な証明責任規範を定める制定法は真偽不明以外に証拠の偏在や証明妨害を要件として採り入れる可能性を開く。
・証明責任と主張責任とは常に一致するものでない。
・証明責任の分配は原被告どちらの当事者が証拠を提出すべきか決定する基準にならない。
・高度の蓋然性基準を80％以上とすると，真偽不明は20％〜80％までの6割の領域を占めるが，実際には6割も証明責任判決はなされているとは思われない。これは証明度を下げて事実認定がなされている可能性（それらしく間違っていること）を示唆する。
・主張立証責任は原告にあるが主張立証をする必要は被告にあり，まず，被

第12章 まとめ

告が主張立証を尽くさなければ判断の不合理性が事実上推認されるという最高裁判決がある。これは証明責任を転換した事例とはいえない。
・要件事実論は証明責任論とは本来異質な理論である。
・証明責任規範説が要件事実の抽出を重視することは矛盾でない。
・要件事実論は裁判過程をミクロ正当化に閉じ込める。
・訴訟実務では法的思考の全体で対話していないという現実がある。
・民事裁判の実務はいまだまどろみの中にある。

事項索引

あ

iMac 事件 …………… 225
アブダクション
　………………… 28, 77, 79
ア・プリオリ………… 83
ア・ポステオリ……… 83
ありがち……………… 255
アンケート…………… 205
暗黙知………………… 127

い

イギリス経験主義…… 254
一　階………………… 203
一般基準……………… 6
意味の検証理論……… 47
意味論………………… 28
インダクション（帰納法）
　………………………28, 78
隠蔽する機能………… 125

う

ウィーン学団………… 46
動かぬ証拠…………… 197

え

ＡＡＡ式……………… 81
営業秘密……………… 100
H. L. A. ハート ……… 15
遠位項………………… 127
婉曲的………………… 214

お

嚥下障害……………… 139
奥ゆかしいそれらしさ
　……………………… 267
オースティン………… 51
オブジェクトコード
　……………………… 25
重みづけ……… 201, 202

か

懐疑論………………… 254
概念の天国…………… 25
概念法学……………… 22
解明度………… 197, 215
　──へのブレーキ
　……………………… 196
科学の方法論………… 35
確定的な偽…………… 241
確率値………………… 256
貸金返還請求訴訟…… 261
仮　象………………… 242
価値相対主義………… 17
価値判断……………… 17
可謬性………………… 82
神様の視点…………… 32
簡裁のミニ地裁化…… 227
感受性………………… 254
間接証拠……………… 104
監督義務者…………… 142
カンファレンス鑑定… 182

き

議員定数配分規定…… 100
期　日………………… 224
記　述………………… 15
記述的法実証主義…… 24
規　範………………… 5
規範仮説……… 128, 139
規範的法実証主義…… 24
基本書証……………… 198
客観主義……………… 17
客観的立証責任……… 247
強制秩序……………… 5
議　論………………… 37
議論図式……………… 55
近位項………………… 127
均等論………… 135, 269
勤務弁護士…………… 200

け

計画審理……………… 194
経験則……… 71, 109, 112
　──の体系………… 113
権　威………………… 92
言語化されない何か
　……………… 108, 116
言語実践……………… 114
言語の限界…………… 109
検　算………………… 84
原始取得……………… 58
建造物の用途………… 117

289

事項索引

原則規定……………… 234
顕著な違い…………… 206
言　明………………… 37
原　理………………… 6, 7

こ

後件肯定の誤謬……… 80
後件否定式…… 28, 29, 43
構成的な解釈………… 100
構成的な真理概念…… 246
口頭でのやり取り…… 182
口頭による議論……… 181
構文論………………… 28
合理説………………… 121
誤　嚥………………… 139
誤嚥性肺炎…………… 138
個　体………………… 29
古典論理の意味論…… 31
コード………………… 25
誤　判………………… 257
固有名………………… 29
conditio sine qua non
　……………………… 122
混　同………… 38, 256

さ

裁判過程……………… 126
裁判の迅速…………… 199
裁　量………………… 99
サッカーボール……… 138
三段論法……………… 27
暫定的な心証開示
　………………… 178, 204

し

事案解明協力義務…… 273
次回書面で（述べる）
　………………… 187, 200, 201
思考の癖………… 254, 256
事実上の監督者……… 161
事実的因果関係
　………………… 122, 248, 250
事実的基礎……… 252, 254
指示待ち弁護士……… 189
事象間の因果性……… 254
事情判決の法理……… 100
視線の往復…………… 73
自然法論……………… 16
失権効………………… 225
実効性………………… 22
実在論的態度………… 123
実在論的な真理概念
　………………… 31, 245, 246
実在論的見方………… 247
実質含意……………… 48
実質的な書面3本…… 193
実定法………… 19, 95, 97
自　縛………… 211, 215
絞　る………………… 202
締切日………………… 225
釈明権………………… 189
捨　象………………… 179
習　慣………………… 254
自由心証主義
　………………… 107, 109
習　性………………… 255
修正法律要件分類説
　……………………… 232

主張責任……………… 269
述語論理……… 27, 30, 39
シュナイダー………… 261
手法説………………… 231
純粋仮言三段論法
　………………… 28, 29, 43
承継取得……………… 58
衝撃的なレトリック
　………………… 233, 246
条件関係の公式
　………………… 122, 248
証　拠
　——の偏在………… 235
　——の優越………… 238
証拠価値の法定……… 107
証拠原因……………… 106
証拠資料……………… 106
証拠能力……………… 106
証拠偏在型の訴訟…… 237
証拠法則……………… 109
証拠方法……………… 106
　——の制限………… 107
証拠力………………… 105
常　識………………… 24
小前提たる事実認定
　……………………… 104
条文の書き直し……… 229
証明可能性…………… 32
　——というメガネ
　……………………… 244
証明責任規範説……… 233
証明責任判決………… 262
証明度………… 196, 219
　——の不意打ち…… 273
条　理………………… 98

事項索引

職権進行主義………… 190
書面3本…………… 193
白い豆……………… 78
深刻な問題………… 207
真実説……………… 120
心証度……………… 256
人馬一体…………… 127
真理値……………… 41

す

数字の魔力………… 258
スキーマ…………… 117

せ

制定法主義………… 95
正当化の過程……… 34
瀬川モデル………… 70
積極的釈明権……… 178
選挙無効訴訟……… 135
前件肯定式…… 28, 29, 43
全称命題…………… 62
全称量化子………… 31

そ

総合的なもの……… 82
相談者………… 84, 132
争　点………… 7, 177
争点整理………… 9, 177
　──のための暫定的心証
　　開示の区別… 208
　──のための暫定的な
　　心証開示………… 67
争点選択…………… 107
相当程度の可能性… 146
訴　訟……………… 103

訴訟指揮への不満… 201
それらしく間違う… 267
存在量化子………… 31
存否不明…………… 246

た

第1テーゼ………… 269
代理監督義務者…… 161
代理人の本人化…… 209
対　話……………… 39
多重量化…………… 30
太政官布告第103号
　………………… 98
達していないそれらしさ
　………………… 267
妥当性……………… 22
探求のパラドクス… 130
単純事実法実証主義
　………………… 24
単称命題………… 29, 41

ち

躊　躇……………… 210
調整問題…………… 93
長文の書面………… 227
直接証拠…………… 104
直観主義…………… 31
直観主義論理……… 39

つ

接ぎ木……………… 241

て

定　位……………… 68
ディスカバリ……… 244

ディダクション（演繹法）
　……………… 28, 78
デヴィッド・ヒューム
　………………… 254
出直し……………… 39
デフォルト値……… 234
デフォルト論理…… 56
手持ちの証拠……… 195
伝統的論理学……… 28
塡補賠償…………… 142

と

ドゥオーキン……… 15
統合的な認識……… 117
トゥールミン……… 53
時のコントロール… 193
特称命題…………… 30
特定物ドグマ……… 30
特別規定…………… 234
特別の事情………… 148
特許法105条の4… 100
トートロジー……… 230
ドライビング・フィール
　………………… 128

な

内面化……………… 127
なぞかけ…………… 223

に

二　階……………… 203
二値原理…………… 13
日弁連ライブ実務研修
　………………… 202
日本刀で髭を剃る… 113

291

事項索引

ニール・マコーミック
　……………………… 39
人間の視点…………… 32
認定を誤る危険……… 262

の

乗り降り自由
　………………… 185, 201
ノン・コミットメント・ルール………………… 183

は

バイアス……………… 209
排除的法実証主義…… 24
排中律
　…… 32, 121, 123, 247
ハイポセシス………… 77
背理法………… 32, 122
箱の中の迷路………… 256
パタン認識…………… 116
発見の過程…………… 34
パトリシア・ホワイト
　……………………… 39
パラドクス…………… 257
　ラッセルの――
　………………… 31, 39
バルバラ式……… 42, 81
判決
　――の基礎………… 191
　――の納期………… 194
判決三段論法…… 33, 134
判決書………………… 119
判決理由の法理……… 39
反発…………………… 211
判例法主義…………… 95

ひ

非言語的なもの……… 108
非単調論理…………… 55
否定除去型…………… 122
ピーナッツアレルギー
　……………………… 118
PならばQ……………… 5
批判隔離……………… 85
秘密保持命令………… 100

ふ

フィードバック……… 93
覆滅…………………… 50
覆滅可能性……… 50, 91
ブラウアー…………… 31
プラグマティック・マキシム……………………… 47
フレーゲ……………… 27
ブロック・ダイアグラム
　……………………… 61
文書の真正…………… 110
分析的なもの………… 82

へ

並行輸入……………… 135
弁護士………………… 133
弁論主義……… 190, 269
　――の第2テーゼ… 184

ほ

法
　――の解釈………… 96
　――の欠缺
　………… 99, 101, 235
法学…………………… 35
包括説………………… 231
包含関係………… 44, 45
包含的法実証主義…… 24
法規範………………… 5
　――の定立………… 100
法規不適用説………… 232
法源…………………… 95
法実証主義…………… 20
法準則………………… 6
包摂…………………… 44
法定証拠主義………… 107
法的安定性…………… 95
法的観点指摘義務…… 220
法的三段論法
　………………… 33, 38, 77
法文…………………… 96
法命題………………… 12
法律問題指摘義務…… 219
保険…………………… 171

ま

マクロ正当化…… 70, 95
　――の過程………… 39
マニュアル化………… 113

み

ミクロ正当化………… 70
　――の過程………… 39
未施工………………… 117
見守り………………… 158
民裁委員会…………… 183
民事訴訟審理構造論… 219
民事判決起案の手引
　……………………… 261

事項索引

む
矛　盾 …………… 241
無責任な議論 ………… 197
無賃入場者（Gatecrasher）事件 ………………… 257

め
命題化しないまま使う ………………… 116
メ　タ ………… 202
メタレベルの自由闊達な弁論 …………………… 202
免責事由 …………… 143

も
模擬弁論準備 ………… 213
物語式認定 ………… 120
物語的進行 …… 194, 196

や
易きに流れる ………… 197
柔らかい法実証主義 ………………… 24

ゆ
優越的蓋然性 ………… 219
優越的蓋然性説 ……… 273
由　来 …………… 23
由来テスト …………… 99

よ
容易な事例 ………… 103
要件事実 …………… 8
要件事実論 ………… 229
　──の考え方 … 240, 260
要素関係 …………… 45
予測可能性 ………… 95

ら
ライポルト ………… 243
ラウンドテーブル …… 182

り
リアリズム法学 …………… 19, 20, 35
リスクの高い訴訟方針 ………………… 197
立証の成否 ………… 119
立証命題 ………… 64, 11
リトロダクション …… 77
料理された皿 ………… 88

る
ルンバール ………… 255

れ
例　化 …………… 44
レオンハルト ………… 243

ろ
ローゼンベルク ………… 232, 243
論理実証主義 ……… 35, 46
論理主義 …………… 31
論理矛盾 …………… 49

わ
和解勧試のための心証開示 ………………… 204

■著者紹介

永島　賢也（ながしま　けんや）
　弁護士（東京弁護士会所属）
　筑波アカデミア法律事務所
〔略歴等〕
　福岡市生まれ
　早稲田大学法学部卒業
　早稲田大学大学院修士課程修了（民事訴訟法）
　日本弁護士連合会　民事裁判手続に関する委員会（平成25～28年副委員長）
　東京弁護士会　民事訴訟問題等特別委員会（平成22年委員長）
　民事訴訟法学会会員
　日本法哲学会会員
　東京大学大学院法学政治学研究科　専任講師（平成16～18年）
　筑波大学法科大学院　非常勤講師
〔略歴等〕
　『ライブ争点整理』（共著，有斐閣）
　『最新判例にみる民事訴訟の実務』（共著，青林書院）
　『民事訴訟代理人の実務』（共著，青林書院）
　『民法がこんなに変わる』（共著，自由国民社）
　『商標法コンメンタール』（共著，LexisNexis）
　『コンテンツビジネスと著作権法の実務』（共著，三協法規出版）

争点整理と要件事実
―― 法的三段論法の技術

2017年3月16日　初版第1刷印刷
2017年3月30日　初版第1刷発行

著　者　永　島　賢　也
発行者　逸　見　慎　一

発行所　東京都文京区本郷6丁目4-7　株式会社　青林書院
　　　　振替口座　00110-9-16920／電話03（3815）5897～8／郵便番号113-0033
　　　　ホームページ☞ http://www.seirin.co.jp

印刷／星野精版印刷　落丁・乱丁本はお取り替え致します。
Ⓒ2017　永島
Printed in Japan

ISBN 978-4-417-01707-3

JCOPY　〈(社)出版者著作権管理機構　委託出版物〉
本書の無断複写は著作権法上での例外を除き禁じられています。複写される場合は，そのつど事前に，(社)出版者著作権管理機構（電話03-3513-6969, FAX03-3513-6979, e-mail: info@jcopy.or.jp）の許諾を得てください。